Paisaje caprichoso
de la literatura rusa

TEZONTLE

Paisaje caprichoso de la literatura rusa

ANTOLOGÍA

Selección, traducción y notas de
SELMA ANCIRA

Prólogo de
JUAN VILLORO

FONDO DE CULTURA ECONÓMICA
H. CÁMARA DE DIPUTADOS
CONSEJO EDITORIAL DE LA H. CÁMARA DE DIPUTADOS
CONSEJO NACIONAL PARA LA CULTURA Y LAS ARTES

Primera edición, 2012

Paisaje caprichoso de la literatura rusa. Antología / selec., trad. y notas de Selma Ancira ; pról. de Juan Villoro. — México : FCE, Consejo de la Música en México, 2012
331 p. ; 21 × 14 cm (Colec. Tezontle)
ISBN 978-607-16-0628-0

1. Literatura rusa I. Ancira, Selma, selec. y trad. II. Villoro, Juan, pról. III. Ser.

LC PG2956   Dewey 891.7 P522

Distribución mundial

Los textos que a continuación se enlistan se reproducen en esta obra gracias a la fina gentileza de los sellos editoriales que originalmente los publicaron. A todos ellos nuestro más cumplido reconocimiento.
"Roma" de Nikolái Gogol, Editorial Minúscula
"El mal del ímpetu" de Iván Goncharov, Ediciones Sin Nombre
"Viaje al Monte Athos" de Nikolái Strájov, Editorial Acantilado
"La colección" de Antón Chéjov, Nostra Ediciones
"Una historia china" de Mijaíl Bulgákov, Dirección General de Publicaciones de Conaculta

Diseño de portada: Teresa Guzmán Romero
Fotografía: Selma Ancira

D. R. © 2012, Selma Ancira, por la traducción

D. R. © 2012, Juan Villoro, por el prólogo

D. R. © 2012, Consejo de la Música en México, A. C.
Pegaso, 147; 04230 México, D. F.

D. R. © 2012, Fondo de Cultura Económica
Carretera Picacho Ajusco, 227; 14738, México, D. F.
Empresa certificada ISO 9001:2008

Comentarios: editorial@fondodeculturaeconomica.com
www.fondodeculturaeconomica.com
Tel. (55) 5227-4672; fax (55) 5227-4640

Se prohíbe la reproducción total o parcial de esta obra, sea cual fuere el medio, sin la anuencia por escrito del titular de los derechos.

ISBN 978-607-16-0628-0

Impreso en México • *Printed in Mexico*

Índice

Las palabras de los héroes, JUAN VILLORO 9
De paisajes y caprichos, SELMA ANCIRA 27
Acerca de esta edición 29

PRIMERA PARTE

Noches egipcias, ALEXANDR PUSHKIN 35
Roma, NIKOLÁI GÓGOL 48
Tres muertes, LEV TOLSTÓI 96
Carta al hermano, FIÓDOR DOSTOIEVSKI 113
El mal del ímpetu, IVÁN GONCHAROV 119
Viaje al Monte Athos, NIKOLÁI STRÁJOV 171
La colección, ANTÓN CHÉJOV 202
Una historia china. Seis cuadros en lugar de un relato,
   MIJAÍL BULGÁKOV 204
Un otoño frío, IVÁN BUNIN 217
El diablo, MARINA TSVIETÁIEVA 222

SEGUNDA PARTE

Algunas posiciones, BORÍS PASTERNAK 261
El alma del escritor (Notas de un contemporáneo),
   ALEXANDR BLOK 266

El lector, Nikolái Gumiliov 271
Apuntes sobre la poesía, Ósip Mandelstam 278
El arte a la luz de la conciencia, Marina Tsvietáieva 284

Acerca de los autores 327

Las palabras de los héroes

JUAN VILLORO

La literatura rusa de fines del siglo XIX y principios del XX representa un curioso ático en el edificio de la literatura, una habitación limítrofe donde las cosas ocurren de otro modo y todas las intensidades son posibles.

Heroínas que se imponen a través de una resistente fragilidad, criminales con predicamentos metafísicos, apostadores compulsivos que exploran el sentido del mundo en el azar, ogros alcoholizados que se entregan a la compasión y la ternura, los personajes rusos llevan la experiencia al momento en que arde y se transforma en un incendio.

De las torrenciales estructuras de Tolstói a la austera elocuencia de Chéjov, pasando por la tensión folletinesca de Dostoievski, la gran literatura rusa fue la zona de excepción donde el desenfreno se cumplió con naturalidad. No es fácil otorgar verosimilitud a personajes al borde del ataque o la conversión mística. Durante las últimas décadas del siglo XIX y las primeras del XX esta hazaña imaginativa fue posible gracias a autores con una excepcional capacidad de situarse en una personalidad ajena, por exaltada que fuera. Una vieja costumbre rusa parecía prepararlos para esto. Las personas que se identificaban a fondo intercambiaban sus camisas. Fue lo que Andréi Biely y Alexandr Blok hicieron al sellar su amistad. Esta versión casera del cambio de piel o la transmigración de las almas apunta al deseo de existir en el otro, algo decisivo en la creación de personajes.

Las desbordadas emociones de esta literatura requerían de un escenario infinito, bosques de abedules, ciudades reconstruidas con perspectivas futuristas, ríos que transportaban el estruendo del deshielo, templos ortodoxos hinchados por el incienso, prisiones cercadas por la nieve, edificios multitudinarios donde los pobres se hacinaban en torno al providente vapor del samovar.

El gran periodo ruso representa, para siempre, la juventud de la literatura. Ante esos autores tenemos siempre veinte años, recuperamos los ritos de paso y los descubrimientos que marcan el destino.

Hace unos meses conocí en Nueva York a Marshall Berman, autor de *Todo lo sólido se desvanece en el aire*, revisión humanista del marxismo. Una vez más, él dictaba un curso sobre Nietzsche, Marx y Dostoievski. Le pregunté con cuál de los hermanos Karamázov se identificaba. Este juego de roles se repite de generación en generación. Aliosha, Iván y Dmitri representan modos de conducta esenciales y obligan a que el lector vacile entre ellos, aunque se trate de alguien que ya haya resuelto o arruinado su destino.

En forma previsible, Berman optó por Iván, el atribulado hombre de ideas, mientras su esposa elegía al piadoso Aliosha, que también es el personaje favorito de mi padre.

Leer *Los hermanos Karamázov* significa instalarse en el umbral de las decisiones fuertes, con la vida por delante. El momento en que el conocimiento comienza a ser tocado y en cierta forma manchado por la experiencia.

Borges señaló que los rusos explotaron con excesiva facilidad al personaje contradictorio, a tal grado que llegaron a concebir a asesinos que mataban por bondad. Ciertamente, la mesura no ha sido un sistema de medida ruso. Sin embargo, en esa desaforada región surgieron las descarnadas miniaturas de Antón Chéjov. El cuento "La colección", incluido en esta antología, brinda una impecable metáfora del método literario del autor. Un personaje junta las basuras que encuentra en los panes. Con ellas integra una peculiar colección. Nada tan bueno e inocente como un pan. Pero el mullido migajón puede contener desperdicios. Esa pedacería informa de los defectos de los hombres y su incurable descuido. Aunque no se trate de algo demasiado grave, esos restos empeoran las cosas. Atesorarlos significa tener presentes los equívocos, saber que todo bienestar incluye su reverso.

El poeta Ramón López Velarde cantó al "santo olor de la panadería". El aire donde se hornea algo produce un alivio espiritual, y sin embargo, ahí puede haber basuras. Así se escriben las historias chejovianas: bajo la tranquila superficie de la vida, hay huellas de dolor.

Algo semejante se puede decir de "Tres muertes", ejemplar relato de Tolstói, a quien se asocia más con la narrativa de larguísimo aliento. En su primer tramo, la historia narra dos muertes y el paso de unos zapatos a otros pies. Estamos ante una reflexión sobre lo que se acaba y recomienza: alguien debe morir para que otro camine mejor. Más tarde ocurre una tercera muerte. Un árbol es talado para construir un ataúd. Esto otorga otro peso a la historia. El acabamiento y el reciclaje se inscriben en un orden superior, telúrico y quizá cósmico, que trasciende y determina a los hombres: la naturaleza entendida como una moral, el inextricable tejido de los efectos y las causas.

Con frecuencia, los destinos de los escritores rusos fueron tan dramáticos como los de sus personajes. Pushkin, el Fundador, murió en un duelo. Los demás padecieron el destierro, la cárcel, la enfermedad, el frío, la zozobra intelectual y la pobreza.

En situaciones de holgura, el sufrimiento fue una exigencia autoimpuesta. El conde Tolstói pudo haber vivido sin problemas, pero anotó en una entrada de sus diarios: "Si hoy no hago algo bueno, me pego un tiro". No hacer el bien puede ser la mayor desgracia.

Ninguna otra literatura ha asociado tanto el ejercicio literario con una conducta heroica. Aunque esto produjo casos extremos de la vanidad y el mesianismo, los rigores a que se sometieron los autores del periodo, y la valentía para enfrentarlos, fueron dolorosamente reales.

La heroicidad de estos autores dio lugar a un subgénero que merece el nombre de "biografía exaltada". Una frase que el poeta Blok escribe a su madre podría servir de lema a esas evocaciones literarias: "En estos días estoy muy tenso y quisiera estarlo más". La sensibilidad aumenta bajo una presión extrema.

Cuando Bunin escribe sobre Chéjov, Tsvietáieva sobre Pushkin o Berbérova sobre Blok, no entramos en una objetiva recreación de los tiempos y los recursos de un colega, sino en un radical proceso de autoconocimiento o, en el caso de Bunin, de autocelebración.

Con la fiebre emotiva que sólo a ella le pertenece, Tsvietáieva recupera en *Mi Pushkin* un momento de decisión juvenil. De nuevo estamos ante esa disyuntiva tan cara a la literatura rusa en la que hay que optar en forma decisiva. El admirado poeta tiene sangre africana y piel morena. "Como inevitablemente es necesario elegir", ella resuelve lo siguiente: "elegí el negro [...] la vida negra".

En la obra de teatro *Tres hermanas*, las heroínas de Chéjov entienden que el futuro sólo puede estar en Moscú. Elegir implica tomar un tren. *El jardín de los cerezos* comienza cuando está por cumplirse un plazo fatal: el 22 de agosto se venderá la propiedad. La trama despliega las infructuosas maneras de salvar el escenario de la obra. Vivir es elegir. "Si Dios no existe, todo está permitido", piensa Raskólnikov, el personaje de Dostoievski, sólo para descubrir que se ha equivocado: aun suponiendo la inexistencia de Dios, la elección deber ser un acto ético.

Los maestros rusos no sólo despliegan las situaciones en las que todo se puede alterar en forma radical; también exploran el purgatorio de las consecuencias.

En su propio teatro de las disyuntivas, Tsvietáieva sigue a Pushkin y opta por el negro, el otro lado de las cosas, la innombrada sensibilidad del mundo.

"En la poesía rusa no encontramos ningún rostro sereno", escribe Nina Berbérova en 1990, tres años antes de morir, en su biografía de Blok: "El siglo pasado fue cruel para nuestros poetas. Pushkin y Lérmontov encuentran a los treinta y siete años la muerte al batirse en duelos que habrían podido evitar. Ryléiev muere ahorcado. Antes de su muerte, Fet, a los setenta y siete años, intenta abrirse el vientre. Apolón Girgóriev y el genial Fófanov mueren víctimas de la miseria y el alcoholismo". La suerte de Blok no es más alegre: "Me hubiera gustado vivir, de haber sabido cómo", exclama.

Después de la revolución de octubre, el autor de *Los doce*, que ha nacido en un privilegiado hogar de San Petersburgo, se incorpora a comités de lucha, vive hacinado en un piso sin estufa, enferma y hace suyos los sufrimientos de sus congéneres: "Mi país no ha tardado en mostrarme su cara divina y bestial... Me despierto al amanecer. Miro a través de la ventana; llueve. Campos enlodados, bosquecillos poco frondosos, un policía fronterizo con el fusil al hombro en un matalón. Sé dónde estoy, lo noto. Es ella, mi desdichada Rusia, cubierta por los escupitajos de los funcionarios; mi patria sucia, babosa, embrutecida, el hazmerreír del mundo... ¡Buenos días, madrecita!". Blok ama tanto lo que detesta que acepta padecer su patria a diario.

Las enormes expectativas de los personajes rusos ocurren en una tierra devastada. La ocasional presencia del lujo no adormece su sensibilidad. Selma Ancira ha contado una singular anécdota al respecto. Durante días, acompañó al poeta Iosif Brodsky en Barcelona. Una tarde, lo vio asombrarse ante los suntuosos banquetes a los que era convidado. "¿Así comen todos los días?", preguntó. La respuesta fue afirmativa, y el poeta comenzó a llorar. Pocos gestos más genuinos y significativos. Brodsky sucumbió a un llanto moral. Es posible que lo hiciera por el desconsuelo ante los que no tienen acceso a ese derroche o por una profunda decepción ante el exceso de una sociedad frívola. Lo cierto es que no defraudó como la conciencia de esa hora.

Los sufrimientos de la literatura rusa son un sistema de alarma ante lo que nombramos "progreso", "felicidad" o "bienestar". Al mismo tiempo, su peculiar sentido de la tristeza es una forma del placer. Nada reconforta tanto como el dolor trascendido o visto en perspectiva.

El texto de Bunin, "Un otoño frío", narra una vida a partir de una pérdida desoladora y plantea un asombro esencial. Si alguien se concentra exclusivamente en una desgracia, su vida carece de sentido. Lo extraño, lo revelador, lo verdadero, es que puede ser feliz sin olvidar esa herida de la que todo se desprende.

"Las familias felices no tienen historia", escribe Tolstói al comienzo de *Ana Karénina*; luego propone problemas suficientemente agudos para hacer interesantes muchas páginas. Lo curioso es que el recuento de los daños transmite una emoción estética. Compartida en intimidad psicológica y contemplada desde la distancia de quien no es protagonista sino lector, la casa del dolor resulta placentera.

Un largo itinerario ha asociado a México con ese sitio. No es casual que el título de Sergio Pitol, *La casa de la tribu*, se refiera a la mansión de Tolstói, matriz de la literatura moderna.

En otro libro dedicado a Rusia, *El viaje*, Pitol cuenta que en su infancia tenía un atlas con personajes del mundo. Él se identificaba con "Iván, niño ruso". Fue la semilla de una vocación que lo llevaría a vivir en Moscú y a traducir a Chéjov, Nabókov y Pilniak. Su papel como intérprete de los maestros eslavos se extendió al polaco (le debemos versiones magistrales de Gombrowicz, Andrzejewsky y Brandys). Este diálogo de un renovador de la literatura mexicana con sus colegas rusos tendió un puente decisivo. Tatiana Bubnova lo recorrió en sentido inverso pero igualmente provechoso, de su natal Leningrado a su nueva patria, la ciudad de México. Sus estudios pioneros sobre Mijaíl Bajtín y sus numerosas traducciones contribuyeron a la saludable "eslavización" de nuestra literatura.

Selma Ancira ocupa un sitio especial en este panorama. Hija del actor Carlos Ancira, cuyo papel más recordado es el del burócrata que protagoniza *Diario de un loco*, de Nikolái Gógol, contrajo desde niña la fiebre rusa, estudió en Moscú, con tal fortuna que durante un verano recibió, en México, una beca para adentrarse en otra lengua, el griego. Desde entonces gravita entre la estepa eslava y los dioses del Mediterráneo. Su signo del zodiaco es Géminis, maestro de la dualidad. Esto le permite mantener en orden dos mundos, el griego y el ruso. En su departamento de Barcelona traduce ambas literaturas, pero sus preferencias son claras: siete repisas de sus libreros contienen obras de Marina Tsvietáieva. El trabajo de traductor tiene algo de médium. Ancira ha sido muchas voces pero sobre todo la de Tsvietáieva.

Paisaje caprichoso de la literatura rusa es el saldo de una pasión. Ancira ha escogido textos, cuentos y ensayos cuyo hilo conductor es el sentido mismo de narrar y poetizar el mundo. Las reflexiones abordan de manera explícita el tema y las ficciones en forma metafórica.

En el relato "Roma", Nikolái Gógol demuestra que al final del viaje siempre hay un espejo: el viajero se encuentra consigo mismo. El protagonista busca estímulos espirituales en Francia. Sin embargo, la sofisticación que ahí encuentra le sirve para entender su propia tierra. El esplendor de París le resulta más escenográfico que real. De vuelta en Roma, descubre una idea más auténtica de la belleza, es decir, más impura, capaz de mezclarse con lo cotidiano. En esas calles, el efecto estético surge donde menos se espera: "Sugestivos pelotones de monjes atravesaban las calles con largas sotanas blancas o negras; un fraile capuchino, sucio y pelirrojo, de pronto se encendía al sol y se volvía color camello". Por obra de la mirada, un fraile desaliñado se transforma en una figura digna de Tintoretto.

Posteriormente, el narrador descubre a una mujer de extraordinaria belleza y traba amistad con una persona que puede presentársela. Piensa que su felicidad depende de ese lance hasta que contempla Roma desde una de las siete colinas. La ciudad se extiende entre los cipreses, como un sueño del deseo. Nada podrá ser tan hermoso como ella.

Nabókov admiraba el final de *Almas muertas*, donde la prosa se desboca con el avance de un carruaje. El maestro de esa fuga literaria, ejecutó en "Roma" una perfecta parábola del regreso y la identificación con el origen.

Las *Lecciones de literatura rusa*, de Vladimir Nabókov, compendian una manera tan rica como arbitraria de entender la literatura. Para lograr una impresión gráfica del cambiante poderío de los autores de su país, solía cerrar las persianas del salón de clase, creando un prólogo de oscuridad. Luego, descorría poco a poco las persianas, relacionando la luminosidad con distintos autores. El cuarto se iluminaba progresivamente hasta ser invadido por la luz: "Esto es Tolstói", decía el maestro.

En buena medida, la conquista de una prosa como la de *Resurrección* o *La guerra y la paz* depende del uso poético del lenguaje. Cuando un alumno se acercaba a Nabókov en la Universidad de Cornell, en busca de consejo para escribir una novela, respondía sin vacilar: "Tienes que leer poesía". La narrativa se alimenta del ritmo y el poder alusivo de los versos y es, ella misma, una expresión poética. Algunos de los momentos más altos de la poesía del siglo xx ocurrieron en las prosas de Broch, Joyce, Proust, Onetti, Rulfo, Borges o el propio Nabókov.

Paisaje caprichoso de la literatura rusa toma en cuenta esa alianza. Uno de sus logros consiste en alternar textos de poetas y narradores que comparten el desafío esencial de renovar la lengua y ampliar el horizonte de lo imaginario.

En "El lector", Nikolái Gumiliov se refiere, precisamente, a la prosa y la poesía como géneros indisolubles. En ese mismo ensayo, subraya otro vínculo decisivo para los autores de la época: "La poesía y la religión son las dos caras de una misma moneda". El arte puede ser entendido como una forma de plegaria. Esto no significa que asuma una condición beata, subordinada al cristianismo o a otra religión canónica, ni que se limite a celebrar epifanías o suplicar al modo de una letanía. La escritura es vista como una temeraria variante de lo sagrado, que en ocasiones se opone a la religión establecida y busca, por sus propios medios, acercarse a la experiencia religiosa, a nombrar lo inefable, lo trascendente, lo radicalmente irracional.

Al visitar el monasterio del Monte Athos, Nikolái Strájov escribe algo más que una crónica; no se interesa tan sólo en los aspectos arquitectónicos o históricos del lugar, sino en la salvación del alma. Más que un viaje es una peregrinación.

El tema vuelve una y otra vez. En "Algunas posiciones" Borís Pasternak habla de tres aficiones de las que suele opinar con la libertad del *amateur*: la pintura, el teatro y la mística. El arte y la religión representan para él campos que estimulan la discusión no especializada. En otras culturas, la presencia de la mística junto a las bellas artes como pretexto para una conversación entretenida, tendría que justificarse más. El misticismo es tan natural para el autor ruso que no explica a qué se debe su interés.

Una larga trayectoria ampara la presencia de la divinidad en la literatura rusa. De 1780 a 1784, Derzhavin escribió su oda "Dios", en la que entiende al hombre como un reflejo de lo sagrado. En este poema seminal, la celebración del Creador no está libre de sobresaltos. Los versos que Pushkin escoge como uno de los epígrafes de su cuento "Noches egipcias", reflejan esta tensión. Todo desemboca en la divinidad, pero el camino sigue un trazo inquietante; cada cosa es más pobre que la anterior hasta llegar, asombrosamente, al Creador: "Soy zar, soy esclavo, soy gusano, soy Dios". No siempre se llega al cielo por elevación. Toda ruta, si dura lo suficiente, conduce ahí. La progresiva degradación que describe Derzhavin lleva al cieno, al lodo, a los desechos, es decir, a la meta última: a Dios.

En este contexto de sobredeterminación religiosa destaca

la ruptura de Ósip Mandelstam, quien ejerció la forma más extrema de la libertad: la usó para escribir un poema contra Stalin que le garantizaría prisión perpetua.

Mandelstam encuentra una oposición entre el discurso religioso y la poesía. Juzga la oralidad rusa como una reacción ante la hostil escritura eclesiástica. "Los primeros intelectuales fueron los monjes bizantinos", comenta. Aquellos precursores usaron un lenguaje impositivo para dominar a un pueblo iletrado. La palabra escrita no llegó como instrumento de la libertad sino de la sujeción. Por contraste, la lengua hablada se desarrolló como un recurso tentativo, incierto, cambiante, capaz de adaptarse a la realidad para resistir a la artificial lengua de los popes.

Aunque numerosos poetas entendieron su trabajo como una revelación sagrada, de acuerdo con Mandelstam, a nivel del lenguaje aportaron un contenido laico, despojando a la escritura de la arbitraria carga eclesiástica. El uso cotidiano del idioma refleja este desplazamiento: "El verso ruso está lleno de consonantes y crepita y cruje y silba con ellas. Una verdadera habla secular. La lengua de los monjes es una letanía de las vocales". Para entender la dimensión y la audacia de esta postura hay que mirar a los lados. Mandelstam escribe en un país donde algunos ilustres predecesores entendieron la literatura como una prolongación de la experiencia religiosa. Lo admirable en su reflexión es que más allá de los temas abordados por la poesía —en ocasiones manifiestamente religiosos— advierte un proceso de secularización de la lengua, cuya eficacia depende de rechazar el dogma en favor de un lenguaje vivo, rociado de "sal abrasadora". El "éxtasis sagrado" no se logra con el idioma de la doctrina sino con palabras que transmiten un misterio natural, tan común e inexplicable como la emoción que los niños experimentan ante el vuelo de los pájaros. No es posible escribir poesía sin rozar lo que está más allá de las palabras, lo "religioso". El iconoclasta Mandelstam revela que eso se logra sacando la lengua del templo para llevarla a la tierra donde crece la hierba.

En su ensayo "El arte a la luz de la conciencia", también Marina Tsvietáieva asocia la experiencia estética con la santidad y recuerda el gesto extremo de Tolstói de acabar con el arte como una medida de purificación. Harto de sofisticadas representaciones, el autor de *Ana Karénina* buscaba esencializarse. Eliminar lo "artístico" significaba para él despojarse de máscaras y simulaciones, un exorcismo en pos de la verdad.

Para Tsvietáieva, el hecho estético rebasa la percepción común. Por eso busca una "atrofia indispensable de la conciencia", un "defecto ético sin el cual el arte no puede existir". El artista es un filtro de saberes y sensaciones que no le pertenecen; ciertos giros surgen en contra de sus intenciones manifiestas. Escribir es un estimulante equívoco. De ahí que compare un canto con un "lapsus de amor". Al admitir que el artista trabaja desde el error, Tsvietáieva prefigura la estética de Samuel Beckett y su paradójico lema creativo: "Hay que fracasar mejor".

En aras de lograr su cometido, el artista debe negarse un poco a sí mismo, dejar que fuerzas ajenas operen con libertad en su interior. Por eso, la autora de "El diablo" admiraba tanto que Alexandr Blok fuera incapaz de rememorar con precisión *Los doce*, que él mismo había escrito. Enfermo, afiebrado, el poeta transcribió los versos como si recibiera un dictado. En sentido estricto, desconocía esa obra que preconiza la revolución y abre la senda de Maiakovski. El espíritu de la época compareció en los trémulos labios del poeta y lo dejó al margen del texto.

Estamos, por supuesto, ante un caso extremo, acaso irrepetible. Tsvietáieva no propone sustituir el rigor por la iluminación o el chamanismo; sencillamente muestra que, a medida que se perfecciona, el oficio poético conduce a resultados progresivamente ajenos al autor. "Yo es otro", escribió Rimbaud para sintetizar esta idea. La fuerza de una obra se mide por su autonomía.

Tsvietáieva sabía, como antes lo supo Blok, que el verdadero arte no es proselitista ni se somete a ideología alguna; no se puede escribir poesía y pertenecer a un partido. Numerosos escritores rusos pagaron esta creencia con su vida o su libertad. El gran poema histórico de Blok no responde a un impulso programático. El autor actúa como un pararrayos; la electricidad del ambiente anima la página.

El magnífico relato "El diablo" expresa esta dialéctica: la creación surge de un extraño aliado, que en cierta forma es un oponente. Una niña tiene un amigo imaginario; ve aparecer a un personaje que para los demás podría ser monstruoso. Ella lo ama. Entiende, desde el principio y sin miedo alguno, que el diablo visita la habitación de su hermana. La razón es sencilla: su hermana lee. El diablo surge de los libros.

En la iglesia el sacerdote le pregunta: "¿Diableas?". Ella responde sin vacilar: "Sí, siempre". Lo que para el cura es un pecado, para ella es una liberación. Comprende que el consuelo no puede venir de la iglesia: "Si hay sacerdote, hay ataúd [...] Todo oficio ortodoxo es para mí una misa de difuntos".

El diablo del cuento representa un "ardor secreto". De nuevo, la literatura rusa nos lleva a una trama iniciática. La protagonista despierta al mundo a través de la lectura y acepta que la imaginación venga acompañada del diablo. Posteriormente, descubre otro recurso temerario y revelador: el tacto.

Impecable educación sensual, "El diablo" muestra los descubrimientos de una niña de siete años. Una vez que ella vislumbra su vocación y su destino, el diablo deja de aparecer; pero, de algún modo, sigue con ella. La narradora ha sido elegida. El compañero rebelde que la estimulará por siempre le entrega una divisa: "No te dignes". Esa expresión de independencia será el sello de la indómita y muchas veces incomprendida Marina Tsvietáieva.

LA RISA, LA RESURRECCIÓN, LAS DOS CARAS DEL ARTISTA

No falta humor en esta antología. El cuento de Chéjov sobre las basuras que guardan los panes tiene una fuerte dosis de ironía, y "Una historia china", de Mijaíl Bulgákov, es un desafiante ejercicio de sarcasmo. Sin llegar al tono satírico de su novela mayor, *El maestro y Margarita*, el autor al que Stalin enmudeció con una llamada telefónica logra una singular parodia sobre los delirios del poder.

Pero es en "El mal del ímpetu", de Iván Goncharov, donde el humor encarna con mayor fuerza. Conocido por *Oblómov*, novela sobre un personaje que se da de baja ante el mundo y se limita a vegetar como un jubilado de la existencia, en este relato Goncharov se ocupa de otra pulsión extrema: el deseo de viajar. La familia Zúrov está aquejada de un mal irremediable. Quien lo diagnostica es Nikon Ustínovich Tiazhelenko, personaje que desde su juventud ha ganado fama por su "incomparable y metódica pereza". El narrador cree que, en su condición de haragán absoluto, Tiazhelenko exagera acerca de los Zúrov. Sin embargo, cuando los conoce sabe que en verdad están aquejados de un vértigo del desplazamiento; a tal grado que convierten las molestias en dolorosas formas de la diversión. Si una rueda del carruaje se rompe, celebran estar en medio de un bosque bajo la lluvia.

Goncharov prefigura el frenesí de traslados que décadas después traerá el turismo en masa y la masoquista ansiedad de moverse a riesgo de perder el equipaje y la salud. El desenlace muestra que los peligros cortejados por los imparables Zúrov eran verdaderos.

Es difícil escribir una obra maestra del humorismo que no sea, al mismo tiempo, una reflexión moral. Tal es el caso de "El mal del ímpetu", un cuento fiel a la máxima de otro mago de la ironía, Augusto Monterroso: "La verdadera función del humorista es hacer pensar, y a veces, hasta hacer reír".

En el polo opuesto, el mayor momento de gravedad de la antología es representado por una carta, el único papel privado en este *Paisaje caprichoso*.

Del vasto territorio de Fiódor Dostoievski, Selma Ancira escogió la misiva que envió a su hermano Mijaíl en cuanto supo que había salvado la vida.

En septiembre de 1848 fueron detenidos veintiocho artistas, profesores y periodistas que se reunían una vez a la semana en casa de Mijaíl Petrashevski. Aunque esas tertulias eran básicamente especulativas, la policía del zar juzgó que calificaban como disidentes. Dostoievski fue llevado a la prisión de Pedro y Pablo. El 22 de diciembre lo condujeron a una plaza donde se había preparado un patíbulo, en compañía de otros catorce implicados. El escritor tenía entonces veintiocho años.

Rodeados de nieve, los condenados se dispusieron a morir. Dostoievski vio el sol que refulgía en la cúpula de una iglesia y recordó un pasaje de Victor Hugo en *El último día de una condenado a muerte. Claude Gueux*, donde el protagonista pide clemencia para que no lo ejecuten y recuerda que los prisioneros tienen al menos la posibilidad de ver el sol.

Dostoievski se concentró en esa cúpula que años después sería recreada en *El idiota*. En ese momento, llegó el perdón del zar.

El escritor regresó exultante a su celda y no dejó de cantar en toda la noche. Lo aguardaban siete años en Siberia y temía enfrentar tantos rigores físicos, pero había resucitado. Es posible, como sugieren numerosos comentaristas, que esto reforzara su temperamento religioso. Lo cierto es que a partir de ese momento vivió con renovada intensidad, atesorando el tiempo que le quedaba por delante.

De acuerdo con Joseph Frank, excepcional biógrafo del autor, la carta, "escrita con rapidez y bajo el impacto de los acontecimientos, entrelaza penetrantes atisbos de las profanidades del alma de Dostoievski con peticiones de ayuda, instrucciones de último minuto y una relación objetiva y equilibrada de lo recién ocurrido. Es notable el gran amor que demuestra por su hermano mayor y la familia de éste".

También Mijaíl había asistido al círculo de Petrashesvki, pero fue liberado sin mayores cargos. El afecto filial perduraría en Dostoievski incluso después de la muerte de Mijáil, ocurrida en 1864. Lo más importante en la misiva, escrita en un momento límite y sin certeza de obtener respuesta, es la disposición a enfrentar las adversidades para educarse en ellas. Ningún sufrimiento doblegaría al autor. Siberia sería su escuela, seminario de la humillación y la solidaridad. Es difícil suponer lo que habría escrito sin pasar por el rito de paso que significó haber estado al borde de la ejecución. Lo cierto es que al volver del presidio escribió con la energía salvaje de quien rompe a martillazos sus grilletes.

Anticipando lo que vendría después, le escribe a su hermano: "Con este cambio de vida adquiero una nueva forma". La carta del 22 de diciembre de 1848, día del simulacro, es un peculiar testimonio de esperanza. El autor se apresta a vivir algo terrible, pero se siente tonificado. Siberia no es sólo el mal menor, es la certeza de que la vida sigue. Pide a su hermano que no sufra. Fiódor Dostoievski acepta el calvario con la entereza de quien sabe que en la nada no hay calvario.

He dejado para el final un comentario sobre "Noches egipcias", de Pushkin. En su libro elegiaco sobre el fundador de la gran literatura rusa, Tsvietáieva comenta que la primera imagen que tuvo de él fue un cuadro que representaba el duelo en que murió, fulminado por D'Anthès.

La idea de rivalidad es esencial a la imaginación de Pushkin. En un cuento que se ha traducido como "El disparo" y "El pistoletazo", narra la impecable venganza de un duelista. El adversario falla. Su tiro va a dar a la pared. El protagonista tiene la opción de matarlo, pero lo humilla con su perdón. Para demostrar la estupenda puntería con que pudo haberlo aniquilado, dispara a la pared, incrustando la bala exactamente en el agujero donde cayó la del enemigo.

Fue el duelista Pushkin quien inauguró en un breve drama el conflicto entre Mozart y Salieri. Ahí exacerbó el recelo que un artista puede sentir por otro. En forma trágica, el autor de *Evgueni Oneguin* murió como uno de sus personajes, en una confrontación innecesaria.

"Noches egipcias" presenta el curioso encuentro entre Charski, poeta consagrado, y un improvisador napolitano que recuerda a diversos diablos del mito fáustico. El extranjero tiene la seductora pinta de un embaucador. Charski se interesa en él porque está harto de un entorno que le rinde pleitesía. Si se preocupa por algún tema mundano, los demás creen que se encuentra en un sublime estado de inspiración. Ha perdido la posibilidad de ser normal. En este momento de cansancio existencial, Charski conoce a un charlatán dispuesto a crear a partir de cualquier pretexto. El atribulado artífice envidia al desenvuelto improvisador. Sin deponer del todo su desconfianza, decide apoyarlo en una representación. El sabio ha sellado un pacto diabólico.

Para llevar a cabo la representación, el italiano pide que le entreguen papeles sugiriendo temas. El elegido es "Cleopatra y sus amantes" (de ahí el título de "Noches egipcias"). Antes de comenzar, el improvisador pregunta quién aportó el tema. La chica que lo ha propuesto guarda silencio, avergonzada. Entonces, Charski asume la autoría de la propuesta. De este modo, el gran poeta sirve de estímulo a un improvisado. No conocemos la calidad artística de ese contrato, pues el relato termina ahí.

Pushkin propone una sagaz interrogante sobre el sentido de la autoría. Lo que el poeta sugiere puede ser alterado e incluso mejorado por un pícaro o por el mismo diablo.

¿Quién es más artista: el genio original pero alejado de los otros o quien reelabora con eficaz sentido de la oportunidad? ¿Hay *un* autor de la obra estética?

El texto sólo existe por medio del intérprete. Como en los duelos, el autor depende de otro: el lector que puede ser su cómplice o su oponente. Al modo de Cervantes, Pushkin no sólo inaugura una literatura sino la forma creativa de leerla.

Entre nosotros, ese diálogo es posible en gran medida gracias a Selma Ancira, la niña que vio a su padre recitar los parlamentos de Gógol y asumió el desafío de traducir con la intensidad de quien protagoniza una novela.

Paisaje caprichoso de la literatura rusa ofrece textos ejemplares. A finales del siglo XIX y principios del siglo XX, un puñado de escritores estuvieron dispuestos a pagar sus atrevimientos con el alma. Esa exaltada reserva de pasión y valentía será, para siempre, la juventud de la literatura.

Barcelona, 1º de abril de 2012

De paisajes y caprichos

Selma Ancira

Me gusta decir, porque es cierto, que cada uno de los libros que componen mi biografía literaria tiene su historia. Los hay que son el resultado de un viaje o de una conversación; otros se derivan de un hallazgo o son la respuesta a ciertas inquietudes espirituales; alguno ha surgido, también, de la experiencia estética que una buena función de teatro me ha proporcionado. Han sido muy diversos los disparadores que han desencadenado, primero el acercamiento a la obra, y luego su traducción.

Me descubrí traductora hace ya más de tres décadas cuando fascinada, o quizá mejor sería decir hechizada por la fuerza magnética de Marina Tsvietáieva, dejé de pertenecerme a mí misma y, sin saber nada aún del oficio, llevada por una necesidad inaplazable, me entregué de lleno a darle voz en mi lengua.*

Aquello resultó mágico. Nada tenía que ver con cuanto había vivido hasta entonces. ¡Que la poeta que tanto me había deslumbrado pudiera hablar a través de mí! Traduje las cartas que escribió durante el verano de 1926 sin detenerme, vislumbrando apenas algunos de los meandros de lo que a partir de ese momento se convirtió en el quehacer fundamental de mi vida: la traducción literaria.

En el transcurso de todos estos años, más que libros sueltos he traducido autores. Eso me ha brindado la posibilidad de conocer mejor los secretos de su estilo y moverme con mayor

---

* Salvo cuando se indique lo contrario todas las notas son de la traductora.

soltura entre sus andamiajes. Me he centrado, sobre todo, en el siglo XIX, al que de alguna manera pertenezco, y en el Siglo de Plata de la poesía rusa, al que pertenece Marina Tsvietáieva. Ella ha sido siempre una constante, una figura definitivamente inquietante, de ahí su doble presencia en este paisaje caprichoso.

De las muchas historias que componen el cuerpo de mi obra, he elegido, guiada por la técnica del claroscuro, éstas que se contemplan, se entretejen y conversan entre sí, llevando al lector que recorra sus páginas de paseo por los parajes más diversos: calveros y bosques, gargantas, montes y acantilados, unas veces despejados, y otras melancólicos o desapacibles, pero siempre bajo la luz propiciatoria del alma rusa.

Barcelona, 12 de abril de 2012

Acerca de esta edición

Las relaciones entre México y Rusia han sido siempre muy cordiales, en especial, a partir del siglo XIX, cuando la música, la literatura y la pintura rusas comenzaron a tener una gran difusión en nuestro país. A partir de entonces, el intercambio se ha intensificado y se ha hecho cada vez más amplio, hasta comprender los más diversos campos del saber, el arte y, en tiempos recientes, la cultura y el turismo.

Naturalmente, la literatura ha jugado un papel fundamental en ese intercambio. Por lo menos en lo que respecta a México, sabemos que la imagen de Rusia que prevalece en nuestro imaginario ha sido dictada en buena medida por las admirables obras que los grandes poetas, narradores y dramaturgos rusos han escrito desde el siglo XVIII en adelante. Y si bien todavía no existe un estudio que documente su influencia en los escritores mexicanos modernos y contemporáneos, es evidente que ésta empezó a proyectarse sobre nuestras letras tan pronto como comenzaron a circular en nuestro país los libros de Pushkin, de Tolstói, de Dostoievski, de Gogol, de Chéjov, a veces a través de traducciones mexicanas, otras por traducciones de argentinos, en el mejor de los casos migrantes judíos de Rusia como Salomón Kahan, pero casi siempre a través de traducciones hechas en España, traducciones que muchas veces dejaban sólo un soplo del original, una especie de espíritu que perduraba pese al camino sinuoso de la traducción, como lo expresaba un conocido juicio de Antonio Machado:

La producción literaria rusa nos es conocida por traducciones no siempre directas, frecuentemente incompletas, defectuosas muchas veces [...] Traducida y mal traducida [...] vertida del ruso al alemán, del alemán al francés y del francés al misérrimo español de un traductor catalán, que tradujo a peseta por página...[1]

Ha sido necesaria la labor de muchas personas para convertir esa distancia y esa vastedad cultural en un terreno común.

A veces ese terreno crece y a veces se reduce, pero nuestra relación con Rusia ha sido siempre intensa y apasionda. Se ha nutrido y se mantiene viva por la mutua fascinación que mexicanos y rusos han sentido por sus culturas —vienen a nuestra mente los nombres de Victor Serge y de Serguéi Eisenstein; de Diego Rivera y de José Revueltas.

El simbolista Constantin Balmont fue el primero de muchos rusos que viajó movido por su fascinación hacia México. Llega a nuestro país en 1905, en busca de un pasado ancestral: le golpea su exotismo; le intriga su misterio velado por los siglos y su vasta y diversa cultura: "Estaba preparado para ver en México un caleidoscopio facinante".[2]

Su propósito al arribar al puerto de Veracruz el 21 de febrero de 1905 era claro: "Conocer México, hundirme con toda mi alma en el misterio de siglos apagados, eso es lo que deseo".[3]

Veinte años después, el 8 de julio de 1925, en el vapor francés *Espagne*, llegará Vladimir Maiakovsky, lleno de expectativas y de un gran anhelo de vida: "Yo he vivido demasiado poco para poder apreciar todo con justeza y en sus detalles particulares".[4]

Busca a los indios que imaginó gracias a las obras de Fenimore Cooper y Maine Reed.[5] Se encuentra de lleno en un

---

[1] Antonio Machado, "Sobre literatura rusa", en Manuel y Antonio Machado, *Obras completas*, Madrid, Plenitud, 1962, p. 1209.
[2] Constantin Balmont, "Cartas del camino", en Luis Mario Schneider (ed.), *Dos poetas rusos: Balmont y Maiakovski,* México, SepSetentas, 1973, p. 39.
[3] *Ibid.*, p. 55.
[4] Vladimir Maiakovski, *Obras*, t. IV, Buenos Aires, Platina, p. 13.
[5] *Ibid.*, p. 21.

mundo extraño, ajeno. Le parecen sublimes el trópico de Veracruz y el camino a la Ciudad de México. En muchos sentidos, nuestro país le resulta inaprensible, pero aparece en sus escritos como un tema poético:

Miro:
    vaya, ¡eso sí que son trópicos!
    Toda la vida, la aspiro de nuevo yo...[6]

La amistad hace más entrañable el encuentro cultural: por ejemplo, la de Diego Rivera con Maiakovsky y la de Octavio Paz con Joseph Brodsky. La amistad de los poetas perdura, no sólo por la cercanía intelectual entre ambos, sino también por admiración mutua. Brodsky le dedica su "Divertimento mexicano" a Octavio Paz:

    Yo estuve en México, escalé las pirámides
    impecables moles geométricas
    desparramadas por el istmo de Tehuantepec.
    Quiero creer que las hicieron visitantes del cosmos
    pues estas obras suelen edificarlas los esclavos
    y el istmo está cubierto de hongos pétreos.[7]

Por fortuna, hay cada vez más traductores del ruso al español entre nosotros, y eso posibilita que los mexicanos conozcamos cada vez mejor y más extensamente el gran arte literario de Rusia, tan vasto y variado como su propio territorio.

Ése es precisamente el propósito de esta antología: brindar a los lectores mexicanos de hoy una breve muestra del arte de algunos de los grandes maestros rusos, mediante la cual es posible conocer y comprender un poco mejor la gran riqueza cultural del pueblo al que ellos representan.

---

[6] "Cartas...", *op. cit.*, p. 188.
[7] Joseph Brodsky, *No vendrá el Diluvio tras nosotros*, Barcelona, Galaxia Gutenberg, 2000, p. 98.

Esta antología da constancia de una nueva orientación de la política cultural mexicana, que busca abrir nuevos horizontes en su integración con las economías del Pacífico; y es testimonio también de un nuevo encuentro: México llevará a cabo más de un centenar de producciones escénicas, conferencias y exposiciones con una curaduría que toma una muestra de la contemporaneidad cultural mexicana, para ofrecer una idea del México moderno —como lo vio Balmont— a través de un caleidoscopio de identidades. El México que se transforma pero que conserva sus profundas raíces. Este programa cultural surge de una iniciativa del Consejo Nacional para la Cultura y las Artes y de la Comisión de Cultura de la Sexagésima Primera Legislatura, para establecer un acuerdo de colaboración con la Región de Perm, del cual esperamos que dé como primer fruto una multiplicación en los proyectos de difusión, en los estudios y las cátedras sobre la cultura rusa en México y de la cultra mexicana en Rusia.

Coeditado por la Cámara de Diputados y el Fondo de Cultura Económica en el marco de las actividades que México realiza en el festival de las Noches Blancas de Perm, este libro es una muestra del conocimiento cada vez más hondo de la literatura rusa en México, gracias a la constancia y a la calidad de traducciones como éstas de Selma Ancira, reconocida internacionalmente como una de las mejores traductoras del ruso al español. Es un saludo al pueblo ruso, una prenda de nuestro interés y aprecio por su historia, tan afín y tan ligada a la nuestra.

PRIMERA PARTE

Noches egipcias

ALEXANDR PUSHKIN

I

– *Quel est cet homme?*
– *Ha c'est un bien grand talent,
il fait de sa voix tout ce qu'il veut.*
– *Il devrait bien, madame, s'en
faire une culotte.*[1]

Charski era petersburgués de nacimiento. No había cumplido aún treinta años, no estaba casado y el trabajo no lo agobiaba. Su difunto tío, que había sido vicegobernador en una buena época, le había dejado una cuantiosa fortuna. Su vida podría haber sido muy agradable, pero tenía la desgracia de escribir versos y de publicarlos. En las revistas lo llamaban poeta, entre los lacayos versificador.

A pesar de los grandes privilegios de los que gozan los poetas (aunque a decir verdad, no vemos que los poetas rusos gocen de privilegios especiales a no ser por el derecho de usar el acusativo en lugar del genitivo y alguna otra licencia poética...) pero, sea como sea, a pesar de todos sus posibles privilegios, estas personas están expuestas a grandes desazones y disgustos. Lo más amargo, lo que menos soporta el poeta es su renombre y el estigma que lo marca y del que no logra deshacerse. El público suele considerarlo de su propiedad; cree que el poeta ha nacido para *su beneficio y su satisfacción*. Si vuelve de la aldea, el

---

[1] Tomado del *Almanaque de calambures* francés, publicado en 1771. [A.]

primero que le sale al paso le pregunta: "¿nos ha traído algo nuevo?" Si se halla pensando en sus asuntos frustrados o en la enfermedad de algún ser querido, no falta la impertinente sonrisa que acompaña a la impertinente exclamación: "¡Alguna rima debe estar ideando!" ¿El poeta se enamora? Su hermosa prometida compra un álbum en la tienda inglesa y espera nada menos que una elegía. Si llega a visitar a una persona a la que apenas conoce para tratar algún asunto importante, ésta de inmediato llama a su hijito y lo obliga a recitar los versos de quién sabe quién; y el niño agasaja al poeta con sus propios versos desfigurados. ¡Y éstas son las flores del oficio! ¿Cuáles serán sus infortunios? Charski confesó que las bienvenidas, las peticiones, los álbumes y los niños lo tenían a tal punto harto que por momentos debía controlarse para no cometer alguna grosería.

Charski hacía todos los esfuerzos posibles para deshacerse de la insoportable fama de poeta de la que gozaba. Evitaba estar en compañía de sus colegas literatos y prefería a la gente de sociedad, incluso a la más vacía. Su conversación era la más trivial y nunca rozaba la literatura. En su vestir observaba siempre la última moda, pero con la timidez y la superstición de un joven moscovita que por primera vez ha llegado a Petersburgo. Su estudio, siempre tan arreglado como la alcoba de una dama, en nada recordaba la existencia de un escritor; los libros no estaban desparramados ni sobre ni debajo de las mesas, el diván no estaba salpicado de tinta; no había ese desorden revelador de la presencia de la musa y la ausencia de la escoba y el cepillo. Charski era presa de la desesperación cuando alguno de sus amigos de la gran sociedad lo encontraba pluma en mano. Difícil creer las fruslerías a las que llega a prestar atención un hombre dotado, por lo demás, de talento y alma. Fingía ser un apasionado amante de los caballos o un jugador empedernido o el más exigente *gourmet*, aunque en realidad no sabía distinguir a un montañés de un árabe, nunca se acordaba de las cartas y en secreto prefería las papas al horno a todos los inventos de la gastronomía francesa. Llevaba una vida de lo más dispersa; estaba en todos los bailes, comía hasta hartarse en todas las recepciones diplomáticas y en todas las veladas era tan inevitable como el postre.

Sin embargo, era poeta y su pasión resultaba irresistible: cuando lo invadía esa *sandez* (así llamaba a la inspiración), Charski se encerraba en su gabinete y escribía desde la mañana hasta muy avanzada la noche. Frente a sus verdaderos amigos reconocía que sólo entonces era en realidad feliz. El resto del tiempo paseaba dándose importancia y simulando y oyendo una y otra vez la misma pregunta: "¿No ha escrito alguna cosita nueva?"

Una mañana Charski sintió ese bendito estado de ánimo en el que los sueños se dibujan con claridad frente a uno y aparecen esas palabras vivas e inesperadas que expresan las propias imágenes; en el que los versos se acomodan con facilidad al ritmo de la pluma y las rimas sonoras corren al encuentro de un pensamiento armonioso. Charski se encontraba inmerso en ese dulce dejarse ir... y ni el mundo, ni la opinión del mundo, ni sus propios caprichos existían para él. Estaba escribiendo versos.

De pronto rechinó la puerta de su gabinete y se asomó una cabeza desconocida. Charski se estremeció y frunció el entrecejo:

—¿Quién está ahí? —preguntó con enojo, maldiciendo para sus adentros a los criados que nunca estaban en el vestíbulo.

El desconocido entró.

Era de estatura alta, delgado y parecía tener unos treinta años. Los rasgos de su rostro moreno eran muy expresivos. La frente pálida y amplia a la que daban sombra unos mechones de pelo negro, los brillantes ojos negros, la nariz aguileña y una barba tupida que rodeaba a las hundidas y amarillentas mejillas revelaban en él a un extranjero. Iba vestido con un frac negro, blanco ya en las costuras, y pantalones de verano (a pesar de que el otoño estaba ya muy avanzado); tras la desgastada corbata negra que colgaba sobre la amarillenta pechera, brillaba un diamante falso; el sombrero rugoso había conocido, al parecer, tanto días de sol como de lluvia. Si alguien se encontrara con este hombre en un bosque, podría tomarlo por un bandido; en sociedad, por un conspirador político; en una antesala, por un charlatán que comercia con elíxires y arsénico.

—¿Qué se le ofrece? —le preguntó Charski en francés.

—*Signor* —respondió el extranjero haciendo una marcada reverencia—, *Lei voglia perdonarmi se...*

Charski no le ofreció una silla sino que se levantó él mismo y la conversación continuó en italiano.

—Soy un artista napolitano —dijo el desconocido—, las circunstancias me obligaron a abandonar mi patria, vine a Rusia confiando en mi talento.

Charski supuso que el napolitano se disponía a dar una serie de conciertos de violonchelo y quería vender los boletos de casa en casa. Estaba dispuesto a darle los veinticinco rublos de la entrada para deshacerse de él lo más rápidamente posible, cuando el desconocido añadió:

—Espero, *signor*, que brinde usted su ayuda amistosa a este colega suyo y me lleve a las casas a las que usted tiene acceso.

No podía haber una ofensa mayor para la soberbia de Charski. Miró con arrogancia a aquel que se autodenominaba su colega.

—Permítame preguntarle ¿quién es usted y por quién me ha tomado? —dijo, conteniendo con dificultad su indignación.

El napolitano notó su enojo.

—*Signor* —respondió titubeando...— *ho creduto... ho sentito... la vostra Eccelenza mi perdonera...*

—¿Qué se le ofrece? —repitió con sequedad Charski.

—He oído muchas cosas sobre su extraordinario talento; estoy seguro que los señores de este lugar tienen por un honor brindar todo tipo de favores a tan gran poeta —contestó el italiano—, y por eso he tenido el atrevimiento de buscarlo...

—Se equivoca, *signor* —lo interrumpió Charski—. Aquí no existe el título de poeta. Nuestros poetas no cuentan con el favor de los señores; nuestros poetas son ellos mismos señores y si los mecenas (¡que el diablo se los lleve!) no lo saben, peor para ellos. Aquí no hay abates harapientos a los que un músico recoja de la calle para la creación de un *libretto*. Aquí los poetas no van de casa en casa solicitando que se les ayude. Además, seguramente le habrán dicho en broma que soy un gran versificador. Es cierto que en alguna ocasión escribí unos cuantos malos epigramas, pero gracias a Dios, no tengo, ni quiero tener, nada en común con los señores poetas.

El pobre italiano se desconcertó. Miró a su alrededor. Cuadros, estatuas de mármol, bronces, finos juguetes colocados en aparadores góticos... todo aquello lo aturdía. Comprendió que entre ese soberbio *dandy* que llevaba un gorrito de brocado de alto copete y una bata china dorada sujeta con un chal turco y él, un pobre artista errante de corbata raída y traje desgastado, no había nada en común. Pronunció algunas disculpas incoherentes, hizo una reverencia y se dispuso a salir. Su miserable figura conmovió a Charski, quien, pese a las mezquindades de su carácter, tenía un corazón bueno y noble. Se sintió avergonzado por la irascibilidad de su amor propio.

—¿Adónde va? —preguntó al italiano—. Espere... Era mi deber rechazar un título que no merezco y reconocer ante usted que no soy poeta. Pero hablemos ahora de sus asuntos. Estoy dispuesto a servirle en todo lo que pueda. ¿Es usted músico?

—No, *Eccelenza* —respondió el italiano— soy un pobre improvisador.

—¡Improvisador! —gritó Charski, tomando conciencia de la crueldad de sus modales—. ¿Por qué no dijo antes que se dedicaba usted a la improvisación? —y Charski le estrechó la mano con franco arrepentimiento.

El aire amistoso de Charski alentó al italiano, quien con toda naturalidad comenzó a hablar de sus proyectos. Su apariencia no era engañosa: necesitaba dinero; tenía la esperanza de que en Rusia su situación mejoraría de alguna manera. Charski lo escuchó con atención.

—Confío —dijo al pobre artista— en que tendrá usted éxito: en nuestra sociedad todavía no se ha presentado ningún improvisador. Se despertará la curiosidad: aunque... el italiano aquí no se acostumbra y no lo entenderán; pero no es una desgracia; lo importante es que se ponga usted de moda.

—Pero si aquí nadie entiende el italiano —dijo pensativo el improvisador —¿quién irá a escucharme?

—Irán, no tema; unos por curiosidad, otros para pasar la tarde de alguna manera y otros para demostrar que conocen ese idioma; repito, lo único que hace falta es que se ponga usted de moda y se pondrá usted de moda, le doy mi palabra.

Charski se separó amistosamente del improvisador tras haber anotado su dirección y esa misma tarde salió a buscar la manera de ayudarlo.

II

Soy zar, soy esclavo, soy gusano, soy Dios.[2]

Al día siguiente, Charski intentaba encontrar en el oscuro y sucio corredor de una posada, la habitación número treinta y cinco. Se detuvo ante la puerta y tocó. Le abrió el italiano del día anterior.

—¡Victoria! —le dijo Charski—, sus asuntos van de maravilla. La princesa le presta su salón; ayer en una fiesta invité ya a la mitad de Petersburgo; imprima los boletos y los anuncios. Si no un triunfo, por lo menos sí le aseguro una buena ganancia...

—¡Y eso es lo más importante! —gritó el italiano manifestando su contento con esos vivos movimientos tan característicos de la gente del Sur—. Sabía que usted me ayudaría. *¡Corpo di Bacco!* Usted es poeta como yo también lo soy, y digan lo que digan, los poetas son gente estupenda. ¿Cómo expresarle mi agradecimiento? Espere... ¿le gustaría escuchar una improvisación?

---

[2] Tomado de la oda de Derzhavin, "Dios" (1784).

—¡Una improvisación! ¿Acaso puede hacerlo sin público, y sin música, y sin el estruendo de los aplausos?

—¡Nada, nada! ¿Dónde podría encontrar un público mejor! Usted es poeta, usted me comprenderá mejor que ellos y su estímulo silencioso es más importante para mí que una tempestad entera de aplausos... Siéntese en algún sitio y déme un tema cualquiera.

Charski se sentó sobre una maleta (de las dos sillas que había en el mísero cuartucho, una estaba rota y la otra cubierta de papeles). El improvisador tomó de la mesa una guitarra, se colocó frente a Charski y se puso a puntear con sus huesudos dedos mientras esperaba el encargo.

—Aquí tiene un tema —le dijo Charski—: *el poeta elige el motivo de sus cantos y el vulgo no tiene derecho a dirigir su inspiración.*

Los ojos del italiano brillaron; rasgueó algunos acordes, levantó la cabeza orgulloso y de su boca escaparon estrofas armoniosas y vehementes que expresaban un sentimiento instantáneo... Aquí están, en la versión libre que nos dio uno de nuestros amigos, según las palabras que la memoria de Charski conservó:

> Di ¿por qué andas errante y sin sentido?
> apenas si llegaste
> a la cima y te olvidas de mirar
> y de volver abajo.
> Al ordenado mundo ves confuso.
> Te tortura la fiebre,
> te asalta a cada instante un vano tema
> que te llama y te inquieta.
> El genio debe de tender al cielo.
> El poeta de verdad ha de escoger
> para su alta poesía
> un tema que también tenga su altura.
> Y ¿para qué entra el viento en la barranca,

por qué alza polvo y hojas
si el barco espera en las tranquilas aguas
su puerta ansiosamente?
¿Por qué, grande y terrible, pasa el águila
frente a montes y torres
si busca un tronco seco? ¿Por qué al moro,
pregúntale al poeta,
al igual que la luna ama la noche,
Desdémona lo ama?
Ni el águila ni el viento tienen ley,
ni el joven corazón.
Así como Aquilón es el poeta:
al igual que las águilas,
lo que quiere lo toma, y se eleva,
y, al igual que Desdémona,
elige, sin pedir permiso a nadie,
la imagen de su alma.

El italiano guardó silencio. Charski callaba, estaba asombrado y conmovido.

—¿Y bien? —preguntó el improvisador.

Charski tomó su mano y se la estrechó fuertemente.

—¿Y? —preguntó el improvisador—. ¿Qué le ha parecido?

—Sorprendente —respondió el poeta—. ¡Inaudito! Una idea ajena que apenas ha rozado su oído se convierte en algo de su propiedad; como si hubiera usted convivido con ella mucho tiempo, como si la hubiera acariciado y alimentado incesantemente. ¿Es decir que no conoce usted el trabajo, ni la frialdad, ni la inquietud que precede a la inspiración? ¡Sorprendente, sorprendente!

El improvisador respondió:

—Todo talento es inexplicable. ¿De qué modo descubre el escultor en un pedazo de mármol de Carrara al oculto Júpiter y lo saca a la luz con un cincel y un martillo rompiendo su envoltura? ¿Por qué la idea emerge de la cabeza del poeta dotada ya de cuatro rimas, medida con gracia y armonía? Nadie, con excepción del propio improvisador, puede comprender esta rapidez de las impresiones, esta unión tan íntima entre la inspiración propia y el deseo ajeno; en vano intentaría yo explicarlo. Pero... es hora de pensar en mi primera presentación. ¿Qué opina? ¿Qué precio se podría poner al boleto para que al público no le resulte demasiado caro y yo no sufra pérdidas? Dicen que la *signora* Catalani[3] pedía veinticinco rublos. Es un buen precio...

Fue desagradable para Charski caer de pronto de las alturas de la poesía al puesto de un oficinista, pero comprendía muy bien las necesidades cotidianas del italiano y descendió con él hasta los cálculos mercantiles. El improvisador reveló una avaricia tan feroz, un amor tan cándido por las ganancias, que Charski se sintió asqueado y se apresuró a separarse de él para no perder definitivamente el sentimiento de admiración que le había provocado el extraordinario improvisador. El italiano, absorto en sus cavilaciones, no advirtió este cambio y despidió a Charski por el corredor y la escalera con grandes reverencias y aseveraciones de gratitud eterna.

III

> El precio del billete es de diez rublos. El espectáculo dará comienzo a las 19 horas.
>
> AVISO EN UN CARTEL

El salón de la princesa se puso a las órdenes del improvisador. Se preparó el escenario. Se colocaron veinte filas de sillas y el día previsto el salón se iluminó desde las siete de la noche. Jun-

---

[3] Angelica Catalani (1780-1849), famosa cantante de ópera. En 1820 estuvo de gira en Petersburgo.

to a la puerta, detrás de la mesita para la venta y la recepción de los boletos, estaba sentada una mujer vieja y narigona con los dedos cubiertos de anillos y un sombrero gris con varias plumas rotas. En la entrada había varios gendarmes. El público comenzó a reunirse. Charski llegó de los primeros. Había hecho mucho para que la presentación fuese un éxito y quería hablar con el improvisador para saber si estaba contento. Encontró al italiano en la habitación contigua, mirando impaciente el reloj. Iba vestido teatralmente: de negro de pies a cabeza; el cuello de encaje de su camisa estaba levantado; su garganta desnuda destacaba de la barba negra y espesa por su extraña blancura; su pelo, que caía en mechones, daba sombra a su frente y a sus cejas. Todo esto disgustó enormemente a Charski, para quien resultaba muy desagradable ver al poeta vestido de juglar. Después de una corta charla volvió a la sala, en donde cada vez había más gente.

Pronto todas las sillas estuvieron ocupadas por elegantes damas; los hombres, apretados unos junto a otros, estaban a los lados del escenario, a lo largo de las paredes y detrás de las últimas sillas. Los músicos y sus atriles estaban a ambos lados del escenario. En el centro había una mesa con un florero de porcelana. El público era numeroso. Todos esperaban impacientes el comienzo. Por fin, a las siete y media, los músicos comenzaron a prepararse, tomaron los arcos y atacaron la obertura de *Tancredo*.[4] Todo se asentó y se aquietó, los últimos sonidos de la obertura retumbaron... Y el improvisador, recibido con una ensordecedora ovación que se elevaba desde todos lados, se acercó hasta el borde mismo del escenario haciendo grandes reverencias.

Charski esperaba con desasosiego la impresión que causaría en un primer momento, pero advirtió que su atavío, que a él le había parecido tan indecoroso, no causaba la misma impresión en el público. El propio Charski no encontró en él

---

[4] Ópera de Rossini escrita en 1813.

nada ridículo al verlo ya en el escenario con su rostro pálido intensamente iluminado por multitud de lámparas y velas. Los aplausos se apagaron; el murmullo se extinguió... El italiano, dándose a entender en un mal francés, pidió a los señores ahí reunidos que sugirieran distintos temas, que los escribieran en pequeños trozos de papel. Ante tan inesperada proposición todos se miraron unos a otros en silencio y nadie respondió nada. El italiano, tras esperar un momento, repitió su propuesta con voz tímida y humilde. Charski estaba de pie junto al escenario; era presa de la intranquilidad. Tenía la sensación de que aquello no saldría adelante sin su ayuda y que se vería obligado a sugerir un tema. En realidad varias cabezas femeninas habían volteado hacia él y habían comenzado a llamarlo, primero en voz baja, pero luego cada más alto. Al oír el nombre de Charski, el improvisador comenzó a buscarlo con los ojos y no tardó en localizarlo muy cerca de él. Con una sonrisa amistosa le ofreció un lápiz y un trozo de papel. A Charski le parecía muy desagradable tener que convertirse en parte de toda esta comedia, pero no había nada que hacer; aceptó el lápiz y el papel que el italiano le ofrecía y escribió algunas palabras; el improvisador tomó un jarrón de sobre la mesa, bajó del escenario y lo acercó hasta Charski, quien echó en él su tema. El ejemplo surtió efecto; dos periodistas, a título de literatos, se creyeron en la obligación de escribir un tema cada uno; tanto el secretario de la embajada napolitana como un hombre joven, que acababa de regresar de un viaje y estaba loco por Florencia, echaron en la urna sus papelitos doblados; finalmente, una muchacha fea, por orden de su madre, con los ojos llenos de lágrimas, escribió algunas frases en italiano y, sonrojándose hasta las orejas, se las dio al improvisador, al tiempo que las damas la miraban en silencio y esbozaban una sonrisa burlona apenas perceptible. De regreso al escenario, el improvisador colocó la urna sobre la mesa y comenzó a sacar un papelito tras otro, leyéndolos en voz alta:

La famiglia del Cenci.
L'ultimo giorno di Pompeia.
Cleopatra ei suoi amanti.
La primavera veduta da una prigione.
Il trionfo di Tasso.

—¿Qué ordena el respetable público? —preguntó humilde el italiano—, ¿me señalará él mismo uno de los temas sugeridos o dejaremos que la suerte lo decida?
—¡Que sea la suerte!... —dijo una voz de entre la multitud.
—¡La suerte, la suerte! —repitió el público.
El improvisador bajó nuevamente del escenario llevando la urna en las manos y preguntó:
—¿Quién tendrá la bondad de sacar el tema?
Lanzó una mirada suplicante a las primeras filas. Ninguna de las elegantes damas ahí sentadas se movió. El improvisador, no acostumbrado a la parsimonia de los habitantes del Norte, al parecer, sufría... De pronto advirtió una manita levantada cubierta por un pequeño guante blanco; con prontitud se dirigió hacia la majestuosa y bella joven que se hallaba sentada al final de la segunda fila. Ésta se levantó sin turbación alguna y con una gran sencillez hundió en la urna su aristocrática manita y sacó un papel.
—Tenga la bondad de desdoblarlo y leerlo —le dijo el improvisador.
La bella joven desdobló el papelito y leyó en voz alta:
—*Cleopatra e i suoi amanti.*
Pronunció estas palabras en voz baja, pero en la sala reinaba un silencio tan absoluto que todo el mundo las escuchó. El improvisador, con un gesto de agradecimiento hizo una amplia reverencia ante la hermosa dama y volvió al escenario.
—Señores —dijo dirigiéndose al público—, la suerte me ha señalado como tema para una improvisación a Cleopatra y sus amantes. Ruego encarecidamente a la persona que lo sugirió

que me aclare su idea: a cuáles amantes se refiere, *perche la grande regina n'aveva molti...*

Al oír estas palabras muchos hombres rieron abiertamente. El improvisador se sintió un tanto desconcertado.

—Me gustaría saber —continuó— qué aspecto histórico tenía en mente la persona que eligió este tema... Estaré profundamente agradecido si me hace el favor de aclararlo.

Nadie se apresuró a contestar. Algunas damas dirigieron su mirada hacia la joven fea que había escrito un tema por orden de su madre. La pobre muchacha sintió esa malévola atención y su desconcierto fue tan grande que las lágrimas afloraron en sus ojos... Charski no pudo tolerarlo y, dirigiéndose al improvisador, le dijo en italiano:

—Fui yo quien sugirió el tema. Me refería al testimonio de Aurelio Víctor, quien escribe que al parecer Cleopatra fijaba la muerte como precio de su amor, y que hubo adoradores a quienes no asustó ni alejó esta condición... Me parece, sin embargo, que el tema es un poco intrincado... ¿no quisiera usted elegir otro?

Pero el improvisador ya sentía la cercanía de Dios... Hizo una señal a los músicos para que comenzaran a tocar. Su rostro palideció terriblemente, comenzó a temblar como presa de la fiebre; sus ojos brillaron con un fuego maravilloso; retiró con la mano sus cabellos negros, secó con un pañuelo su amplia frente cubierta de gotas de sudor... y de pronto dio unos pasos hacia delante, cruzó los brazos sobre el pecho... la música cesó... Comenzó la improvisación...

1835

Roma

Nikolái Gógol

Intenta mirar un relámpago en el instante mismo en el que irrumpe como un torrente de resplandor por entre las nubes negras como el carbón. Así son los ojos de Annunziata de Albano. Todo en ella evoca aquellos tiempos antiguos, en los que el mármol se animaba y los cinceles de los escultores brillaban. Su espesa cabellera azabache, recogida en una gruesa trenza, le corona dos veces la cabeza y cuatro largos rizos le caen sobre el cuello. No importa la posición que adopte su níveo rostro, su imagen se graba en lo más profundo del corazón. Si se pone de perfil emana una increíble nobleza y revela una belleza de líneas nunca antes igualada por ningún pincel. Vista de espaldas también es prodigiosa: sus maravillosos cabellos recogidos sobre la cabeza dejan al descubierto un cuello terso y la hermosura de unos hombros jamás vistos en la tierra. Pero cuando te mira directamente a los ojos el prodigio es tan absoluto que el corazón se sobresalta y se congela. Su voz tiene la resonancia del bronce. Ni la pantera más ágil puede competir con ella en velocidad, fuerza y gallardía de movimientos. Todo en ella representa la cima de la creación, de los hombros a las piernas de inspiración antigua y hasta el último dedito de su pie. Dondequiera que vaya crea un cuadro. Si al caer la tarde corre hasta la fuente con el cuenco de cobre sobre la cabeza, todo lo que la rodea se inunda de una armonía prodigiosa: las líneas de las maravillosas montañas de Albano se pierden en la distancia con mayor ligereza, se hacen más azules las profundidades del cielo romano, el ciprés se eleva hacia las alturas más recto todavía y el rey de los árboles del sur, el pino romano, con su copa en forma de sombrilla, se dibuja en el cielo más sutil y más nítido y da la impresión de estar navegando en el aire. La fuente donde las muchachas de Albano se reúnen y se sientan en los escalones de mármol a conversar con voces fuertes y argentinas mientras el agua cristalina cae en estruendoso chorro en las vasijas de cobre que han puesto debajo parece estar allí para ella. Todo, la fuente y la multitud, parece estar allí para que resalte mejor su belleza triunfante, para que se vea que ella lo domina todo, como una zarina a la que siguen sus cortesanos. En días de fiesta, cuando la espesa galería de árboles que conduce de Albano a Castel Gandolfo está repleta de gente vestida de fiesta, cuando bajo sus arcos oscuros aparecen los *minenti* −petimetres vestidos de terciopelo con vistosos cinturones y una flor dorada en los sombreros emplumados−, cuando los asnos de ojos medio entornados caminan con paso cansino o galopan llevando pintorescamente sobre sus lomos a las esbeltas y fuertes mujeres de Albano y de Frascati ataviadas con unos sombreros blancos que se distinguen desde lejos, o transportan, ya no de una manera pintoresca sino con un andar fatigado y tropezando una y otra vez, a un inglés largo e inmóvil que va con las piernas dobladas en ángulo agudo para no rozar la tierra y viste un abrigo impermeable color chícharo tan largo como él, o llevan en la grupa a un pintor en blusón, con una cajita de madera colgada de una correa y una desenfadada barba a lo Van Dyck, mientras la sombra y el sol recorren alternativamente el grupo entero, también en esos días de fiesta todo es mucho más hermoso cuando ella está que cuando no está. La profundidad de la arbolada galería, con su penumbra, revela a Annunziata en todo su magnífico esplendor. La tela púrpura de su traje tradicional se enciende como una brasa al sol. El bellísimo día de fiesta se refleja en su rostro y vuela al encuentro de todos. Y, al verla, todos se quedan atónitos: el petimetre *minente* con la flor en el sombrero deja escapar una exclamación involuntaria; el inglés con su largo abrigo impermeable color chícharo dibuja en su rostro impasible un signo de interrogación; el pintor de barba a lo Van Dyck se detiene más tiempo que los demás en el mismo sitio y piensa: "¡Ella sí sería una modelo maravillosa para Diana, para la altiva Juno, para las tentadoras Gracias y para todas las mujeres que alguna vez fueron representadas en un lienzo!", y al mismo tiempo tiene la audacia de pensar: "¡Sería prodigioso que una criatura como ésta adornara para siempre mi modesto estudio!"

Pero, ¿quién es aquel cuya mirada insistente la sigue con más tenacidad que los otros? ¿Quién es aquel que vigila sus palabras, sus movimientos y el paso de sus pensamientos sobre su rostro? Un joven de veinticinco años, un príncipe romano descendiente de una familia que en su tiempo fue el honor, el orgullo y la deshonra de la Edad Media, y que ahora se extingue en solitario en un magnífico palacio cubierto de frescos de Guercino y los Carracci, en compañía de una deslucida galería de cuadros, damascos descoloridos y mesas de lapislázuli y un *maestro di casa* de cabellos blancos como la nieve. No hacía mucho que las calles de Roma habían vuelto a ver pasear sus ojos negros —chispas ardientes que brillan detrás de la capa que cae sobre la espalda—, su nariz de corte clásico y la blancura marfileña de su frente sobre la que cae un rizo asedado que parece estar flotando. Apareció en Roma después de quince años de ausencia y apareció como un soberbio jovencito que reemplazaba a aquel que hasta hacía poco tiempo había sido sólo un niño.

Pero el lector debe saber cómo ocurrió todo esto, y por eso repasaremos velozmente la historia de su vida, todavía joven pero abundante en impresiones fuertes. Su primera infancia transcurrió en Roma, donde fue educado tal y como se estilaba entre los viejos nobles romanos. El maestro, el educador, el ayo y cuantos se quiera se habían reunido para él en la persona de un abate de rígida inspiración clásica, admirador de las cartas de Pietro Bembo, de las obras de Giovanni Della Casa y de cinco o seis cantos de Dante que no podía leer sin exclamar en voz alta: *"Dio, che cosa divina!",* y dos líneas más adelante: *"Diavolo, che divina cosa!"* En esas exclamaciones consistía casi toda su crítica y evaluación literaria, y dedicaba el resto de la conversación al *broccoli* y a las alcachofas, su tema favorito. Sabía muy bien en qué época del año era mejor la ternera, en qué mes se debía comenzar a comer el cabrito. Le gustaba hablar de todo esto por la calle cuando se encontraba con algún amigo, también abate. Sabía enfundar con gran destreza sus gruesas pantorrillas en calcetines negros de seda después de haberse puesto los de lana. Con la regularidad de una vez al mes se purificaba bebiendo *olio di ricino* en una taza de café y cada día y cada hora que pasaba se ponía más redondo como, por otro lado, suele pasarle a todos los abates. Era natural que con un principio como aquel el joven príncipe no tuviera demasiados conocimientos. Había aprendido únicamente que la lengua latina era la madre de la italiana, que había tres tipos de *monsignori:* los que llevaban calcetines negros, los que los usaban lilas y los del tercer tipo, que eran casi como cardenales; conoció algunas cartas de Pietro Bembo escritas a los cardenales de la época, la mayoría de las cuales era de felicitación; aprendió a conocer bien la calle del Corso, adonde iba a pasear con el abate, y también la Villa Borghese y dos o tres tiendas en donde el abate se detenía a comprar papel, plumas y rapé, y también la farmacia en donde compraba su *olio di ricino.* A eso se reducía el horizonte de conocimientos del educando. Cuando hablaba de otras tierras y de otros países, el abate lo hacía a grandes rasgos y con poca claridad: que existía la tierra de Francia, una tierra rica; que los ingleses eran buenos mercaderes y les gustaba viajar; que los alemanes eran todos unos borrachos y que al norte existía una tierra bárbara, Moscovia, donde hacía un frío tan atroz que podía hacer explotar el cerebro humano. El alumno seguramente no habría ido más allá de estos conocimientos al cumplir veinticinco años de edad si al viejo príncipe no se le hubiera ocurrido de pronto la idea de abandonar el antiguo sistema educativo y dar a su hijo una educación de tipo europeo. La idea, en parte, podía atribuirse a la influencia de una dama francesa hacia la que, en los últimos tiempos, el viejo príncipe dirigía continuamente sus impertinentes en los teatros y en los paseos, mientras hundía la barbilla en su enorme pechera blanca y se arreglaba un rizo negro de la peluca. El joven príncipe fue enviado a Lucca, a la universidad. Durante los seis años que permaneció allí, se despertó su vivaz naturaleza italiana, que hasta entonces había dormido bajo la aburrida vigilancia del abate. En el joven se reveló un alma ávida de refinados placeres y una mente observadora. La universidad italiana, en donde la ciencia vegetaba oculta detrás de áridas imágenes escolásticas, ya no satisfacía a la nueva juventud que, de vez en cuando, oía vívidas alusiones sobre ella, procedentes de más allá de los Alpes. La influencia francesa se dejó sentir en la Italia septentrional: había llegado junto con las modas, las viñetas, los vodeviles y las obras llenas de tensión de la indómita musa francesa, caprichosa, impetuosa, aunque por momentos no falta de indicios de talento. A partir de la Revolución de Julio el poderoso movimiento político que ocupaba los periódicos se dejó sentir también aquí. Se soñaba con el retorno de la extinta gloria italiana y se miraba con indignación la odiosa guerrera blanca del uniforme de los soldados austríacos. Pero la naturaleza italiana, amante de los placeres sosegados, no estalló en una rebelión como habría hecho la francesa sin pensarlo demasiado; todo terminó en un deseo irresistible de ir más allá de los Alpes, a la Europa verdadera. Su eterna vitalidad y esplendor centelleaban a lo lejos de forma muy atractiva. Allá se encontraba lo nuevo, lo opuesto a la decrepitud italiana; allá comenzaba el siglo XIX, la vida a la europea. El alma del joven príncipe, que presentía aventuras y mundo, tendía fuertemente hacia allá; pero cada vez que el príncipe se convencía de la total imposibilidad de realizar su sueño, un profundo sentimiento de tristeza lo obligaba a volver en sí: conocía bien el inexorable despotismo del viejo príncipe, con el cual era imposible ponerse de acuerdo. Sin embargo, de repente le llegó una carta de su padre en la que le ordenaba partir rumbo a París, acabar sus estudios en la universidad francesa, y permanecer en Lucca sólo hasta la llegada de un tío suyo, con el que debería emprender el viaje. El joven príncipe saltó de alegría, cubrió de besos a todos sus amigos, los invitó a comer en una *osteria* de las afueras de la ciudad y al cabo de dos semanas estaba en camino con el corazón listo para cualquier encuentro y palpitando de felicidad. Una vez que dejó atrás el Sempione un pensamiento agradable atravesó su mente: ya estaba en el otro lado, ¡ya estaba en Europa! La salvaje deformidad de las montañas suizas, amasadas sin perspectiva ni suaves horizontes, asustaba un poco a su mirada acostumbrada a la sublime y plácida belleza de la naturaleza italiana. Pero a la vista de las ciudades europeas, de los espléndidos y luminosos hoteles, de las comodidades que se le dispensaban al viajero, que podía sentirse en ellos como en casa, el príncipe se serenó. Todo era nuevo para él: la limpieza de la que se hacía gala y el brillo. En las ciudades germanas lo impresionó un poco la extraña complexión de los alemanes, privada de las armoniosas proporciones de la belleza, cuyo sentido es innato para los italianos; también el idioma alemán sorprendió desagradablemente su oído musical. Pero la frontera francesa ya estaba ahí y sintió que le daba un vuelco el corazón. Los delicados sonidos de la lengua europea de moda acariciaron sus oídos. Con secreto placer atrapaba el rumor suave de aquel idioma que todavía en Italia le había parecido algo muy elevado, algo no contaminado con los movimientos convulsivos que acompañaban a las vigorosas lenguas de los pueblos meridionales, incapaces de mantenerse dentro de ningún límite. Una impresión mayor todavía le causó un tipo particular de mujer, delgada y elegante. Lo entusiasmaron aquellos seres etéreos de formas ligeras, apenas perceptibles, pies pequeños, talle fino e imponderable, fuego en la mirada y una forma de hablar tan suave que parecía no articulada. Esperaba con impaciencia París. La había poblado de torres y de palacios, se había hecho una imagen a su manera, y con el corazón palpitante vio, por fin, los primeros signos de la capital: carteles, letras gigantescas, diligencias que se multiplicaban, ómnibus... Finalmente comenzaron a aparecer las casas de los suburbios. Ya estaba en París, preso en el abrazo inconexo de su aspecto monumental, sorprendido por el tráfico, por el brillo de las calles, por el desorden de los techos, por la espesura de las chimeneas, por las masas compactas de los edificios privados de todo sentido arquitectónico y tapizados de tiendas, por la fealdad de las desnudas paredes laterales adosadas al vacío, por la innumerable multitud heterogénea de letras de oro que trepaban por los muros, las ventanas, los techos y hasta las chimeneas, por la luminosa transparencia de las plantas bajas construidas sólo con cristal. ¡Ahí estaba París, eterno cráter de emociones, fuente que salpica chispas de novedad, cultura, moda, gusto refinado y pequeñas pero fuertes leyes a las que no podían sustraerse ni siquiera quienes las censuraban; encrucijada y feria de Europa, grandiosa exposición de todo lo que ha sido producido por la maestría y el arte, y de todo talento nacido en los rincones más recónditos del continente europeo; anhelo y sueño acariciado por todo joven de veinte años! Como aturdido, sin la fuerza necesaria para recobrarse, anduvo caminando por las calles rociadas de gente de todo tipo, surcadas por las rutas de los ómnibus en movimiento, estupefacto unas veces ante el aspecto de algún café en el que resplandecía un mobiliario principesco nunca antes visto, otras frente a los célebres pasajes cubiertos que retumbaban con el ruido sordo de los millares de pasos estruendosos de una multitud en constante movimiento, formada en su mayoría por gente joven, y deslumbrado por el brillo palpitante de las tiendas, iluminadas por la luz que llegaba a la galería a través del techo de vidrio. Se detuvo incrédulo contemplando los carteles que aparecían por millones amontonándose frente a los ojos y colmándolos de mil colores, anunciando llamativamente las veinticuatro representaciones cotidianas y una infinita cantidad de conciertos de todo tipo. Finalmente acabó por sentirse más que desconcertado cuando toda esta serie de encantamientos, al caer la noche, se encendió de pronto gracias a la magia de la iluminación a gas: todos los edificios se hicieron transparentes y brillaron con fuerza desde abajo. Las ventanas y las vitrinas de las tiendas parecían haber desaparecido, haberse esfumado, y todo lo que antes se encontraba dentro pareció quedarse desprotegido en mitad de la calle, reluciendo y reflejándose profundamente en los espejos. *"Ma quest'è una cosa divina!"*, repetía excitado el italiano.

Su vida transcurría animadamente, como transcurre la vida de muchos parisinos y de la multitud de jóvenes extranjeros que acude a París. A las nueve de la mañana, recién levantado de la cama, ya se encontraba en un espléndido café con frescos de moda, techo dorado, largas hojas de periódicos y revistas, y un noble acólito que pasaba entre los visitantes llevando una magnífica cafetera de plata en la mano. Allí bebía con un placer de sibarita su denso café en una taza enorme, instalado en un diván blando y mullido, mientras acudían a su mente los míseros y lóbregos cafés italianos con aquellos camareros desaliñados que portaban vasos de vidrio mal lavados. Luego se daba a la lectura de las colosales hojas de periódico y se acordaba de los raquíticos periodicuchos italianos, el *Diario di Roma*, *Il Pirato* y otros, que daban cabida a ingenuas noticias políticas y anécdotas que podían tratar aún de las Termópilas o del rey persa Darío. Aquí, por el contrario, en todas partes se percibía una pluma en ebullición. Tema tras tema, objeción tras objeción, todos y cada uno parecían erizarse vivamente: uno amenazaba con el cambio inminente de las cosas, otro presagiaba la destrucción del Estado. Cualquier movimiento o acción apenas perceptible de las cámaras y del ministerio crecía hasta convertirse en una acción de enorme envergadura entre partidos que se ensañaban, y se oía en los periódicos casi como un grito desesperado. Cuando el italiano leía todo aquello llegaba a experimentar verdadero terror, pues pensaba que al día siguiente estallaría la revolución. Salía del saloncito de lectura en un estado semejante a la embriaguez, y sólo París con sus calles podía, en un momento, quitarle de la cabeza toda esa carga. Después de aquellas lecturas tan pesadas, el esplendor y la variopinta agitación que revoloteaban por toda la ciudad parecían delicadas florecillas suspendidas al filo de un abismo. No tardaba en llegar hasta la calle y ahí se volvía, como todos, un auténtico pazguato. Se quedaba pasmado frente a las esbeltas vendedoras, vestidas de colores claros y en la flor de la vida, que llenaban todas las tiendas parisinas, como si el severo aspecto de un hombre fuese inconveniente y sólo pudiera aparecer de manera furtiva, como una mancha negra, detrás de las grandes vitrinas. Miraba fascinado cómo las delicadas y finas manos, perfumadas con todo tipo de jabones, se dedicaban a envolver caramelos, mientras los ojos claros escrutaban atentamente a los transeúntes. O cómo, en otro sitio, una cabecita rubia parecía posar para un cuadro, dejando caer sus largas pestañas sobre las páginas de alguna novela de moda, sin percatarse de que a su alrededor se había reunido un grupo de jóvenes que admiraban su esbelto cuello níveo y cada cabello de su cabellera e intentaban, además, captar hasta la menor oscilación que en su pecho producía la lectura. También se arrobaba frente al puesto de libros, donde, como arañas, las negras viñetas se extendían sobre el papel: el trazo era tan amplio y grande, que a veces resultaba imposible descifrar qué había en ellas y las extrañas letras más bien daban la impresión de ser jeroglíficos. Se quedaba extasiado frente a una máquina que ocupaba sola toda una tienda y se movía tras la pared de vidrio haciendo girar un enorme rodillo que prensaba chocolate. Se detenía embelesado frente a aquellas vitrinas donde los gandules parisinos se quedaban horas enteras, con las manos en los bolsillos y la boca abierta, y donde un enorme cangrejo de mar daba un toque de color rojo a las hojas verdes, un pavo relleno de trufas se exhibía con una lacónica inscripción: "300 fr." y peces amarillos y rojos, de colas y aletas doradas, aparecían de manera fugaz en las peceras de vidrio. Disfrutaba los grandes bulevares que atravesaban majestuosamente el estrecho centro de París, ahí donde, en medio de la ciudad, se alzaban árboles del tamaño de un edificio de seis plantas, y en cuyas aceras asfaltadas solía amontonarse una multitud de forasteros y decenas de petimetres locales no siempre bien descritos en las novelas. Y, tras haber disfrutado a placer, se dirigía al restaurante, donde hacía rato ya que las paredes brillaban con la luz de gas y reflejaban la interminable multitud de damas y de caballeros que, sentados alrededor de las pequeñas mesas distribuidas por el salón, conversaban ruidosamente. Después de comer se apresuraba a ir al teatro, sin haber decidido aún a cuál: cada uno era célebre a su manera, cada uno tenía su propio autor, su propio actor. En todos reinaba la novedad. En uno brillaba el vodevil, animado y superficial como los mismos franceses, nuevo cada día, creado en tres minutos de ocio, siempre divertido de principio a fin gracias a la imaginación inagotable del regocijo del actor. En otro se representaba un drama apasionado. Y el príncipe, involuntariamente, comparaba la austera y exigua escena dramática italiana, donde siempre se repetía el mismo viejo Goldoni que ya todos conocían de memoria, o las nuevas comedietas, tan absolutamente inocentes e ingenuas que podían aburrir a un niño. Comparaba aquella escasa cantidad con esta inundación dramática siempre viva, apresurada, donde todo se forjaba mientras estaba todavía caliente, y donde el único temor era que la novedad no fuera a enfriarse. Después de haber reído a placer, de haberse saturado de emociones y de impresiones, extenuado, volvía a casa y se echaba en la cama que, como ya se sabe, es lo único que necesitan los franceses en su habitación; para comer, para leer y para disfrutar de la iluminación vespertina tienen los lugares públicos. Sin embargo, a pesar de su continuo entretenimiento, el príncipe no olvidaba las ocupaciones de la mente, que su alma reclamaba con impaciencia. Asistía a las clases de todos los profesores célebres. El estilo despierto y con frecuencia arrebatado, los nuevos puntos de vista y los aspectos en los que reparaban aquellos locuaces profesores eran del todo nuevos para el joven italiano. Sentía que poco a poco se le iba cayendo la venda de los ojos y de una manera muy distinta, mucho más vívida, veía surgir frente a sí cuestiones en las que nunca antes había reparado, mientras las huellas de los conocimientos adquiridos en el pasado, que en la mayor parte de las personas suelen caer, inútiles, en el letargo, se despertaban y, vistas con otros ojos, se grababan para siempre en su memoria. No se perdió ni el sermón de un predicador famoso, ni el discurso de un publicista o de un orador, ni las discusiones de la cámara, ni nada de aquello por lo que París sonaba en Europa. A pesar de que no siempre le alcanzaban los medios, pues el viejo príncipe le enviaba una asignación digna de un estudiante y no de un noble, encontró la forma de ir a todas partes, de acceder a las celebridades de las que hablaban los periódicos europeos, copiándose unos a otros, e incluso vio en persona a aquellos escritores de moda que con sus extrañas creaciones, en las que el mundo creía oír vibrar cuerdas hasta entonces no tocadas y veía sinuosidades de la pasión hasta entonces no intuidas, habían maravillado, al igual que a otras almas, al alma joven e impetuosa del príncipe. En una palabra, la vida del italiano adquirió un estilo amplio y variado, plenamente inundada del grandioso esplendor de la actividad europea. En un mismo día tenían lugar, de manera simultánea, el embeleso despreocupado y el ansioso desvelo de sus facultades, el trabajo ligero de sus ojos y el intenso trabajo de su mente, el vodevil en el teatro, el predicador en la iglesia, el torbellino político de los periódicos y de las cámaras, los aplausos en el auditorio, el estruendo extraordinario de la orquesta del Conservatorio, el lucimiento etéreo de una escena de baile, el fragor de la vida callejera: ¡qué vida titánica para un joven de veinticinco años! No había mejor lugar que París. Por nada del mundo cambiaría aquella vida. ¡Qué divertido y agradable resultaba vivir en el corazón de Europa, donde, cuando uno caminaba, sentía que se elevaba cada vez más alto y comenzaba a formar parte de la gran colectividad universal! En algún momento se le ocurrió la idea de renunciar a Italia y quedarse a vivir para siempre en París. Ahora Italia le parecía un rincón oscuro y enmohecido de Europa donde se apagaba la vida y también cualquier movimiento.

Así volaron cuatro ardientes años de su vida, cuatro años extraordinariamente significativos para un joven, y hacia el final ya veía muchas cosas de manera distinta a como las había percibido hasta entonces. Muchas lo desilusionaron. El mismo París, eterna atracción para los extranjeros, eterna pasión para los parisinos, ya no le parecía el mismo de antes. Veía que toda la diversidad y la animación de la vida de la ciudad desaparecían sin llegar a ninguna conclusión ni fructificar en ninguna clase de sedimento espiritual. En el movimiento de su constante bullir de actividad ahora creía intuir una extraña inactividad. Veía un espantoso predominio de las palabras sobre los hechos. Veía cómo todo francés parecía trabajar sólo en su propia mente enardecida; cómo la lectura de las inmensas hojas de periódico podía absorber el día entero, sin dejar ni siquiera una hora para la vida práctica; cómo todos los franceses se educaban en ese extraño torbellino de una política libresca, tipográficamente móvil y todavía ajenos a la clase a la que pertenecían, todavía ignorantes de hecho de todos sus derechos y relaciones, se adherían ya a uno ya a otro partido, tomándose muy a pecho sus intereses, poniéndose ferozmente en contra de sus adversarios sin conocer a ciencia cierta ni sus propios intereses, ni los de sus adversarios..., y la palabra política acabó por inspirar profunda repugnancia al italiano.

En el movimiento del comercio, en el del espíritu, en todo, únicamente veía un esfuerzo tenaz y una declarada tendencia a la novedad. Se intentaba, costara lo que costase, tomar siempre la delantera, aunque sólo fuera por un momento. Los comerciantes invertían todo su capital en arreglar sus tiendas para atraer a la multitud con el brillo y el esplendor del establecimiento. Los libros recurrían a las ilustraciones y al lujo tipográfico para despertar la atención indiferente del público. Las novelas y los cuentos intentaban conquistar al lector con la inverosimilitud de pasiones inauditas y la monstruosidad de excepciones de la naturaleza humana. Todo parecía ofrecerse e insinuarse descaradamente, sin mediar invitación, como una ramera que de noche y en plena calle acosa a un hombre. Todas las cosas, una detrás de la otra, extendían la mano lo más alto que podían, como una multitud de molestos mendigos. Aun en la ciencia, en sus inspiradas conferencias cuyo mérito no podía pasar por alto, ahora le parecía advertir el deseo de exhibirse, de alardear, de presumir. Abundaban los episodios brillantes, pero no había un transcurrir solemne y majestuoso del conjunto. Abundaban los esfuerzos por destacar hechos que hasta entonces habían pasado inadvertidos y por darles una importancia inmensa, en ocasiones en detrimento de la armonía del todo, con el único propósito de reservarse el honor del descubrimiento. Y, finalmente, por todas partes se percibía una seguridad casi arrogante y una falta de humilde conciencia de la propia ignorancia. Entonces hizo venir a su memoria los versos con los que el italiano Alfieri, en una disposición de ánimo mordaz, reprochaba a los franceses:

> *Tutto fanno, nulla sanno,*
> *Tutto sanno, nulla fanno;*
> *Gira volta son Francesi,*
> *Più gli pesi, men ti danno.*

Un estado de ánimo melancólico se apoderó de él. En vano intentó distraerse: buscó salir con la gente a la que respetaba, pero la naturaleza italiana no armonizaba con la esencia francesa. Se podía entablar amistad rápidamente, pero al cabo del primer día los franceses ya habían revelado hasta el último de los rasgos de su carácter, y al día siguiente no quedaba nada por descubrir; más allá de una cierta profundidad era imposible ahondar en ninguna cuestión del alma, pues los pensamientos agudos penetraban sólo hasta un determinado punto; y los sentimientos del italiano eran demasiado fuertes para encontrar plena respuesta en una naturaleza ligera. Entonces descubrió un extraño vacío aun en los corazones de aquellos a quienes no podía sino respetar. Y vio, por fin, que a pesar de todos sus rasgos brillantes, sus arranques magnánimos, sus ímpetus caballerescos, la nación entera era algo pálido, imperfecto, un vodevil ligero que ella misma había engendrado. No contenía ninguna idea sublime y grave. Abundaban las alusiones al pensamiento, pero los verdaderos pensamientos estaban ausentes; abundaban las medias pasiones sin que hubiera pasiones verdaderas; todo estaba inconcluso, todo sólo bosquejado, trazado con mano veloz; la nación entera era una espléndida viñeta, mas no el cuadro de un gran artista.

Quizá fue la melancolía que de pronto se apoderó de él lo que le permitió ver las cosas de esa manera, quizá la causa fuera el sentimiento interno, fresco y auténtico del italiano, o tal vez fueran ambas cosas, pero el hecho es que París, con todo su fasto y su esplendor, se convirtió para él en un penoso desierto e involuntariamente optó por los puntos más alejados y solitarios. Sólo seguía yendo a la ópera italiana, sólo allí le parecía que su alma descansaba, sólo allí los sonidos de su lengua materna se alzaban en toda su grandeza y plenitud. La Italia que había olvidado comenzó a hacerse presente cada vez con mayor frecuencia, a lo lejos y bajo una luz seductora. Día a día su llamada se hacía más fuerte, hasta que finalmente se decidió a escribir a su padre pidiéndole que le permitiera volver a Roma, dado que no veía ninguna necesidad de permanecer más tiempo en París. Durante dos meses no recibió noticia alguna, ni siquiera las habituales asignaciones que debía haber recibido tiempo atrás. En un principio esperó paciente, conociendo el carácter caprichoso de su padre; pero acabó por sentirse preocupado. Varias veces a la semana iba a ver a su banquero y siempre obtenía la misma respuesta: nada había llegado de Roma. La desesperación estaba a punto de apoderarse de su ánimo. Sus medios de mantenimiento ya hacía tiempo que se habían agotado. Había pedido un préstamo a su banquero, pero también ese dinero se había acabado. Hacía tiempo que desayunaba, comía y cenaba a crédito. La gente comenzó a mirarlo de soslayo y mal. ¡Si tan sólo recibiera una carta de algún amigo! En ese momento sintió intensamente su soledad. En ansiosa espera vagaba por aquella ciudad que lo tenía definitivamente harto. El verano le resultó aún más insoportable: multitudes de forasteros se esparcieron por los manantiales de aguas minerales, los hoteles europeos y los caminos. El fantasma del vacío era total. Las casas y las calles de París eran intolerables, sus jardines, quemados por el sol, languidecían irremediablemente entre los edificios. El príncipe se detenía abatido sobre el Sena, en un puente macizo y pesado o en su asfixiante orilla, intentando en vano distraerse con algo, entretenerse mirando alguna cosa. Una melancolía inconmensurable lo devoraba y un gusano sin nombre le carcomía el corazón. Finalmente el destino se apiadó de él y un buen día el banquero le entregó una carta. Era de su tío. Le anunciaba que el viejo príncipe ya no vivía y que su deber era regresar y ocuparse de los asuntos de la herencia, que requerían de su persona porque estaban en completo desorden. Con la carta llegó una exigua asignación que apenas alcanzaba para el viaje y para pagar una cuarta parte de sus deudas. El joven príncipe no quería perder ni un minuto; como pudo convenció al banquero para que prorrogara el plazo de la deuda y ocupó un puesto en una diligencia. En cuanto París desapareció de su vista y respiró el aire fresco de los campos, la terrible opresión que había venido sintiendo abandonó su alma. Al cabo de dos días ya estaba en Marsella; no quiso descansar ni una hora y aquella misma noche se embarcó. El mar Mediterráneo le resultó muy familiar ya que bañaba las costas de su patria y al mirar sus infinitas olas recobró el ánimo. Es difícil esclarecer el sentimiento que lo embargó cuando vio la primera ciudad italiana, la espléndida Génova. De pronto tuvo frente a él los campanarios multicolores, las iglesias rayadas de mármol blanco y negro, y el anfiteatro con sus múltiples torres pareció rodearlo cuando el barco llegó a puerto. Nunca antes había visto Génova. El juego multicolor de las casas, las iglesias y los palacios sobre el fondo delicado de un cielo que brillaba increíblemente azul era único. Una vez fuera del barco se encontró de pronto entre callejuelas adoquinadas, oscuras, estrechas y maravillosas, con una delgada franja de cielo azul en lo alto. Le llenó de asombro aquella angostura entre las casas altas y enormes, la ausencia del ruido de las carrozas, las pequeñas plazoletas triangulares y entre ellas, como estrechos corredores, las líneas sinuosas de las calles, sembradas con las tiendecitas de los plateros y de los orífices genoveses. Los pintorescos velos de encaje de las mujeres que el tibio siroco apenas movía, sus andares seguros, el recio eco de las voces en la calle, las puertas abiertas de las iglesias, el olor a incienso que desde allí llegaba, todo eso hacía que percibiera un hálito de algo lejano, pasado. Recordó que hacía muchos años no había estado en la iglesia que, en aquellas tierras intelectuales de Europa por donde él había pasado, había perdido su significado puro y sublime. Entró sin hacer ruido, se arrodilló en silencio junto a las grandiosas columnas de mármol y rezó mucho rato sin saber por qué rezaba. Rezó porque Italia lo había recibido, por haber sentido deseos de rezar, porque se sentía feliz y, seguramente, aquella plegaria fue la mejor. En una palabra, partió de Génova con el recuerdo de una bellísima estadía: ahí había recibido el primer beso de Italia. Con ese mismo sentimiento nítido vio Livorno, Pisa —casi desierta— y Florencia, que antes había conocido poco. Solemne, posó su mirada sobre la imponente cúpula tallada de la catedral, los oscuros palacios de arquitectura majestuosa y la austera grandeza de aquella pequeña ciudad. Después atravesó los Apeninos, acompañado del mismo radiante estado de ánimo y, cuando finalmente al cabo de seis días de camino, divisó en la lejanía clara, sobre el nítido cielo, una cúpula que se dibujaba maravillosamente redonda, ¡oh!... ¡cuántos sentimientos se agolparon en su pecho! No sabía ni podía transmitirlos; escrutaba cada colina y cada pendiente. Y he aquí por fin, el *Ponte Molle*, las puertas de la ciudad, y el abrazo de la más hermosa de las plazas, la *Piazza del Popolo*. Miró el *Monte Pincio* con sus terrazas, sus escaleras, sus estatuas y la gente que caminaba en la cima. ¡Dios! ¡Cómo palpitaba su corazón! El *vetturino* pasó por la calle del Corso, donde alguna vez, todavía inocente, todavía ingenuo, cuando sólo sabía que la lengua latina era la madre de la italiana, había paseado con el abate. De nuevo aparecieron frente a él todos los edificios que conocía de memoria: el *Palazzo Ruspoli* con su enorme café, la *Piazza Colonna,* el *Palazzo Sciarra,* el *Palazzo Doria*. Finalmente se internó en esas callejuelas despreciadas por los extranjeros y poco transitadas, tanto, que en ellas únicamente de vez en cuando se encuentra el negocio de algún barbero con azucenas dibujadas encima de la puerta, o el de un sombrerero que exhibe afuera un sombrero cardenalicio de ala ancha, o la tiendecilla de un fabricante de sillas tejidas que se sienta a trabajar directamente en la calle. La carroza se detuvo por fin frente a un majestuoso palacio de estilo bramantiano. No había nadie en el vestíbulo vacío y sucio. En la escalera encontró a su viejísimo *maestro di casa,* porque, como de costumbre, el portero con su maza había salido al café, donde pasaba la mayor parte del tiempo. El viejo corrió a abrir los postigos para que poco a poco, una a una, se fueran iluminando las antiguas y majestuosas salas. Un sentimiento de tristeza se apoderó de él, un sentimiento que comprenderá cualquiera que haya vuelto a casa después de varios años de ausencia, cuando todo parece más viejo y más vacío, y cada objeto conocido en la infancia habla dolorosamente, y mientras más felices fueron los momentos vividos con él, más devastadora es la tristeza que se apodera del corazón. Atravesó una larga serie de salas, vio el estudio y el dormitorio donde hasta poco tiempo antes el dueño del palacio se quedaba dormido en la cama con baldaquín, borlas y un escudo, y de donde salía en bata y en pantuflas a su estudio a tomar un vaso de leche de burra con el propósito de engordar. Pasó por el tocador, donde su padre el príncipe se acicalaba con el refinado celo de una vieja coqueta y desde donde luego se dirigía en carroza con sus propios lacayos a pasear por la *Villa Borghese* y a mirar con sus impertinentes a alguna inglesa que también hubiera salido a pasear. En las mesas y en los cajones todavía se podían ver los restos del colorete, del albarino y de otras pomadas con las que el viejo se rejuvenecía. El *maestro di casa* le informó que todavía dos semanas antes de morir el viejo príncipe había tomado la firme decisión de casarse y había consultado con médicos extranjeros cómo llevar *con onore i doveri di marito;* pero que un día, después de haber hecho dos o tres visitas a los cardenales y a un cierto *priore,* volvió a casa cansado, se sentó en el sillón y murió como los justos, aunque su muerte habría sido todavía más bienaventurada si, según las palabras del *maestro di casa,* dos minutos antes hubiese pensado en mandar llamar a su confesor, *il padre Benvenuto*. El joven príncipe oyó todo aquello con distracción, sin detener su pensamiento en nada. Una vez que hubo descansado del viaje y de todas aquellas extrañas impresiones se dedicó a sus asuntos. Le sorprendió el desorden terrible en el que se encontraban. Todo, desde lo más pequeño hasta lo más grande, tenía un aspecto confuso, embrollado. Cuatro interminables litigios por unos palacios en ruinas, además de unas tierras en Ferrara y Nápoles con unos beneficios totalmente agotados para los tres años por venir y, en medio de tanta magnificencia, deudas y miserables carencias: eso fue lo que se presentó antes sus ojos. El viejo príncipe era una fusión incomprensible de avaricia y pompa. Tenía una cantidad enorme de servicio que no percibía nada, con excepción de la librea, y que se contentaba con las limosnas de los extranjeros que acudían a visitar la galería. A su lado vivían cazadores, mozos, lacayos que lo seguían en la carroza y lacayos que no lo seguían a ninguna parte pues pasaban el día entero sentados en el café o en la *osteria* más cercana, hablando de tonterías. Despidió inmediatamente a toda esa gentuza, a todos los cazadores y los monteros, y dejó sólo al viejo *maestro di casa;* se deshizo de casi toda la caballeriza vendiendo los caballos que nunca se habían utilizado; hizo llamar a los abogados y se ocupó de los pleitos de modo que de cuatro sólo quedaron dos, porque abandonó los otros, que eran francamente inútiles; decidió restringir sus gastos y llevar una vida de austera economía. No era algo que le resultara difícil porque hacía tiempo que se había acostumbrado a las privaciones. Tampoco le resultaba difícil renunciar a la compañía de personas de su clase que, por lo demás, no eran sino dos o tres linajes en vías de extinción, una sociedad de alguna manera educada en los ecos de la cultura francesa, y un rico banquero que había reunido a su alrededor a un grupo de extranjeros y de cardenales inaccesibles, gente poco sociable, cruel, que pasaba el tiempo en soledad jugando al *tresette* con su propio ayuda de cámara o con su barbero. En una palabra, se aisló completamente y se dedicó a visitar Roma. Se volvió como un extranjero que primero se sorprende ante su apariencia gris y miserable, sus casas oscuras y llenas de manchas y, perplejo, se pregunta yendo de callejuela en callejuela: "¿Dónde está la grandiosa Roma antigua?". Pero luego, poco a poco, comienza a conocerla cuando ve surgir en el corazón de aquellas angostas callecitas un arco ennegrecido, una cornisa de mármol incrustada en un muro, una columna de pórfido oscurecida, un frontón en la mitad de un apestoso mercado de pescado o todo un pórtico frente a una iglesia nueva. Finalmente, a lo lejos, allá donde termina la ciudad viva, en medio de hiedras milenarias y áloes y llanuras abiertas, se alza en todo su esplendor la grandiosa Roma antigua con el inconmensurable Coliseo, los arcos triunfales, las ruinas de los inmensos palacios de los césares, las termas imperiales, los templos y las tumbas esparcidas por los campos. Entonces el forastero ya no ve ni las estrechas calles actuales ni los callejones porque está impregnado del mundo antiguo: en su mente aparecen las colosales imágenes de los césares y su oído se sorprende por los gritos y las danzas de la antigua plebe...

Pero él no era como el extranjero devoto únicamente de Tito Livio y de Tácito que pasa corriendo sin ver nada salvo la antigüedad, y desea, en un acceso de noble pedantería, destruir la ciudad moderna; no, a él todo le parecía maravilloso: el mundo antiguo que palpitaba bajo un arquitrabe ennegrecido, la poderosa Edad Media que por dondequiera había dejado las huellas de los artistas-titanes y de la extraordinaria generosidad de los papas y, por último, la era moderna que se adhería a la ciudad con las aglomeraciones de los nuevos vecindarios. Le gustaba que todo se fusionara prodigiosamente, le gustaban los indicios de una capital populosa y al mismo tiempo desierta: los palacios, las columnas, la yerba, los matorrales silvestres que trepaban por los muros, la agitación del mercado en medio de oscuras y silenciosas moles arquitectónicas con sus bases sepultadas, el grito penetrante de un vendedor de pescado junto a un pórtico, el vendedor de limonada en su endeble puesto engalanado con hojas frente al Panteón. Le gustaban también lo poco agraciado de las calles oscuras y sucias, la ausencia de colores amarillos y claros en las casas y las escenas idílicas en plena ciudad: un rebaño de cabras descansando en una calle empedrada, los gritos de los niños pequeños y una especie de presencia invisible que en el silencio, puro y solemne, parecía envolver a las personas. Le gustaban los continuos sobresaltos y sorpresas que le deparaba Roma. Como un cazador que sale temprano en busca de su presa, o como un antiguo caballero que va en busca de aventuras, el príncipe se dirigía todos los días en busca de prodigios siempre nuevos y, sin proponérselo, se detenía cuando de pronto, en un miserable callejón, descubría frente a él un palacio que exhalaba una magnificencia austera y sombría; sus muros, macizos e indestructibles, estaban hechos de bloques de travertino, una cornisa colosal maravillosamente concebida coronaba el techo, la inmensa puerta estaba enmarcada por pilares de mármol, y las ventanas lucían espléndidas, cargadas de suntuosos adornos arquitectónicos. Se detenía también cuando de forma inesperada, desde una pequeña plaza, asomaba una fuente sugestiva que se salpicaba a sí misma y salpicaba sus escalones de granito desfigurados por el musgo. O cuando una calle, oscura y sucia, terminaba con el juego de una ornamentación arquitectónica de Bernini, o con un obelisco que se alzaba en vuelo, o con una iglesia y el muro de un monasterio que se encendían con el resplandor del sol sobre el fondo azul oscuro del cielo y unos cipreses tan negros como el carbón. Y conforme más se adentraban las calles en la ciudad, más frecuentemente surgían los palacios y las creaciones arquitectónicas de Bramante, Borromini, Sangallo, Della Porta, Vignola, Buonarroti. Finalmente comprendió con claridad que sólo aquí, sólo en Italia se sentía la presencia de la arquitectura y de su austera grandiosidad como arte. El goce espiritual del príncipe era todavía mayor cuando visitaba el interior de las iglesias y de los palacios donde los arcos, las pilastras y las columnas de todos los tipos imaginables de mármol, mezclados con cornisas de basalto y lapislázuli, con pórfido, oro y piedras antiguas, se unían en armonía sometidos a una idea bien meditada, y las creaciones inmortales del pincel se elevaban por encima de todo. Era excelsa la decoración escrupulosa de las salas, llenas de majestad real y de un lujo arquitectónico capaz de postrarse con respeto ante la pintura de aquel siglo fecundo donde el artista podía ser arquitecto, pintor e incluso escultor al mismo tiempo. Las grandiosas creaciones del pincel, que jamás volvieron a repetirse, se erguían sombríamente frente a él en las paredes ennegrecidas, inaccesibles e incomprensibles para los imitadores. Al entrar y sumergirse más y más en su contemplación, sentía que el gusto, cuyas semillas siempre habían estado en su alma, se le iba refinando. Y, frente a este lujo magnífico y maravilloso, le parecía poca cosa la pompa del siglo XIX, una pompa mísera e insignificante, válida únicamente para adornar las tiendas; una pompa que había introducido en su propio campo de acción a doradores, muebleros, tapiceros, carpinteros y multitud de artesanos, privando al mundo de los Rafael, los Tiziano, los Miguel Ángel, y rebajando el arte al nivel de la artesanía. Qué mediocre le parecía ese lujo que lo había sorprendido sólo a primera vista para dejarlo luego indiferente al compararlo con aquella idea grandiosa de decorar las paredes con las creaciones de los pinceles inmortales, al compararlo con aquella idea espléndida del dueño del palacio de procurarse una fuente eterna de placer a las horas de descanso de sus asuntos y del ruidoso ajetreo de la vida cotidiana: poder apartarse en un rincón, sentarse en un antiguo sofá, lejos de todos, y fijar en silencio la mirada, y junto con la mirada penetrar más a fondo, con el alma, en los secretos del pincel y madurar, de manera imperceptible, en la belleza de las reflexiones espirituales, ya que el arte enaltece al hombre y confiere nobleza y una belleza prodigiosa a los movimientos de su alma. Frente al lujo estable y fecundo que rodeaba al hombre de objetos que estimulaban y educaban su alma, ¡qué bajos le parecían los insignificantes adornos actuales, abortados año tras año por la inquieta moda! Qué extraño e inconcebible le resultaba el fruto del siglo XIX ante el que se postraban los sabios en silencio, un fruto que aniquilaba y destruía todo lo que fuera colosal, grandioso, sacro. Cuando reflexionaba de aquella manera, de forma natural aparecía en su mente un pensamiento: ¿dependería de eso la frialdad indiferente que se ha apoderado del siglo en que vivimos, el comercio, el bajo cálculo, el embotamiento precoz de los sentimientos que no tienen la oportunidad de surgir y desarrollarse? Ya no hay iconos en las iglesias, y la iglesia ya no es la iglesia: murciélagos y espíritus malignos anidan en ella.

 Mientras más atentamente miraba, más le sorprendía esta fertilidad extraordinaria y, espontáneo, exclamaba: ¡cuándo y cómo pudieron hacer todo esto! Era como si el magnífico aspecto de Roma día a día creciera ante sus ojos. Galerías y galerías, y no había un fin... También allá, en aquella iglesia, se conservaba un milagro de la pintura. Y allá, en aquella pared decrépita todavía sorprendía un fresco próximo a desaparecer. Y allá, sobre los mármoles y las pilastras realzadas, traídas de antiguos templos paganos, brillaba un techo pintado por un artista inmortal. Todo esto era como los yacimientos de oro secretos, cubiertos por tierra común y corriente, cuya existencia sólo conoce el minero. ¡Qué sensación de felicidad embargaba su alma cada vez que volvía a casa! ¡Qué distinta era esta sensación, envuelta por la quietud del silencio, de aquellas impresiones inquietantes de las que se encontraba absurdamente llena su alma en París cuando regresaba a casa cansado, extenuado, rara vez con fuerzas suficientes para examinar la suma de sus impresiones!

Ahora le parecía que el aspecto poco atractivo, ennegrecido y sucio de Roma, tan denostado por los extranjeros, estaba en armonía con aquellos tesoros ocultos. Después de todo aquello no le habría gustado salir a una calle de moda llena de tiendas espléndidas, gente muy bien vestida y elegantes carrozas: habría sido algo profano, sacrílego. Prefería la tranquilidad modesta de las calles, la expresión tan peculiar del pueblo romano, el fantasma del siglo XVIII que todavía planeaba por los callejones bajo la forma de un negro abate ataviado con un sombrero de tres picos, calcetines y zapatos negros, o como una antigua y púrpura carroza cardenalicia con los ejes, las ruedas, los adornos y los escudos dorados. De alguna manera todo combinaba con la seriedad de Roma: el pueblo alegre que, sin prisa alguna se paseaba pintorescamente por las calles con la capa a la espalda o la levita sobre un hombro, sin esa expresión tensa en el rostro que tanto lo había impresionado en los jubones azules y, en general, en toda la población parisina. Aquí, aun la miseria tenía un aspecto más claro y, despreocupada, ajena a los sufrimientos y a las lágrimas, con indolencia y amabilidad, extendía el brazo; sugestivos pelotones de monjes atravesaban las calles con largas sotanas blancas o negras; un fraile capuchino, sucio y pelirrojo, de pronto se encendía al sol y se volvía color camello; y, finalmente, la población de pintores que había acudido desde todos los lugares del mundo se liberaba aquí de sus ceñidas y andrajosas indumentarias a la europea y reaparecía vistiendo holgados atuendos de pintores; sus barbas imponentes y majestuosas parecían salidas de un retrato de Leonardo da Vinci o de Tiziano y eran muy diferentes de aquellas barbitas monstruosas y estrechas que se dejaban los franceses y que recortaban cinco veces al mes. Aquí los pintores podían sentir la belleza de una cabellera larga y ondulada y le permitían caer en rizos. Aquí aun los alemanes, con las piernas torcidas y los torsos excesivos, adquirían un aire importante al dejar caer sobre la espalda los bucles dorados que cubrían los discretos pliegues del atuendo griego o del hábito de terciopelo conocido con el nombre de *cinquecento,* que los pintores habían adoptado sólo en Roma. Las huellas de una quietud rigurosa y un trabajo silencioso habían quedado grabadas en sus rostros. Las conversaciones y las opiniones que se oían en las calles, en los cafés, en las *osterie* eran completamente opuestas o no se parecían en nada a las que él había oído en las ciudades europeas. Aquí no se hablaba de los capitales mermados, ni de las controversias en la cámara o los asuntos españoles: aquí se oían conversaciones a propósito de una estatua recientemente descubierta, o del valor de las obras de los grandes maestros, o bien se suscitaban discusiones y divergencias sobre la obra expuesta de algún pintor joven, o se oían las chácharas a propósito de las fiestas populares y, finalmente, incluso había conversaciones privadas en las que el ser humano, desplazado de Europa por las aburridas discusiones sociales y opiniones políticas que habían alejado de su rostro las expresiones afables, se manifestaba.

Con frecuencia, cuando abandonaba la ciudad para visitar sus alrededores, lo sorprendían otros prodigios. Eran maravillosos aquellos campos romanos sembrados con los restos diseminados de antiguos templos, mudos y desiertos; campos que se extendían alrededor en un sosiego inexpresable, a veces encendiéndose de oro puro por los ramilletes de flores amarillas que brotaban todas juntas, a veces resplandeciendo como brasas ardientes por los pétalos rojos de las amapolas silvestres. Presentaban cuatro estupendas vistas. Por un lado los campos se fundían con el horizonte en una brusca línea recta y los arcos de los acueductos parecían estar suspendidos en el aire y pegados al cielo esplendente de luz plateada. Por el otro las montañas descollaban encima de los campos, pero no aparecían de manera brusca y desagradable como en el Tirol o en Suiza, sino curvándose e inclinándose con delicadas líneas armoniosas que, iluminadas por la transparencia prodigiosa del aire, parecían listas a levantar el vuelo hacia el cielo; a sus pies se desanudaba la larga serie de arcos de los acueductos semejante a prolongados cimientos, y la cima de las montañas parecía la continuación aérea de aquel prodigioso edificio; el cielo encima ya no era plateado, tenía el indecible color de las lilas en primavera. Otra de las vistas presentaba unos campos coronados de montañas que se alzaban más cercanas y más altas; las que estaban delante se mostraban imponentes y se perdían poco a poco en la lejanía de manera escalonada. El sutil aire celeste las revestía con una espléndida gradación de flores y a través de esta manta azul cielo lucían apenas visibles las casas y las villas de Frascati, unas veces rozadas por el sol de forma ligera y delicada, otras sumergidas en la clara calina de los bosques apenas perceptibles en lontananza. Si de pronto miraba atrás, el panorama era otro: los campos terminaban en la propia Roma. Brillaban claros y distintos los ángulos y las líneas de las casas, la redondez de las cúpulas, las estatuas de San Juan de Letrán y la grandiosa cúpula de San Pedro, que se elevaba más y más a medida que uno se alejaba de ella, para quedarse sola en el horizonte, reina y soberana, cuando la ciudad entera había desaparecido. Pero más aún disfrutaba contemplando esos mismos campos desde la terraza de alguna de las villas de Frascati o de Albano en las horas en las que se ponía el sol. Entonces parecían un mar inmenso que resplandecía y se elevaba desde la oscura barandilla de la terraza, mientras las líneas y las suaves pendientes iban desapareciendo en la luz que las envolvía. Al principio todavía se distinguía su color verdoso y en ellos aún podían adivinarse, aquí y allá, las tumbas y los arcos esparcidos; después, una claridad amarillenta con los tonos iridiscentes de la luz los atravesaba, revelando apenas las antiguas ruinas; finalmente los campos se teñían de púrpura y se adueñaban hasta de la más enorme de las cúpulas fundiéndose en un denso color carmesí, mientras una única franja dorada de mar, que brillaba en la lejanía, los separaba del horizonte también y todavía purpúreo. Nunca, en ninguna parte, había visto que el campo se encendiera en llamas como el cielo. Pleno de inexpresable admiración permanecía inmóvil frente a aquella vista, y se quedaba así, simplemente, sin admirar nada, olvidándolo todo hasta que el sol desaparecía, el horizonte se apagaba a toda velocidad y también se apagaban, en un instante, los campos ennegrecidos. Por todos lados la noche desplegaba su manto oscuro, las luciérnagas aparecían sobre las ruinas como fuentes de fuego y un desmañado insecto con alas, en posición erecta como el ser humano, conocido con el nombre de diablo, lo golpeaba torpemente en los ojos. Sólo entonces sentía que el frío recién llegado de la noche meridional lo había penetrado íntegro, y se apresuraba hacia las calles de la ciudad para no atrapar una malaria.

Su vida transcurría en la contemplación de la naturaleza, del arte y de la antigüedad. Y en ese transcurrir sintió, más fuerte que nunca, el deseo de internarse en la historia de Italia, una historia que hasta entonces conocía sólo por episodios, por fragmentos; le parecía que sin ella el presente no estaba completo y, ávido, se puso a consultar archivos, anales y memorias. Ahora podía leerlos no como un italiano que jamás ha salido de su casa y se entrega en cuerpo y alma a los acontecimientos que lee sin ver más allá de las personas y de los hechos que lo rodean. Ahora podía verlo todo con tranquilidad, como desde una ventana del Vaticano. La estancia fuera de Italia, en el alboroto y en el movimiento de los pueblos y de los Estados activos, fue como una rigurosa verificación de todas sus conclusiones y le otorgó una mirada versátil y global. Ahora, cuando leía sobre la grandeza y el esplendor del pasado de Italia, su sorpresa era mayor pero, al mismo tiempo, más ecuánime. Le asombraba el rápido y multiforme desarrollo del hombre en un rincón tan pequeño de la tierra y el movimiento portentoso de todas sus fuerzas. Se daba cuenta de que aquí el hombre bullía, que cada ciudad hablaba su propio dialecto, que cada ciudad poseía tomos enteros de historia, que aquí, de un solo golpe, habían surgido todas las formas de ciudadanía y todos los tipos de gobierno: repúblicas turbulentas hechas de caracteres fuertes e indómitos y, entre ellos, déspotas de poder absoluto; toda una ciudad de mercaderes principescos, enmarañada entre los hilos secretos del gobierno, bajo el espectro del poder único del dux; forasteros invitados a gobernar entre los aborígenes; fuertes presiones y resistencias en el seno de una ciudad pequeña e insignificante; el esplendor casi de cuento de los duques y monarcas de tierras minúsculas; mecenas, protectores y opresores; toda una serie de grandes hombres a los que les tocó vivir una misma época; la lira, el compás, la espada y la paleta; templos erigidos entre las batallas y los desasosiegos; odio, venganzas de sangre, rasgos magnánimos y multitud de andanzas novelescas de la vida cotidiana en medio del torbellino político y social, y, entre ellos, una increíble conexión: ¡la apertura sorprendente de todos los aspectos de la vida política y privada, y el despertar de todos los elementos que constituyen al hombre en un espacio sumamente restringido, algo que en otros lugares ha podido realizarse sólo de manera parcial y en espacios inmensos! Pero todo esto desapareció y, de pronto, formó parte del pasado. Todo se congeló como la lava apagada y Europa eliminó a Italia de la memoria como una baratija vieja e innecesaria. En ningún lado, ni siquiera en los periódicos, la pobre Italia mostraba su frente desacreditada, privada de significado político y, con él, de su influencia en el mundo.

"¿Será posible —pensaba— que no resurja nunca su gloria? ¿Será posible que no existan los medios para devolverle su esplendor pasado?" Y recordó los tiempos en que, todavía en la Universidad, en Lucca, deliraba con la restauración de la pasada gloria italiana. Recordó que ese había sido el ideal más acariciado de los jóvenes que, con los vasos en la mano, brindaban por ello apacibles y cordiales. Sin embargo, ahora veía cuán miope era aquella juventud y cuán miopes pueden llegar a ser los políticos que le reprochan al pueblo su negligencia y su pereza. Ahora sentía, desconcertado, la presencia de un dedo poderoso frente al que el hombre enmudece y se doblega, un dedo poderoso que traza desde arriba todos los grandes acontecimientos. Un dedo que había elegido a un ciudadano perseguido, a un pobre genovés que asesinó a su patria él solo al mostrarle al mundo una tierra ignota y otros amplios caminos. El horizonte del universo se ensanchó, los movimientos de Europa proliferaron de manera increíble y las naves se lanzaron alrededor del mundo moviendo las poderosas fuerzas del norte. El mar Mediterráneo se quedó desierto; y como el cauce de un río que se llena de arena, así se enarenó la relegada Italia. Ahí está Venecia, que hoy refleja en las olas del Adriático sus palacios apagados, y el corazón del extranjero se llena de lacerante piedad cuando el inclinado gondolero lo lleva bordeando los muros abandonados y los destruidos parapetos de unos silenciosos balcones de mármol. Ferrara enmudeció, y la lobreguez salvaje de su palacio ducal asusta. Desde todo el territorio de Italia las torres inclinadas y los prodigios arquitectónicos lanzan miradas desoladas, ya que se encuentran en el centro de una generación a la que le son indiferentes. Un eco sonoro reverbera en lo que antaño fueron ruidosas calles, y el pobre *vetturino* se acerca a una *osteria* sucia que se ha instalado en un magnífico palacio. De pronto Italia se encontró vestida de harapos y, como andrajos polvorientos, cuelgan de ella los trozos de su descolorido ropaje imperial.

En momentos de compasión sincera el príncipe llegaba al

punto de soltarse a llorar. Pero un pensamiento sublime y consolador acudía por sí mismo a su alma, y entonces percibía de una manera diferente, más elevada, que Italia no estaba muerta, que aún se podía apreciar su dominio secular e irrefutable sobre el mundo entero, que encima de ella todavía aleteaba su inmenso genio, el mismo que desde un principio dio vida en su seno al destino de Europa introduciendo la cruz en los oscuros bosques europeos, capturando en los límites del mundo con el arpón de la ciudadanía al hombre salvaje, haciendo hervir aquí por primera vez el comercio mundial, la astuta política y la complejidad de los resortes ciudadanos, para elevarse después, con todo el esplendor del intelecto, tras haber ceñido su propia frente con la corona sagrada de la poesía; luego, una vez habiéndose revelado al mundo con las solemnes maravillas de unas artes que regalaron al hombre con satisfacciones desconocidas y sentimientos divinos que nunca, hasta entonces, habían brotado del seno de su alma, la influencia política de Italia comenzó a desaparecer. Cuando también el siglo del arte se agotó y los intereses de los hombres inmersos en los cálculos se enfriaron en relación con él, su genio seguía aleteando y diseminándose por el mundo a través de los sonoros lamentos de la música, de manera que en las orillas del Sena, del Neva, del Támesis, del río Moscú, del mar Mediterráneo, del mar Negro, en los muros de Argelia y en las islas lejanas, hasta hace poco tiempo todavía salvajes, retumbaban aplausos entusiastas motivados por las voces cristalinas de los cantantes. Finalmente, con su vetustez y su ruina, el genio todavía hoy impera amenazante en el mundo: esas majestuosas maravillas arquitectónicas han permanecido, como espectros, para reprochar a Europa su mísero lujo chino y su estupidez al desmenuzar el pensamiento. A fin de cuentas, la prodigiosa reunión de mundos pasados y el encanto de su fusión con una naturaleza eternamente floreciente existe para despertar al mundo, para que el habitante del norte, como en medio de un sueño, se imagine de vez en cuando el sur, y para que la visión de ese sueño lo arranque del ambiente de una vida gélida, dedicada a las ocupaciones que endurecen el alma, lo arranque de allí sorprendiéndolo de pronto con una idea que lo conduzca lejos: el Coliseo de noche a la luz de la luna, Venecia maravillosamente lánguida, el esplendor imperceptible del cielo y los tibios besos de un aire prodigioso y así, por lo menos una vez en la vida, sea un hombre exquisito...

En esos minutos solemnes el príncipe se reconciliaba con la destrucción de su patria y en todo veía las simientes de la vida eterna y de un futuro siempre mejor que el Creador prepara para el mundo. En esos minutos con frecuencia pensaba en el significado actual del pueblo romano. Veía en él un material intacto. Al pueblo todavía no le había tocado desempeñar ningún papel en alguna de las brillantes épocas italianas. En las páginas de la historia se mencionaban los nombres de los papas y de los linajes de la aristocracia, pero el pueblo permanecía inadvertido. El curso de los intereses que se movían dentro y fuera de él no lo había enganchado. No le atañía la instrucción ni lo alzaban con el vigor de un torbellino las fuerzas que en él se ocultaban. En su naturaleza había algo de nobleza pueril. Conocía el orgullo de llamarse "romano", por el que una parte de la ciudad, la que se consideraba descendiente de los antiguos Quirites, nunca se unió en matrimonio con las otras. Los rasgos de su carácter, una mezcla de bondad y pasión, dejaban al descubierto su naturaleza luminosa: un romano nunca se olvidaba ni del mal ni del bien, era o malo o bueno, o derrochador o tacaño. En él las virtudes y los defectos se encontraban en sus estratos más puros y no se mezclaban en imágenes indefinidas, como le sucede al hombre instruido quien, bajo el supremo dominio del egoísmo, oculta pequeñas pasiones. El desenfreno y el ímpetu de gastar hasta el último centavo, una costumbre de los pueblos fuertes, tenían un significado especial para el joven príncipe. También lo tenía la alegría franca y gozosa que otros pueblos han perdido: en los diferentes lugares en los que había estado había tenido la impresión de que intentaban divertir al pueblo; aquí, por el contrario, el pueblo se divierte solo. Él mismo quiere ser partícipe, y en época de carnaval difícilmente se le puede contener. En el transcurso de esa semana y media está dispuesto a dilapidar todo lo acumulado a lo largo del año; sólo en el disfraz derrocha cuanto tiene: se viste de payaso, de mujer, de poeta, de médico, de conde, recita tonterías y da conferencias a quien lo oye y, también, a quien no lo oye. El regocijo envuelve como un torbellino a todo el mundo, del cuarentón al niño pequeño: el último campesino, que no tiene con qué disfrazarse, se pone la chaqueta al revés, se tizna la cara con hollín y sale corriendo a perderse entre la variopinta masa. La alegría brota directamente de su naturaleza, no es generada por la embriaguez; ese mismo pueblo le silba a un borracho cuando se lo encuentra en la calle. Le sorprendían también los rasgos del instinto y el sentido artístico natural: el príncipe veía a una mujer sencilla señalar al pintor una equivocación en su cuadro; veía de qué manera el sentido artístico del pueblo se expresaba espontáneamente en los ropajes pintorescos y en los adornos eclesiásticos, veía que en Genzano el pueblo adornaba las calles con alfombras de flores y los pétalos multicolores de las flores se transformaban en claros y en sombras haciendo aparecer sobre el empedrado follajes, escudos cardenalicios, retratos del papa, monogramas, pájaros, animales y arabescos. Y también veía, en la vigilia del domingo de Pascua, a los vendedores de víveres, los *pizzicaroli*, engalanar sus propias tiendecitas: jamones, embutidos, vejigas de manteca de cerdo, limones y hojas se transformaban en un mosaico y formaban el techo; los discos de parmesano y de otros quesos, colocados uno encima de otro, se hacían columnas; las velas de sebo se convertían en un fleco de la abigarrada cortina que cubría las paredes interiores; con manteca, blanca como la nieve, se esculpían estatuas enteras y grupos históricos con motivos cristianos y bíblicos que el espectador, estupefacto, creía de alabastro. Todo el tendejón se transformaba en un templo luminoso, resplandeciente de estrellas doradas, hábilmente iluminado con lamparillas colgantes, que reflejaba, por medio de espejos, los incontables montones de huevos. Para todo esto se necesitaba tener gusto. Los *pizzicaroli* no lo hacían para obtener alguna ganancia, sino para causar admiración en los otros y en sí mismos. En última instancia era un pueblo en el que estaba vivo el sentido de la propia dignidad: aquí se trataba de *il popolo,* y no de la plebe, y llevaba en su naturaleza los principios heredados directamente de los primeros Quirites. No lo habían podido corromper ni las invasiones de extranjeros, pervertidores de las naciones inactivas que habían engendrado en los mesones y en los caminos a una clase despreciable de personas sobre las que el viajero emite con frecuencia un juicio que atañe al pueblo entero, ni lo absurdo de las disposiciones gubernamentales, esa masa inconexa de leyes aparecidas en todas las épocas y en todos los aspectos, que hasta ahora no han sido derogadas y entre las cuales hay incluso edictos de la época de la antigua república romana. Ni siquiera todo eso junto ha podido erradicar el alto sentido de la justicia que tiene el pueblo. Censura al demandante deshonesto y silba cuando pasa el féretro del difunto, pero se engancha magnánimo a la carroza que transporta un cuerpo amado. La conducta del clero, con frecuencia provocadora, que en otro lugar habría incitado a la depravación, apenas tiene efecto en él: el pueblo romano sabe distinguir la religión de sus hipócritas ejecutores y no se ha contagiado del frío pensamiento de la incredulidad. Finalmente, ni la miseria ni la pobreza, destino inevitable de todo estado estancado, han logrado condenarlo a la negra perversidad: es un pueblo alegre y lo soporta todo, y sólo en las novelas y en los cuentos degüella gente en las calles. Todo esto le mostraba al joven príncipe la naturaleza de un pueblo fuerte, íntegro, para el que parecía estarse preparando un cierto campo de acción futura. Era como si, a propósito, la ilustración europea no lo hubiera rozado ni le hubiera colocado en el pecho sus frías mejoras. El gobierno más eclesiástico, ese extraño fantasma que ha sobrevivido a tiempos pasados, parece haberse quedado para preservar al pueblo de las influencias extranjeras, para que ninguno de sus ambiciosos vecinos atente contra su personalidad, para conservar en silencio su orgulloso carácter popular hasta el momento oportuno. Además aquí, en Roma, no se siente la presencia de algo muerto; en las ruinas y en la magnífica pobreza de Roma no se percibe ese sentimiento abrumador y penetrante que de forma involuntaria se adueña de las personas que contemplan los monumentos de una nación que muere en vida. Aquí el sentimiento es el opuesto, pues reina una quietud clara y solemne. Y cada vez que el príncipe pensaba en esto se dejaba arrastrar por sus reflexiones a tal punto, que comenzó a sospechar que la expresión "Roma, ciudad eterna" encerraba un significado misterioso.

El resultado de todo esto fue que quiso conocer más a su pueblo. Lo seguía por las calles y en los cafés, que tenían cada uno sus propios visitantes: en uno se reunían los anticuarios, en otro, los tiradores y los cazadores, en un tercero la servidumbre de los cardenales, en el cuarto los pintores, en el quinto toda la juventud romana y los petimetres de Roma; lo seguía en las *osterie,* en las típicas *osterie* romanas, donde los extranjeros no entraban, donde el *nobile* romano a veces se sentaba al lado del *minente* y en los días de mucho calor los hombres de sociedad se quitaban la levita y la corbata; lo seguía en las pintorescas pero poco agraciadas fondas en las que entraba el aire por las ventanas sin vidrios y a las que en comitivas enteras acudían los romanos con sus familias a comer o, según decían ellos, para *far allegria*. Se sentaba y comía con ellos, intervenía gustoso en la conversación, a menudo sorprendiéndose del sentido común sencillo y de la aguda originalidad de los relatos de aquellos ciudadanos simples e iletrados. Pero, sobre todo, tuvo la oportunidad de conocerlo durante las ceremonias y los festejos, cuando emergía toda la población de Roma y de pronto aparecía una cantidad innumerable de bellísimas mujeres hasta entonces no vistas, beldades cuyas imágenes existían únicamente en los bajorrelieves y en las colecciones de poesía antigua. Aquellas miradas plenas, aquellos hombres de alabastro, los cabellos negro azabache recogidos sobre la cabeza de mil modos distintos o sujetos detrás y sugestivamente atravesados por una flecha de oro, los brazos, la orgullosa manera de andar, en todo había indicios y alusiones a una belleza clásica adusta, y no al encanto ligero de las mujeres salerosas. Las mujeres aquí eran como los edificios en Italia: o palacios o cuchitriles, o beldades o adefesios; no existía el punto medio: no había mujeres bonitas. El príncipe se deleitaba con ellas, como se deleitaba con los versos de un poema maravilloso que destaca entre muchos otros y produce un estremecimiento refrescante en el alma.

Pero a estas delicias no tardó en unirse un sentimiento que declaró una dura batalla al resto, un sentimiento que hizo que afloraran del fondo del alma fuertes pasiones humanas que fueron la causa de una rebelión democrática contra el sublime absolutismo del alma: el príncipe vio a Annunziata. Y de este modo hemos llegado, por fin, a la imagen resplandeciente que iluminó el principio de nuestro relato.

Sucedió durante el carnaval.

"Hoy no iré al Corso", dijo el *principe* al propio *maestro di casa* mientras salía, "me aburre el carnaval, me gustan más los festejos y las ceremonias de verano...".

"¿Carnaval?", respondió el anciano. "Esto es un carnaval para niños. Yo todavía me acuerdo del carnaval: en el Corso no había ni una sola carroza y toda la noche sonaba la música en las calles; los pintores, los arquitectos y los escultores inventaban escenas e historias; el pueblo entero participaba, el príncipe lo entiende bien: el pueblo entero, todo, todo, los orífices, los moldeadores, los mosaístas, las bellas mujeres, toda la *signoria,* todos los *nobili,* todos, todos, todos... *o quanta allegria!* Entonces el carnaval era carnaval, ahora... ¿Qué clase de carnaval es éste? ¡Ah!" dijo el anciano y levantó los hombros y luego nuevamente exclamó: "¡Ah!" y de nuevo levantó los hombros, y finalmente declaró: *"È una porqueria".*

Después el *maestro di casa,* en un arranque de sinceridad,

hizo un gesto insólitamente fuerte con la mano, pero se consoló al ver que el príncipe no estaba frente a él: ya estaba en la calle. Como no quería participar en el carnaval no había llevado consigo ni la máscara ni la redecilla de fierro que oculta la cara y, envuelto en su capote, lo único que quería era atravesar el Corso y llegar a la otra parte de la ciudad. Pero la multitud era demasiado densa. Con gran esfuerzo logró abrirse paso entre dos personas pero en ese momento sintió que le lanzaban desde arriba un buen puñado de harina; un arlequín variopinto lo golpeó en el hombro con una carraca y desapareció veloz como una flecha acompañado de su colombina; confeti y ramilletes de flores le llegaron volando directo a los ojos; a derecha e izquierda oyó un zumbido en los oídos: de un lado estaba un conde, del otro un médico que le daba una interminable conferencia sobre lo que almacenaba su intestino. No tenía fuerza para abrirse camino entre ellos porque la multitud había aumentado; una hilera de carrozas se detuvo ante la imposibilidad de continuar su recorrido. La atención de la multitud la atrajo un valiente que caminaba en zancos a la altura misma de las casas arriesgándose continuamente a tropezar y a caer cuan largo era, dándose un golpe de muerte contra el empedrado. Pero, al parecer, no era algo que le preocupara. Llevaba en hombros un fantoche gigantesco al que sostenía con una mano, y en la otra llevaba un soneto escrito en una hoja con una cola de papel añadida, como las que tienen las cometas, y gritaba a voz en cuello: *Ecco il gran poeta morto. Ecco il suo sonetto colla coda!*[1] Este valiente había atraído a tal punto a la multitud que el príncipe apenas podía respirar. Por fin toda la gente avanzó en pos del poeta muerto; la hilera de carrozas se puso en movimiento y el príncipe se alegró mucho, a pesar de que con el movimiento popular su sombrero cayó al suelo y tuvo que precipitarse a recogerlo. Cuando levantó el

---

[1] En la poesía italiana existe un género de composición poética conocido con el nombre de "soneto con la cola *(con la coda),* que se utiliza en caso de que el pensamiento no haya cabido completo y requiera de un agregado, que con frecuencia es más largo aún que el propio soneto. [A.]

sombrero levantó la vista y se quedó petrificado: frente a él se encontraba una mujer de una belleza inaudita. Llevaba un reluciente atuendo de Albano e iba acompañada por otras dos bellas mujeres que, sin embargo, frente a ella eran como la noche frente al día. Era un milagro en su más alto grado. Todo palidecía frente a ese resplandor. Al verla quedaba claro por qué los poetas italianos comparan a las mujeres bellas con el sol. Era justamente un sol, una belleza absoluta. Todo lo que se ha esparcido y brilla en solitario en las mujeres bellas del mundo, en ella estaba reunido. Al mirar su pecho y su busto, quedaba claro qué faltaba en el pecho y en el busto de las demás mujeres hermosas. Frente a su cabellera espesa y reluciente todos los otros cabellos habrían parecido ralos y opacos. Sus manos habían sido creadas para transformar a cualquier hombre en un artista; como un artista, él las habría mirado eternamente sin atreverse a respirar. Frente a sus piernas, las piernas de las inglesas, de las alemanas, de las francesas y de las mujeres de todas las otras nacionalidades habrían parecido palos; sólo los artistas de la Antigüedad habían conseguido tan elevado ideal de belleza en sus esculturas. Era una belleza absoluta, creada para deslumbrar al mundo entero por igual. Para admirarla no hacía falta tener un gusto particular: aquí todos los gustos coincidían y todos se postraban: el creyente y el ateo podían caer a sus pies como frente a la aparición repentina de una divinidad. El príncipe notó que el pueblo, por numeroso que fuera, no lograba quitarle los ojos de encima; que los rostros de las mujeres adquirían una expresión de admiración involuntaria mezclada con deleite, mientras repetían: *O bella!* Descubrió que todos parecían haberse transformado en artistas y no dejaban de mirarla fijamente. Pero en el rostro de la bella únicamente se traslucía el interés que sentía por el carnaval: miraba la multitud y las máscaras sin reparar en los ojos que estaban dirigidos hacia ella, sin escuchar apenas a los hombres con chaquetas de terciopelo que se encontraban detrás de ella y que probablemente fueran parientes suyos que la acompañaban. El príncipe comenzó a preguntar alrededor quién era aquella belleza prodigiosa y de dónde venía. Pero por toda respuesta recibía un encogimiento de hombros acompañado de un gesto y de las palabras: "No lo sé, debe ser una forastera".[2] Inmóvil, sin atreverse a respirar, el príncipe la devoraba con los ojos. Por fin la bella dirigió hacia él su mirada profunda, pero de inmediato se sintió muy confundida y la apartó. Un estruendo lo sacó de su ensimismamiento: frente a él acababa de detenerse una carreta enorme en la que venía una multitud con máscaras y camisas de color rosa. La multitud lo llamaba por su nombre y le lanzaba harina, mientras emitía una larga exclamación: "¡Uh, uh, uh!..." En menos de un minuto el príncipe se encontró bañado de harina de pies a cabeza ante las risas estruendosas de todos sus vecinos. Blanco como la nieve, con las pestañas también blancas, el príncipe corrió a casa para cambiarse de ropa.

El tiempo de correr a casa y de cambiarse de ropa y ya sólo faltaba una hora y media para el *Ave Maria*. Del Corso volvían las carretas vacías: quienes habían estado en ellas ahora se encontraban en los balcones y miraban desde ahí a la multitud en continuo movimiento, en espera de que comenzara la carrera de caballos. Cuando se dirigía rumbo al Corso el príncipe se encontró con un carro repleto de hombres vestidos con chaquetas y de mujeres resplandecientes con coronas de flores en la cabeza y panderetas y tambores en las manos. El carro, al parecer, volvía alegremente a casa, sus flancos estaban adornados con guirnaldas y los rayos y los aros de las ruedas trenzados con ramitas verdes. Cuando vio que entre las mujeres estaba sentada la belleza que tanto lo había impresionado su corazón dio un vuelco. El rostro de la bella se iluminó con una carcajada resplandeciente. El carro pasó a toda velocidad entre gritos y canciones. Lo primero que se le ocurrió fue correr detrás de él, pero un enorme convoy de músicos que, sobre seis ruedas llevaba un violín de dimensiones aterradoras, le cortó

---

[2] Los romanos llaman a todos aquellos que no viven en Roma *forestieri,* aunque sólo vivan a diez millas de la ciudad. [A.]

el paso. Había una persona sentada encima del puente, otra iba a un lado y pasaba el inmenso arco sobre cuatro sogas tensas, colocadas a modo de cuerdas. El violín parecía ser el resultado de mucho esfuerzo, mucho dinero y mucho tiempo. Adelante iba un tambor gigantesco. Una tupida multitud y decenas de chiquillos seguían en tropel aquel convoy musical. Cerraba la marcha un *pizzicarolo,* famoso en Roma por su gordura, que portaba muy en alto la manguera de una lavativa del tamaño de un campanario. Cuando la calle quedó libre del convoy, el príncipe entendió que no tenía sentido echarse a correr detrás del carro porque no se sabía por qué calles se había adentrado. Sin embargo, no pudo renunciar a la idea de buscarla. En su imaginación revoloteaba aquella carcajada luminosa y aquella boca abierta que mostraba dos maravillosas hileras de dientes. "Es el brillo de un relámpago y no el de una mujer" se repetía una y otra vez, y al mismo tiempo añadía orgulloso: "Es romana. Una mujer así sólo puede haber nacido en Roma. Tengo que verla. Irremediablemente. Quiero verla, no para amarla, no, sólo quisiera verla, verla toda, ver sus ojos, ver sus manos, sus dedos, su cabellera resplandeciente. No quiero besarla, sólo quiero verla. ¿Por qué no? Así debe ser, es una ley de la naturaleza. Ella no tiene derecho a esconder su belleza ni a sustraerla. La belleza absoluta es concedida al mundo para que todos puedan admirarla y para que conserven eternamente la idea de ella en sus corazones. Si fuese sólo bella y no una perfección suprema, tendría derecho a pertenecer a un solo hombre que podría llevársela al desierto y ocultársela al mundo. Pero la belleza absoluta debe estar a la vista de todos. ¿Acaso el arquitecto construye un templo magnífico en un oscuro callejón? No, lo sitúa en una plaza abierta para que el hombre pueda verlo desde cualquier parte y para que pueda emocionarse con él. ¿Acaso se enciende la candela, dijo el divino maestro, para colocarla debajo de la mesa? No, la candela se enciende para ser puesta encima de la mesa, para que todos puedan verla, para que todos se muevan con su luz. Debo verla. Irremediablemente."

Así reflexionaba el príncipe, y volvía una y otra vez sobre el mismo pensamiento considerando todos los medios para conseguirlo. Finalmente, pareció detenerse en uno de ellos y se dirigió de inmediato, sin posponerlo más, a una de aquellas callejuelas alejadas que abundan en Roma, donde ni siquiera hay un palacio cardenalicio con blasones pintados en ovalados escudos de madera, donde puede verse un número encima de cada ventana y sobre cada puerta de las angostas casitas, donde el empedrado parece una joroba, donde a no ser por el mañoso pintor alemán con su silla portátil y sus colores, los extranjeros no se asoman, y donde la cabra rezagada de un rebaño que pasa se queda a ver sorprendida qué especie de calle es aquella, nunca antes vista. Aquí se difunde con sonoridad el parloteo de las romanas: de todas partes, de todas las ventanas llegan conversaciones y charlas. Aquí todo es abierto y el transeúnte puede enterarse absolutamente de todos los secretos familiares; incluso una madre y una hija no hablan de otra forma entre ellas que sacando la cabeza a la calle; de hecho aquí los hombres no se notan. La *sora* Susanna abre su ventana y se asoma con los primeros albores de la mañana, luego por otra ventana se asoma la *sora* Grazia mientras se pone la falda. Luego abre su ventana la *sora* Nanna. Luego sale la *sora* Lucia, haciéndose una trenza con el peine; finalmente, la *sora* Cecilia alarga el brazo por la ventana para recoger la ropa blanca que cuelga de la cuerda tensa, una ropa blanca que no se dejar alcanzar y a la que se castiga arrugándola, tirándola al suelo y espetándole: *"Che bestia!"* Aquí todo está lleno de vida, todo bulle: por una ventana sale volando una chancleta que lanza un pie directamente hacia el hijo travieso o hacia la cabra que osó acercarse a la canastilla donde habían dejado al bebé de un año, lo olió y, bajando la cabeza, estaba a punto de explicarle lo que son los cuernos. Aquí nada permanece en secreto, todo se sabe. Los *signori* saben todo lo que se puede saber: qué vestido se ha comprado la *sora* Giuditta, quién tendrá pescado para la comida, quién es el amante de Barbaruccia, qué capuchino es el mejor confesor. Sólo de vez en cuando habla el marido que tiene por costumbre estar en la calle, apoyado contra una pared, con una pipa cortita entre los dientes, y que considera su deber, cada vez que oye nombrar al capuchino, añadir una breve frase: "Son todos unos truhanes", después de lo cual continúa echando volutas de humo por la nariz. Hasta aquí no llega ninguna carroza, salvo quizá alguna temblequeante en dos ruedas, enganchada a una mula y que lleva la harina al panadero, y un burro soñoliento, que apenas si logra transportar un cesto de *broccoli* puesto de través, a pesar de que los niños lo azuzan lanzando piedras contra sus insensibles flancos. Aquí no hay tiendas, con excepción de un puesto con botellas de vidrio, donde venden pan y cuerdas, y de un oscuro y estrecho café que se encuentra en la esquina misma de la calle, de donde se ve salir incesantemente al camarero que lleva el café a los *signori* o aquel chocolate con leche de cabra, servido en pequeñas cafeteras de hojalata y conocido con el nombre de Aurora. Aquí las casas pertenecen a dos, tres, a veces hasta a cuatro propietarios de los cuales sólo uno tiene el derecho vitalicio y otro posee una sola planta con derecho a usufructuar la renta durante dos años, transcurridos los cuales, según el testamento, esa planta deberá ser transferida al *padre Vicenzo (sic)* por diez años, a quien, sin embargo, quiere quitársela un pariente de la familia anterior, residente en Frascati, y que a su debido tiempo inició un litigio al respecto. Había propietarios que no poseían sino una ventana en una casa y otras dos en otra casa, y se dividían a mitades con su hermano los beneficios de las ventanas, por las cuales, entre otras cosas, el negligente inquilino no pagaba nada. En una palabra: era una fuente inagotable de litigios y el sustento de los abogados y de los curiales, de los que Roma estaba llena. Las damas, mencionadas hace poco, todas, tanto las de primer orden, con honorables nombres completos, como las de segundo orden, a las que se llamaba con diminutivos, todas esas diversas Tetta, Tutta, Nanna, en su mayoría no se dedicaban a nada; eran cónyuges: de abogados, de pequeños funcionarios, de pequeños comerciantes, de cargadores, de *facchini,* pero sobre todo de ciudadanos desocupados que sólo sabían cubrirse de manera elegante con un capote poco consistente.

Muchas de las señoras servían de modelo a los pintores. Había todo tipo de modelos. Cuando había dinero pasaban alegremente el tiempo en las *osterie* con sus maridos y muchas otras personas; pero si no había dinero no se aburrían: miraban por la ventana. Ahora la calle estaba más silenciosa que de costumbre porque algunas se habían ido al desfile popular al Corso. El príncipe se acercó a una casita con una puerta decrépita y llena de hoyos, tanto que aun el propietario solía pasar un buen rato metiendo la llave en ellos hasta conseguir encontrar el verdadero agujero. Ya estaba listo para coger el picaporte cuando de pronto oyó las palabras: "*Sior principe* quiere ver a Peppe?" Levantó la cabeza: asomada desde el tercer piso lo estaba mirando la *sora* Tutta.

"¡Qué manera de chillar!", exclamó desde la ventana de enfrente la *sora* Susanna. "El *principe* puede no haber venido con la intención de ver a Peppe."

"Por supuesto que ha venido a ver a Peppe, ¿no es cierto, príncipe? Ha venido a ver a Peppe, ¿no es así, príncipe? ¿Vino a ver a Peppe?"

"¡Ah, Peppe, Peppe!" continuó gesticulando con ambas manos *sora* Susanna: "¡Como si el príncipe pensara en Peppe! Estamos en carnaval y el príncipe saldrá a pasear en la carreta y lanzará flores con su *cugina,* la marquesa Montelli, y con sus amigos; irá fuera de la ciudad para *far allegria.* ¡Peppe, Peppe! ¡Pero cómo Peppe!"

Al príncipe le asombró oír tantos detalles a propósito de su manera de pasar el tiempo; pero en realidad no tenía por qué asombrarse ya que la *sora* Susanna lo sabía todo.

"No, mis amables señoras", dijo el príncipe, "tengo, efectivamente, necesidad de ver a Peppe."

Fue la *signora* Grazia, que desde hacía algún tiempo se había asomado a una ventana del segundo piso y escuchaba, quien

respondió al príncipe. Ella dio la respuesta. Primero chasqueó delicadamente la lengua, luego meneó el dedo, gesto común de negación de las romanas, y finalmente añadió:
"No está en casa."
"Pero quizá usted sepa donde está, adónde ha ido."
"¡Eh! ¡Adónde ha ido!", repitió la *sora* Grazia, inclinando la cabeza hacia el hombro. "Puede haber ido a la *osteria,* a la plaza, a la fuente; alguien puede haberlo llamado, a algún lado habrá ido, *chi lo sa* !"
"Si el *principe* quiere decirle algo" intervino desde la ventana de enfrente Barbaruccia, mientras se ponía un pendiente en la oreja: "que me lo diga y yo se lo transmitiré."
"Ni hablar" pensó el príncipe y le dio las gracias por tanta solicitud. En ese momento asomó por la callejuela que hacía esquina una inmensa nariz sucia que, a la manera de un hacha enorme, parecía estar colgada sobre los labios y adherida a la cara que inmediatamente después hizo su aparición. Era el mismísimo Peppe.
"¡Es Peppe!" gritó la *sora* Susanna.
"¡Está llegando Peppe, *sior principe!*" gritó animadamente desde su ventana la *signora* Grazia.
"¡Ya llega, ya llega Peppe!" se dejó oír desde la esquina de la calle la *sora* Cecilia.
"*Principe, principe! Ecco Peppe, ecco Peppe!*" gritaron los chiquillos en la calle.
"Lo veo, lo veo" dijo el príncipe, ensordecido por un griterío tan alborozado.
"¡Soy yo, *eccellenza,* ya llegué!" dijo Peppe, quitándose el sombrero.
Era evidente que ya había tenido tiempo de probar el carnaval. Le habían lanzado un buen puñado de harina sobre un costado. Llevaba un flanco y la espalda completamente blancos, el sombrero roto y la cara, toda, tapizada de manchitas blancas. Peppe era célebre porque llevaba toda una vida viviendo con su nombre en diminutivo: Peppe. Jamás había alcanzado el

Giuseppe, a pesar de peinar canas. Procedía de una buena familia, de la casa rica de un negociante, pero su última pequeña propiedad le había sido arrebatada por un pleito. Su padre, una persona del mismo estilo que Peppe, a pesar de ser llamado *sior Giovanni,* se había comido lo que quedaba del patrimonio, y ahora el hijo sacaba adelante su vida como muchas otras personas, es decir como podía: entraba al servicio de algún extranjero, o hacía los recados a un abogado, o se empleaba para hacer la limpieza en el estudio de algún pintor, o cuidaba de una viña o de una villa y, según el empleo que desempeñara, cambiaba de indumentaria. A veces Peppe salía a la calle con un sombrero redondo y una levita muy ancha, otras con un caftán muy estrecho que se había reventado en dos o tres lugares y tenía unas mangas tan angostas que los largos brazos sobresalían como un par de escobas; había veces en que llevaba en los pies calcetines y zapatos de sacerdote, otras aparecía vestido de tal modo que resultaba difícil adivinar qué era, más aún porque llevaba lo puesto de cualquier forma: a veces se podía pensar que en vez de un pantalón había metido las piernas en una chaqueta y la había recogido y amarrado por detrás de cualquier modo. Peppe era el ejecutor más optimista de todos los encargos posibles y con frecuencia lo hacía sin ningún interés: ponía a la venta los harapos que le encargaban las damas de su calle, los libros de pergamino de algún abate arruinado o los de un anticuario, o bien el cuadro de algún pintor. Por la mañana iba a visitar a los abates y recogía sus pantalones y sus zapatos para limpiarlos en casa, pero luego se olvidaba de devolverlos a la hora convenida, movido únicamente por el enorme deseo de servir a una tercera persona con la que se acababa de encontrar, y los abates permanecían cautivos sin zapatos y sin pantalones durante todo el día. Con frecuencia le caía buen dinero, pero lo gastaba a la romana, es decir, nunca dejaba casi nada para el día siguiente, y no porque se lo gastara en él o se lo comiera, sino porque todo se le iba en la lotería, de la que era un apasionado terrible. Difícilmente existía algún número que

Peppe no hubiera probado. Cualquier acontecimiento cotidiano sin ningún valor tenía para él un significado enorme. Si por casualidad se encontraba en la calle alguna bobería corría a consultar el libro de adivinación para ver a qué número correspondía y comprar ese billete inmediatamente. En una ocasión tuvo un sueño: Satanás —que sin ninguna razón se le aparecía en sueños al principio de cada primavera— lo arrastraba de la nariz por todos los techos de todas las casas, empezando en la iglesia de San Ignacio, luego a lo largo del Corso, luego por el callejón de los *Tre ladroni* y luego por la *Via della Stamperia* hasta que, finalmente, se detenía justo en la *Trinità,* en la escalera, sin dejar de repetir: "Te lo tienes bien merecido, Peppe, por haberle rezado a San Pancracio: tu billete de lotería no ganará". Este sueño provocó grandes dimes y diretes entre la *sora* Cecilia, la *sora* Susanna y casi toda la calle; pero Peppe lo interpretó a su manera: corrió inmediatamente a consultar el libro de adivinación, se enteró de que al diablo le correspondía el número 13, a la nariz el 24, a San Pancracio el 30 y esa misma mañana compró los tres números. Después sumó las tres cifras y el resultado fue 67. Compró también el 67. Y, como de costumbre, los cuatro números fallaron. En otra ocasión tuvo un altercado con un viñador, un romano gordo, de nombre *sior* Raffaele Tomacelli. Sólo Dios sabe cuál fue el motivo del pleito pero el hecho es que vociferaban y gesticulaban exageradamente con las manos hasta que, por fin, ambos se pusieron muy pálidos, un indicio terrible, ya que cuando se presenta todas las mujeres se asoman asustadas por las ventanas y el transeúnte busca alejarse lo más posible pues los contendientes terminarán, finalmente, echando mano a los cuchillos. Y sí, el gordo Tomacelli dirigió su mano a la espinillera de cuero que llevaba alrededor de su gruesa pantorrilla para sacar de ahí el cuchillo y dijo: "¡Ahora verás lo que hago contigo, cabeza de ternera!". En ese momento Peppe se golpeó la frente con la mano y huyó del lugar de la contienda. De pronto cayó en la cuenta de que nunca había comprado el billete de lotería que correspondía a la cabeza de ternera;

buscó el número que le correspondía y se precipitó a la oficina de la lotería, de manera que todos los que se habían preparado para asistir a una sangrienta escena se sorprendieron ante aquel comportamiento inesperado. El propio Raffaele Tomacelli volvió a guardar su cuchillo en la espinillera y estuvo mucho tiempo sin saber qué hacer. Finalmente exclamó: *"Che uomo curioso!"*. El hecho de que los billetes nunca resultaran premiados y siempre se perdieran no inquietaba a Peppe. Él estaba convencido de que algún día sería rico y, por lo mismo, cuando pasaba frente a las tiendas, por lo general preguntaba cuánto costaba cada cosa. En una ocasión se enteró de que se vendía una casa grande y fue expresamente a hablar del tema con el propietario; cuando comenzaron a burlarse de él, pues ya lo conocían, les respondió con todo candor: "¿Por qué se ríen, por qué se ríen? No pretendo comprar la casa ahora, lo haré después, dentro de un tiempo, cuando tenga dinero. No hay nada de… Todo el mundo debe adquirir alguna propiedad, para dejársela después a los hijos, a la iglesia, a los pobres, o con algún otro fin… *chi lo sa!*". El príncipe lo conocía desde hacía tiempo, ya que en el pasado había sido contratado en casa de su padre en calidad de camarero. Sin embargo, lo habían despedido muy pronto porque en un mes logró dejar inservible su librea y, además, echó por la ventana todos los enseres de tocador del viejo príncipe a quien, por descuido, dio un codazo.

"¡Escúchame, Peppe!" dijo el príncipe.

"¿Qué desea ordenar, *eccellenza*?" respondió Peppe, quedándose con la cabeza descubierta. "El príncipe sólo tiene que decir: '¡Peppe!' y yo de inmediato: '¡A sus órdenes!'. Después basta con que el príncipe diga: '¡Escúchame, Peppe!', y yo: *'Eccomi, eccellenza!'*".

"Peppe, tienes que hacerme un favor…" Al decir estas palabras el príncipe miró alrededor y vio que todas las *soras* Grazias, las *soras* Susannas, las Barbaruccias, Tettas y Tuttas, todas, sin ninguna excepción, se habían asomado, curiosas, a la ventana, y a la pobre *sora* Cecilia poco le faltaba para caerse a la calle.

"¡Mal tenemos las cosas!" pensó el príncipe. "Vamos, Peppe, sígueme."

Dicho esto, el príncipe se puso en marcha y Peppe lo siguió, agachando la cabeza y hablando consigo mismo: "¡Ah, las mujeres! Son curiosas porque son mujeres y son mujeres porque son curiosas!".

Caminaron largo rato de calle en calle, cada uno inmerso en sus propias reflexiones. Peppe pensaba lo siguiente: "Con toda seguridad el príncipe me hará algún encargo, quizá importante, porque no quiere decírmelo delante de todos; eso significa que me hará un buen regalo o me dará dinero. Si el príncipe me da dinero, ¿qué haré con él? ¿Dárselo a *sior* Servilio, el propietario del café, con el que tengo una deuda desde hace tanto tiempo? Porque *sior* Servilio me pedirá el dinero la primera semana de cuaresma, porque *sior* Servilio gastó todo su dinero en el gigantesco violín que durante tres meses fabricó con sus propias manos para poder pasearse con él en carnaval por todas las calles de la ciudad. Ahora, probablemente, *sior* Servilio tendrá que comer durante mucho tiempo, en vez de cabrito asado, brócoli hervido en agua, hasta que vuelva a juntar dinero vendiendo café. Aunque quizá lo mejor no sea pagarle a *sior* Servilio, sino invitarlo a comer a alguna *osteria,* porque *sior* Servilio, *il vero Romano,* por un honor así estaría dispuesto a esperar un poco para el pago de la deuda, y la lotería comenzará, con toda certeza, la segunda semana de cuaresma". Pero el problema era cómo guardar el dinero hasta ese momento, cómo conservarlo de modo que no se enteraran ni Giacomo, ni el maestro Petruccio, el afilador, que seguramente le pedirían prestado, porque Giacomo había empeñado en el *ghetto* de los judíos todos sus vestidos, y además, había roto una falda y la última pañoleta de su esposa para disfrazarse de mujer... ¿Qué hacer para no prestarles dinero? En eso iba pensando Peppe.

El príncipe pensaba en lo siguiente: "Peppe puede indagar y averiguar cómo se llama, dónde vive y de dónde viene esta beldad. En primer lugar él conoce a todo el mundo y, por lo mismo, más que cualquier otra persona podría encontrarse en medio de la multitud con conocidos y enterarse de todo a través de ellos. También puede echar una ojeada en los cafés y en las *osterie,* puede incluso entablar conversación sin despertar sospechas en nadie con su persona. Y aunque es parlanchín y distraído si se le pide su palabra de verdadero romano sabrá guardar el secreto".

En eso pensaba el príncipe mientras caminaba de calle en calle hasta que, finalmente, se detuvo al ver que hacía mucho tiempo había atravesado el puente y se encontraba del lado del Trastevere; hacía rato que subía la colina y cerca de él se encontraba la iglesia de *San Pietro in Montorio.* Para no quedarse en el camino, subió a la plaza desde donde se veía toda Roma y dijo, mirando en dirección a Peppe:

"Oye, Peppe, voy a pedirte un favor".

"¿Qué desea *eccellenza?"* respondió solícito Peppe.

Pero en ese momento el príncipe lanzó una mirada a Roma y se interrumpió: frente a él se extendía, en un maravilloso y radiante panorama, la ciudad eterna. Todo el luminoso cúmulo de casas, iglesias, cúpulas y cúspides estaba intensamente iluminado por el brillo del sol poniente. Por grupos o en solitario, iban apareciendo una tras otra las fachadas, los techos, las estatuas, las terrazas y las galerías; por allá aparecía abigarrada y resaltaba entre juegos de luz una masa de campanarios de cimas muy finas y de cúpulas con el ornamento caprichoso de los faroles; más allá despuntaba completo un oscuro palacio; allá se veía la cúpula achatada del Panteón; allá la cima decorada de la columna Antonina con el capitel y la estatua del apóstol Pablo; un poco más a la derecha se alzaban las cimas de los edificios del Capitolio con sus caballos y sus estatuas; todavía más a la derecha, sobre la resplandeciente multitud de casas y tejados, se elevaba en toda su grandeza, majestuosa y austera, la oscura mole del Coliseo; allá, de nuevo aparecía una jocosa multitud de muros, terrazas y cúpulas, arropada con el brillo deslumbrante del sol. Y sobre toda esta masa reluciente se ennegrecían a lo lejos, con su oscuro verdor, las copas de los robles de piedra de la Villa Ludovisi y de la Villa Medici y, por encima de ellas, descollaban en el aire, como un rebaño entero, las copas en forma de cúpula de los pinos romanos, sostenidas sobre sus esbeltos troncos. Después, a todo lo largo del paisaje, se elevaban y azulaban los montes, transparentes, ligeros como el aire, envueltos en una especie de luz fosforescente. ¡Ni con la palabra ni con el pincel era posible reproducir esa armonía prodigiosa y esa combinación de los planos de aquel paisaje! El aire era a tal punto limpio y diáfano que la línea más pequeña de los edificios más lejanos era nítida, y todo parecía estar tan cerca que daba la impresión de poder alcanzarse con la mano. El más mínimo ornamento arquitectónico o el friso decorado de una cornisa, todo se delineaba con una pureza inconcebible. En ese momento resonaron, de forma simultánea, un disparo de cañón y el griterío lejano de la multitud, indicio de que los caballos sin sus jinetes habían concluido la carrera con la que se daba por terminado el día de carnaval. El sol bajó acercándose a la tierra; su reflejo se volvió más rosado y más cálido sobre toda aquella masa arquitectónica; la ciudad se hizo más vívida y más cercana; los pinos se ennegrecieron todavía más; los montes se volvieron más azules y fosforescentes; y el aire en el cielo, todavía más solemne y más nítido, estaba listo para apagarse... ¡Dios, qué vista! El príncipe, rodeado de ese paisaje, se olvidó de sí mismo, de la belleza de Annunziata, del misterioso destino de su pueblo y de todo lo que hay en el mundo.

1842

Tres muertes

Lev Tolstói

I

Pleno otoño. Por el camino principal transitaban dos carruajes a trote ligero. En la primera carroza viajaban dos mujeres. Una era la señora, enjuta y pálida. La otra, la sirvienta, gruesa y satinadamente sonrosada. Sus cabellos cortos y resecos se abrían paso por debajo de su sombrero desteñido y ella, con su mano roja enfundada en un guante agujereado, los arreglaba con energía. Su pecho alto, envuelto en una gruesa manteleta, respiraba salud; sus rápidos ojos negros unas veces seguían los campos en fuga a través de la ventana, otras lanzaban tímidas miradas a su señora, y otras atisbaban los rincones del carruaje. En las narices de la sirvienta, suspendido de una red, se mecía el sombrero de la señora, sobre cuyas rodillas yacía un cachorrito; sus pies iban en alto a causa de las pequeñas cajas colocadas en el suelo y apenas se percibía como rebotaban, debido al traqueteo de los muelles y al tintineo de los vidrios.

Con las manos sobre las rodillas y los ojos cerrados, la señora se mecía exangüe sobre los almohadones que le habían colocado detrás de la espalda y, frunciéndose casi imperceptiblemente, se tragaba la tos. Llevaba en la cabeza una cofia de noche blanca y una pañoletita azul cielo alrededor de su cuello pálido y delicado. Una raya recta que salía de debajo de la cofia, separaba los cabellos castaños, extraordinariamente lacios y untados con pomada, y en la blancura de la piel de esa espaciosa raya había algo seco, mortecino. La piel fofa, un poco amarillenta, no se ajustaba a los finos y hermosos rasgos de la cara y sólo las mejillas y los pómulos tenían color. Los labios estaban resecos e inquietos, las ralas pestañas no se rizaban y el paño de su bata de viaje formaba pliegues rectos sobre sus caídos pechos. A pesar de que sus ojos estaban cerrados, el rostro de la señora expresaba cansancio, irritación y un sufrimiento continuo.

El lacayo, recodado en su asiento, dormitaba en el pescante; el cochero del correo gritaba con vivacidad arreando a la sudada cuadriga y de vez en cuando se volvía a ver al otro cochero, que gritaba desde la calesa de atrás. Las paralelas y anchas huellas de las ruedas se extendían rápida y uniformemente por el calizo barro del camino. El cielo estaba gris y frío, una neblina húmeda se derramaba sobre los campos y el camino. En la carreta había una atmósfera sofocante y olía a agua de colonia y a polvo. La enferma echó la cabeza hacia atrás y abrió los ojos lentamente. Sus grandes ojos eran brillantes y de un hermoso color oscuro.

—¡Otra vez! —dijo, apartando nerviosa con su bonita y enflaquecida mano el borde del abrigo de la sirvienta que le había rozado la pierna, y su boca se crispó dolorosamente. Matriosha apartó su abrigo con ambas manos, se incorporó sobre sus fuertes pies y se sentó un poco más lejos. Su lozano rostro se cubrió de un carmín encendido. Los hermosos ojos oscuros de la enferma seguían ávidos los movimientos de la criada. La señora apoyó sus dos manos sobre el asiento en un intento de incorporarse, pero las fuerzas le fallaron. Su boca se crispó de nuevo, y su rostro todo se descompuso en una expresión de ironía impotente y cruel.

—¡Por lo menos podrías ayudarme!... ¡Bah, no hace falta! Yo sola puedo, pero no me pongas estos tus bultos atrás si no sabes cómo, hazme el favor! ¡Y mejor que no me toques si no sabes hacerlo!

La señora cerró los ojos y, levantando de nuevo rápidamente los párpados, echó una mirada a la sirvienta. Matriosha, al verla, se mordió su rojo labio inferior. Un penoso suspiro se gestó en el pecho de la enferma, pero el suspiro, antes de haberse consumado, ya se había convertido en tos. Se volvió de espaldas, se encogió y se apretó el pecho con ambas manos. Cuando pasó la tos, cerró de nuevo los ojos y se quedó sentada sin moverse. La carroza y la calesa entraron en la aldea. Matriosha sacó su mano regordeta de debajo de la manteleta y se santiguó.

—¿Y ahora? —preguntó la dama.

—La estación de postas, señora.

—¿Y ahora por qué te santiguas te pregunto?

—Una iglesia, señora.

La enferma se volvió hacia la ventana y lentamente comenzó a santiguarse mientras miraba con los ojos bien grandes la iglesia grande del pueblo que la carroza ya dejaba atrás.

La carroza y la calesa se detuvieron al mismo tiempo en la estación. El esposo de la mujer enferma y el doctor salieron de la calesa y se acercaron a la carroza.

—¿Cómo se siente? —preguntó el doctor, tomándole el pulso.

—¿Cómo estás, querida? ¿No estás cansada? —le preguntó el marido en francés—, ¿quieres salir?

Matriosha, tras recoger los líos, se pegó a un rincón para no interferir en la conversación.

—Más o menos, como siempre —respondió la enferma—. No saldré.

El marido permaneció un momento a su lado y luego entró en la estación. Matriosha salió de la carroza de un salto y en medio del barro corrió de puntitas hasta el portón.

—Que yo me sienta mal no es razón para que usted no almuerce —con una sonrisa apenas esbozada dijo la enferma al doctor que estaba de pie junto a la ventanilla.

"A nadie le importa lo que me ocurra —añadió para sí misma cuando el médico, que, habiéndose alejado de ella con paso lento, llegó a trote hasta los escalones de la estación—. Ellos están bien, así que les da lo mismo. ¡Oh, Dios mío!"

—Y bien, Eduard Ivánovich —dijo el marido con una sonrisa

y frotándose las manos al salir al encuentro del médico—, he ordenado que traigan la cantina con los alimentos, ¿qué le parece la idea?

—No está mal —respondió el médico.

—Y a ella, ¿cómo la ve? —preguntó el marido con un suspiro, bajando la voz y levantando las cejas.

—Se lo había yo dicho: es imposible que llegue a Italia, si acaso, con suerte, llegará a Moscú. Sobre todo con este tiempo.

—¿Qué hacer? ¡Ay, Dios mío! ¡Dios mío! —el marido se tapó la cara con las manos—. Déjala aquí —añadió para la persona que llegaba con la cantina.

—Tenían que haberse quedado —respondió el doctor alzando los hombros.

—Pero, dígame, ¿qué podía yo hacer? —replicó el marido—, hice todo lo que pude para disuadirla, hablé de nuestros medios, de los hijos a los que no deberíamos dejar, de mis asuntos, pero ella no quería oír nada. Hace planes para una vida en el extranjero como si estuviera sana. Y revelarle en qué situación se encuentra, sería matarla.

—Pero si está muerta, Vasili Dmítrich, es menester que lo sepa. Ningún ser humano puede vivir cuando ya no tiene pulmones, y los pulmones no retoñan. Es triste, es penoso, pero ¿qué se puede hacer? Nuestro deber es que su final sea lo más sereno posible. Lo que falta aquí es un confesor.

—¡Ay, Dios mío! Entienda usted en qué situación me encuentro al tener que mencionar la última voluntad. Que sea lo que tenga que ser, pero yo no se lo diré. Usted sabe lo buena que ella es...

—De cualquier manera intente convencerla de quedarse aquí antes que emprender un viaje en invierno —dijo el doctor, moviendo significativamente la cabeza—, por el camino podría ocurrir una desgracia...

—¡Aksiusha, eh, Aksiusha! —chillaba la hija del maestro de postas tras cubrirse la cabeza con su chaquetita y pisando, ora con un pie, ora con el otro, el sucio cobertizo de servicio—, vamos a ver a la dama de Shirkino, dicen que se la llevan al extranjero por un mal del pecho. ¡Yo todavía no he visto cómo son los tísicos!

Aksiusha salió al umbral a toda prisa y, tomándose de las manos, juntas corrieron hasta más allá de la puerta. Tras aflojar el paso, caminaron frente a la carroza y espiaron por la ventanilla bajada. La enferma volvió la cabeza hacia ellas, pero al advertir su curiosidad, se enfurruñó y les dio la espalda.

—¡Maaadre mía! —dijo la hija del maestro de postas, volviendo rápidamente la cabeza—. Era de una belleza extraordinaria, ¿y qué ha quedado? Hasta da miedo. ¿La has visto? Aksiusha, ¿la has visto?

—¡Sí, qué flaca está! —estuvo de acuerdo Aksiusha—. Vamos a verla otra vez, como si fuéramos al pozo. Aunque nos haya dado la espalda, sí alcancé a verla. Qué triste, Masha.

—¡Y qué cantidad de lodo! —respondió Masha, y ambas corrieron de regreso hasta la puerta.

"Debo estar espantosa, ya se ve —pensó la enferma—. ¡Pronto, pronto al extranjero, ahí me repondré rápidamente!"

—¿Cómo estás? ¿Cómo te sientes, querida? —le preguntó el marido, acercándose a la carroza y terminando de masticar un bocado.

"No se le ocurre otra pregunta —pensó la enferma—, y pese a todo come."

—Más o menos —dejó escapar entre dientes.

—Sabes, querida, temo que sea peor para ti continuar el viaje con este clima, y Eduard Ivánich opina lo mismo. ¿No sería mejor que regresáramos?

Ella, enfadada, guardaba silencio.

—El clima mejorará, tal vez, y el camino será más transitable, y tú te sentirías mejor; podríamos ir todos juntos.

—Discúlpame. Si no te hubiese hecho caso todo este tiempo, ahora me encontraría en Berlín y estaría completamente sana.

—¿Qué se puede hacer, ángel mío?, era imposible, tú lo sabes. Pero ahora, si esperáramos un mes, te repondrías notablemente; yo podría terminar mis asuntos, y podríamos llevar a los niños con nosotros...

—Los niños están sanos y yo no.

—Pero entiende, querida, que con este clima, si de pronto empeoraras hallándonos en camino... mejor, por lo menos, que estemos en casa.

—¿Y qué que estemos en casa?... ¿Morir en casa? —iracunda respondió la enferma. Pero la palabra *morir*, al parecer, la asustó, y miró suplicante e interrogativa a su marido. Él bajó los ojos y guardó silencio. La boca de la enferma de pronto se arqueó de manera infantil, y las lágrimas brotaron de sus ojos. El marido se tapó la cara con el pañuelo y en silencio se alejó de la carroza.

—No, de todos modos emprenderé el viaje —dijo la enferma; levantó los ojos al cielo, cruzó los brazos y se puso a balbucir palabras inconexas—. ¡Dios mío! ¿Por qué? —decía, y las lágrimas se derramaban abundantes. Rezó larga y fervorosamente, pero el dolor y la opresión seguían en el pecho; el cielo, los campos y el camino seguían grises y encapotados, y la misma niebla otoñal se derramaba igual que siempre, ni más frecuente ni más espaciada, sobre el barro del camino, los tejados, la carroza y sobre los toscos abrigos de piel de los cocheros que conversaban con voces sonoras y alegres mientras engrasaban y enganchaban el carruaje ...

II

El carruaje ya estaba enganchado; pero el cochero se tomaba su tiempo. Había entrado en la *isba* de postas. En la *isba* hacía calor, bochorno, obscuridad; el aire estaba enrarecido, olía a encerrado, a pan recién horneado, a col y a piel de oveja. Varios cocheros se hallaban en uno de los cuartos, la cocinera trajinaba cerca de la estufa. Encima de la estufa, sobre unos pellejos de oveja, yacía el enfermo.

—¡Don Jiódor!, oiga, ¡don Jiódor! —dijo un muchacho joven,

un cochero con un tosco abrigo de piel y un látigo encajado detrás del cinturón, cuando entró en el cuarto y se volvió hacia donde estaba el enfermo.

—¿Qué haces, tarabilla, molestando a Fedka? —intervino uno de los cocheros—. Anda, te están esperando en el carruaje.

—Quiero pedirle sus botas; las mías ya son un puro agujero —respondió el muchacho sacudiendo los cabellos y remetiendo las manoplas también por detrás del cinturón—. ¿Estará dormido? Oiga, don Jiódor... —repitió acercándose a la estufa.

—¿Qué? —se oyó una voz débil, y un rostro pelirrojo y enjuto asomó desde la estufa. La mano ancha, enflaquecida y pálida, cubierta de vello, se echaba con dificultad el grueso abrigo de paño sobre el hombro huesudo apenas cubierto por un sucio sayal—. Dame un poco de agua, hermano; ¿qué quieres?

El muchacho le pasó una jícara con agua.

—¿Qué falta te hacen a ti, Fedia —dijo cambiando—, ahora unas botas nuevas? Regálamelas, ya se ve que no vas a volver a caminar.

El enfermo dejó caer la cansada cabeza sobre la reluciente jícara y, remojando en el agua oscura sus bigotes ralos y gachos, bebió con avidez y debilidad. Su embrollada barba estaba sucia, sus ojos hundidos y apagados se levantaron con dificultad hacia la cara del muchacho. Tras apartarse del agua, quiso levantar la mano para secarse los labios mojados, pero no pudo y se los secó con la manga del abrigo. En silencio y respirando por la nariz con dificultad, miró al muchacho directamente a los ojos, haciendo acopio de lo que le quedaba de fuerza.

—A lo mejor ya se las has prometido a alguien —dijo el muchacho—, entonces ya ni pa' qué. Pero es que allá juera está chispeando y yo me tengo que ir a trabajar y pues pensé: a ver, voy a pedirle a Fedka sus botas; él, se me afigura, ya ni las va a nesitar. Pero si a lo mejor las nesitas, pues nomás me dices...

En el pecho del enfermo algo se puso a refunfuñar y a gruñir; se incorporó y una tos de laringe, que no acababa de resolverse, hacía que se asfixiara.

—Pa' qué las iba a nesitar —de pronto restalló enojada la voz de la cocinera, y resonó por toda la isba—, hace más de un mes que no se apea de la estufa. Mira, se le desrasga la garganta, hasta a mí me duelen las entrañas nomás de oírlo. ¿Pa' qué iba a nesitar las botas? Ni que lo fueran a enterrar con botas nuevas. Hace ya mucho que tenía que estar bajo tierra, Dios perdone mi pecado. Mira, si parece que fuera a echar el bofe. A lo mejor habría que pasarlo a otra isba, o ¿ia dónde!? Dicen que allá en la ciudad hay hospitales para esto; porque, aquí, lo que sea de cada quién, me ocupa todo mi rincón, ¡y ya basta! No tengo espacio para nada. Y encima me exigen que lo tenga limpio.

—¡Eh, Serioga! A tu puesto, los señores te están esperando —gritó desde la puerta el maestro de postas.

Serioga se dispuso a marcharse sin haber esperado la respuesta, pero el enfermo, durante un acceso de tos, le hizo saber con los ojos que quería responderle.

—Llévate las botas, Serioga —le dijo, tras vencer la tos y reponerse un poco—. Pero, óyeme, cuando me muera, cómprame una losa —añadió con un ronquido.

—Gracias, tío; me las llevo nomás, y la losa, claro que te la compro.

—Ya lo oyeron, muchachos —todavía alcanzó a articular el enfermo antes de doblarse de nuevo y empezar a toser.

—Sí, lo oímos —dijo uno de los cocheros—. Anda, Serioga, a tu puesto, que ahí viene otra vez el maestro de postas. La señora de Shirkino está enferma.

Serioga se quitó con prontitud sus botas rotas y desmesuradamente grandes y las lanzó debajo de un banco. Las botas nuevas del tío Fiódor le quedaban que ni pintadas, y Serioga, sin poder quitarles la vista de encima, se dirigió al carruaje.

—¡Ah, qué botas tan buenas! Dámelas, te las engraso —dijo un cochero con la grasa en la mano en el momento en que Serioga, subiéndose al pescante, tomaba las riendas—. ¿Te las dio nomás porque sí?

—No irás a tener envidia —respondió Serioga, incorporándose y envolviéndose las piernas con los faldones de su abrigo–. ¡Andando! ¡Vámonos, amigos! –le gritó a los caballos, haciendo restallar el látigo; y la calesa y la carroza con sus viajeros, sus maletas y sus cocheros, desapareciendo en la niebla gris del otoño, rodaron veloces por el húmedo camino.

El cochero enfermo se quedó en la *isba* sofocante, encima de la estufa y, tras un esfuerzo sobrehumano y sin haber logrado expectorar, consiguió acomodarse sobre el otro costado y se calmó.

En la *isba,* hasta bien entrada la tarde, unos llegaban, otros se iban, otros comían; al enfermo no se le oía. Antes de que cayera la noche, la cocinera se encaramó en la estufa y por encima de las piernas del enfermo, cogió el abrigo.

–No te enojes conmigo, Nastasia –balbució el enfermo–, dentro de poco desocuparé tu rincón.

–Bueno, bueno, tranquilo, no pasa nada –farfulló Nastasia–. ¿Qué te duele, tío? Dime.

–Las entrañas, como si ya no dieran para más. Sabe Dios qué será.

–Seguro que también te duele la garganta, con esa manera de toser.

–Me duele todo. Me está llegando la muerte –eso es. ¡Ay, ay, ay! –gimió el enfermo.

–Tápate los pies, así –dijo Nastasia, cubriéndolo con el abrigo mientras se bajaba de la estufa.

Por la noche una lamparilla alumbraba débilmente la *isba*. Nastasia y unos diez cocheros dormían por el suelo y encima de los bancos y roncaban de forma estrepitosa. Sólo el enfermo se quejaba débilmente, tosía y se revolvía encima de la estufa. Al amanecer se calmó para siempre.

–Fue muy raro lo que soñé anoche –dijo la cocinera a la mañana siguiente, mientras se desperezaba aún en la penumbra–. Era como si el tío Jiódor se hubiera bajado de la estufa y se hubiera ido a cortar leña. Déjame echarte una mano, Nastia, me decía; y yo le decía: ¡cómo vas a cortar la leña tú!, pero entonces él agarraba el hacha y se ponía a cortar muy pero que muy aprisa, sólo las astillas volaban. ¿Qué pasó?, le decía yo, pero si estabas enfermo. No, me decía, estoy sano, y de que alzó los brazos, me entró hasta miedo. Iba a gritar y entonces me desperté. No se habrá muerto, ¿verdá? ¡Tío Jiódor? ¿Me oyes? Fiódor no respondía.

—De veras, ¿no se habrá muerto? Mira a ver —dijo uno de los cocheros que ya había despertado.

La delgada mano que colgaba de la estufa, cubierta de un vello rojizo, estaba fría y pálida.

—Anda a decirle al maestro de postas, parece que se murió —dijo el cochero.

Fiódor no tenía parientes, era de lejos. Al día siguiente lo enterraron en el cementerio nuevo, detrás del bosque, y durante varios días Nastasia les contaba a todos el sueño que había tenido, y que ella había sido la primera en darse cuenta de la muerte del tío Fiódor.

III

Llegó la primavera. Por las calles mojadas, entre las agujas de hielo del estiércol, gorgoreaban los presurosos arroyuelos; el colorido de las ropas y los sonidos del habla del pueblo en movimiento eran muy llamativos. En los pequeños jardines detrás de las vallas se hinchaban los brotes de los árboles, y sus ramas se mecían sin apenas hacer ruido movidas por el viento fresco. Por todos lados caían y chorreaban goterones... Los gorriones piaban y revoloteaban con torpeza agitando sus alitas. Donde daba el sol, en las cercas, las casas y los árboles, todo se movía y relumbraba. Había alegría y juventud en el cielo, en la tierra y en el corazón de las personas.

En una de las calles principales, había sido extendida paja fresca había sido extendida frente a una gran casa residencial; en esa casa se hallaba aquella misma enferma moribunda, que tanta prisa había tenido por llegar al extranjero.

Junto a las puertas cerradas de la habitación, de pie, se encontraban el marido de la enferma y una mujer de edad. El sacerdote estaba sentado en el sillón, los ojos bajos y con algo envuelto en la estola. En la esquina, recostada sobre un sillón Voltaire, había una ancianita, la madre de la enferma, que lloraba amargamente. A su lado, una sirvienta tenía en la mano un pañuelo limpio, en espera de que la anciana se lo pidiera; otra le frotaba las sienes con algo y le soplaba por debajo de la cofia la cana cabeza.

—Que Dios la ayude, querida —dijo el marido a la mujer de edad que estaba a su lado junto a la puerta—, ella le tiene a usted tanta confianza, usted sabe hablar tan bien con ella... Convénzala, palomita, vaya.

Pero en el momento en que él se dispuso a abrirle la puerta, su prima lo detuvo, se acercó varias veces el pañuelo a los ojos y sacudió la cabeza.

—Ahora sí, creo, no se ve que he llorado —dijo y, tras abrir ella misma la puerta, entró.

El marido estaba muy inquieto y parecía completamente desconcertado. Se dirigió hacia la anciana, pero cuando le faltaban unos cuantos pasos para llegar, dio media vuelta, caminó por la habitación y se acercó al sacerdote. El sacerdote lo miró, elevó las cejas al cielo y suspiró. La barba cerrada y canosa también subía y bajaba.

—¡Dios mío! ¡Dios mío! —dijo el marido.

—¿Qué hacer? —dijo suspirando el sacerdote, y de nuevo sus cejas y su barba subieron y bajaron.

—¡Y mamá aquí! —exclamó el marido casi con desesperación—. No lo soportará. Quererla tanto, tanto, como ella... no sé. ¿No podría, por favor, señor cura, intentar tranquilizarla y convencerla de que salga de aquí?

El sacerdote se levantó y se acercó a la anciana.

—Es verdad que nadie es capaz de apreciar en su justo valor el corazón de una madre —dijo—, sin embargo, Dios es misericordioso.

El rostro de la anciana de pronto comenzó a contraerse, y fue presa de un hipo histérico.

—Dios es misericordioso —continuó el sacerdote, cuando ella se hubo calmado ligeramente—. Le cuento que en mi parroquia había un enfermo, mucho peor que Maria Dmítrievna, y el asunto es que un parroquiano lo curó con hierbas en poco tiempo. Es más, el parroquiano en cuestión ahora está en Moscú. Ya se lo he dicho a Vasili Dmítrievich, se podría probar. Por lo menos sería un consuelo para la enferma. Dios lo puede todo.

—No, ya no vivirá —dijo la anciana—. Dios se la lleva a ella en vez de a mí. —Y el hipo histérico aumentó de tal manera que perdió el sentido.

El marido de la enferma se tapó la cara con las manos y se apresuró a salir de la habitación.

En el corredor, con quien primero se encontró fue con un niño de seis años, que corría a todo correr intentando dar alcance a una niña más pequeña.

—¿No ordena usted que lleve yo a los niños a ver a su mamá? —preguntó la nana.

—No, no quiere verlos. Eso la consternaría.

El niño se detuvo un momento y se quedó mirando fijamente la cara de su padre, de pronto dio una coz con su piernita y, lanzando un alegre grito, prosiguió su carrera.

—¡Parece el caballo negro, papá! —gritó el niño, señalando a su hermana.

Entre tanto, en otra habitación, la prima estaba sentada al lado de la enferma y mediante una hábil conversación procuraba hacerla a la idea de la muerte. El médico removía el remedio cerca de la otra ventana.

La enferma, con una bata blanca y completamente rodeada de cojines, estaba sentada en la cama y miraba a la prima en silencio.

—Ay, querida —dijo de pronto interrumpiéndola—, no trate de embaucarme. No piense que soy una niña. Soy cristiana. Lo sé todo. Sé que me queda poco tiempo de vida, sé que si mi marido me hubiese hecho caso antes, ahora estaría en Italia y, tal vez, o más bien casi seguro, habría sanado. Todos se lo decían. Pero, qué se puede hacer, está claro que se hizo lo que Dios dispuso. Todos hemos cometido muchos pecados, yo lo sé; pero tengo fe en la clemencia divina que todo lo perdona, seguramente, todo lo perdona. Intento comprenderme a mí misma. Yo también he cometido muchos pecados, querida. Y cuánto he sufrido por ellos. He intentado llevar con resignación mis sufrimientos...

—¿Llamamos, pues, al sacerdote, querida? Se sentirá usted mejor cuando haya comulgado —dijo la prima.

La enferma bajó la cabeza en señal de consentimiento.

—¡Dios!, perdóname a mí, pecadora —dijo en voz muy queda.

La prima salió y con un movimiento de cabeza pidió al sacerdote que entrara.

—¡Es un ángel! —le dijo con lágrimas en los ojos al marido de la enferma.

El marido rompió a llorar, el sacerdote atravesó la puerta, la anciana seguía desmayada, y en la habitación reinó un silencio absoluto. Al cabo de cinco minutos el sacerdote asomó por la puerta y, tras quitarse la estola, se arregló los cabellos.

—Gracias a Dios ahora está tranquila —dijo—, desea verlos.

La prima y el marido entraron. La enferma lloraba en voz baja, mirando el icono.

—Te felicito, querida —dijo el marido.

—¡Muchas gracias! Cuánto mejor me encuentro ahora, qué dulzura incomprensible siento —decía la enferma, mientras una tenue sonrisa retozaba en sus delgados labios—. ¡Qué grande es la misericordia divina! ¿No es verdad que Él es misericordioso y todopoderoso?

Y de nuevo, con ávida súplica miraba el icono con los ojos llenos de lágrimas.

Al cabo de un momento, pareció recordar algo. Hizo señas a su marido para que se acercara.

—Nunca quieres hacer lo que te pido —le dijo con voz débil y disgustada.

El marido, alargando el cuello, la oía resignado.

—¿Qué, querida?

—Cuántas veces te dije que estos médicos no saben nada, que hay curanderos sencillos, que son ellos los que le devuelven a uno la salud... Me acaba de decir el sacerdote que... un burgués pobre... ¡Vamos!

—¿A buscar a quién, querida?

—¡Ay, Dios mío! ¿¡Por qué insistirá en no entender nada!?...

—y la enferma frunció el entrecejo y cerró los ojos.

El médico se acercó hasta ella y tomó su mano. El pulso era cada vez más débil. Miró al marido y le hizo una señal con la cabeza. La enferma notó ese gesto y miró alrededor asustada. La prima le dio la espalda y se echó a llorar.

—No llores, no te atormentes ni me atormentes —dijo la enferma—, esto me quita lo poco que me queda de serenidad.

—¡Eres un ángel! —dijo la prima, besándole la mano.

—No, bésame aquí, sólo a los muertos los besan en las manos. ¡Dios mío! ¡Dios mío!

Esa misma noche la enferma ya era cadáver, y el cadáver, dentro del ataúd, yacía en la sala de la gran casa. En la habitación grande y con las puertas cerradas, estaba sentado un sacristán que, con voz nasal y monótona, leía los salmos de David. La viva luz de los cirios se derramaba desde los altos candelabros de plata sobre la pálida frente de la difunta, sus pesadas manos céreas y los petrificados pliegues del paño mortuorio que se levantaban de una manera terrible sobre las rodillas y los dedos de los pies. El sacristán, sin comprender lo que pronunciaba, leía con ritmo y en la silenciosa habitación sus palabras sonaban y morían extrañas. De vez en cuando, desde una habitación lejana, llegaban las voces de los niños y el ruido de sus pasitos.

"Si tu escondes tu rostro, se conturban —decía el salterio—; si les quitas el espíritu, expiran y vuelven al polvo. Si mandas tu espíritu, se recrían y así renuevas la faz de la tierra. Sea eterna la gloria de Yahvé."

El rostro de la difunta era severo, sereno y majestuoso. Nada se movía en la frente fría y despejada, ni en los labios fuertemente apretados. Era todo atención. ¿Comprendería por lo menos ahora la grandeza de estas palabras?

IV

Un mes más tarde, sobre la tumba de la difunta se elevaba una capilla de piedra. Sobre la tumba del cochero no había ninguna piedra todavía, sólo una hierbita verde claro se abría paso en el montículo, único indicio de la existencia pasada de un ser humano.

—Te caerá un pecado, Serioga —le dijo un día la cocinera en la estación—, si no le compras la piedra a Jiódor. Primero decías que si porque era invierno, y ahora ¿por qué no cumples tu palabra? Yo estaba ahí. Ya vino una vez a pedírtelo, y si no se la compras, volverá a venir, no te dejará en paz.

—¿Acaso me estoy desdiciendo? —respondió Serioga—, la piedra se la voy a comprar, como le dije, se la voy a comprar, una de a rublo y medio. No se me ha olvidado, pero es que hay que traerla. Cuando alguien vaya a la ciudad, aprovecho y se la compro.

—Aunque fuera una cruz tendrías que haberle puesto —intercedió el cochero viejo—, porque de plano está muy mal. Las botas bien que las usas.

—¿Y de dónde la saco, la cruz? De un tronco no sale, ¿o sí?

—Pero ¡qué dices! Cómo que de un tronco no sale. Coge el hacha y vete bien temprano al bosque, seguro que sale. No será que no vas a poder talar un fresno. Tálalo y haz una cruz. Y luego ve y embriaga al guardabosques. Todo motivo es bueno para llevarle vodka. Mira, yo, el otro día rompí una pértiga, corté otra que no estaba mal, y nadie me dijo ni pío.

110

Muy temprano por la mañana, casi con el alba, Serioga tomó el hacha y se fue al bosque. Un frío velo mate del rocío que todavía caía y que el sol aún no había iluminado se extendía sobre todas las cosas. El oriente se esclarecía de manera imperceptible reflejando su débil luz en la bóveda celeste cubierta por unas cuantas nubes vaporosas. No se movía ni una brizna de hierba en el suelo, ni una hoja en las ramas. Sólo de vez en cuando algún murmullo de alas en la espesura de los árboles o algún susurro en la tierra rompían el silencio del bosque. De pronto se extendió un sonido extraño, ajeno a la naturaleza, que cesó en el linde del bosque. Al poco, el sonido se oyó de nuevo y comenzó a repetirse regularmente abajo, en el tronco de uno de los árboles inmóviles. Una de las copas vaciló de manera extraordinaria, sus jugosas hojas algo murmuraron y un petirrojo, sentado en una de sus ramas, revoloteó silbando un par de veces y, extendiendo la cola, fue a sentarse en otro árbol.

El hacha sonaba en la parte baja cada vez más sordamente, astillas blancas y lechosas volaban hasta la hierba cubierta de rocío y, ahí donde sonaban los golpes, se oyó un leve chasquido. El árbol se estremeció con todo su cuerpo, se inclinó y rápidamente se enderezó de nuevo, oscilando asustado sobre sus raíces. Por un instante todo quedó en silencio, pero el árbol volvió a ladearse, en su tronco volvió a oírse el chasquido y, rompiendo sus ramas y destrozando sus varas, fue a dar con su copa sobre la tierra húmeda. Los sonidos del hacha y de los pasos dejaron de oírse. El petirrojo silbó y voló más alto. La rama que rozaron sus alitas, se balanceó unos momentos y luego se quedó quieta, como las otras, con todas sus hojas. Los árboles, con sus ramas inmóviles, lucían con mayor alegría en el nuevo espacio que acababa de abrirse.

Los primeros rayos del sol, una vez que hubieron atravesado una pesada nube, resplandecieron en el cielo y recorrieron veloces la tierra y el cielo. La niebla, en ondas, se fue difuminando sobre las cañadas; el rocío, lanzando destellos, se puso a juguetear sobre la hierba; las transparentes nubecillas teñidas de blanco se dispersaron presurosas por la bóveda celeste. Los pájaros revoloteaban en el bosque y, como extraviados, gorjeaban una canción feliz; las jugosas hojas murmuraban alegres y tranquilas en las copas, y las ramas de los árboles vivos, lenta y majestuosamente, comenzaron a moverse por encima del árbol muerto, caído.

1859

Carta al hermano

FIÓDOR DOSTOIEVSKI

*Fortaleza de San Pedro,
22 de diciembre de 1849, Petersburgo*

Hermano, querido amigo mío:
¡Todo está decidido! Me han condenado a cuatro años de trabajos forzados en una fortaleza (parece ser que en la de Orenburgo) y después me harán soldado raso. Hoy, 22 de diciembre, nos llevaron a la plaza Semiónovskaia. Ahí nos leyeron la sentencia de muerte, nos permitieron besar la cruz, rompieron las espadas sobre nuestras cabezas y nos pusieron las camisas blancas para recibir la muerte. Después amarraron a los primeros tres al poste para llevar a cabo la ejecución. Yo era el sexto y nos llamaban de tres en tres, por lo tanto estaba en el segundo grupo y no me quedaba de vida más de un minuto. Me acordé de ti, hermano, de todos los tuyos; en ese último minuto tú, únicamente tú, estabas en mi mente; sólo entonces me di cuenta de cuánto te quiero, querido hermano mío. Alcancé a abrazar a Pleshéiev y a Dúrov que estaban junto a mí, y me despedí de ellos.

En eso se oyó el toque de retirada. Los que estaban amarrados al poste fueron devueltos a su lugar y nos leyeron que su Majestad Imperial nos concedía la vida. Después siguieron las verdaderas sentencias. Sólo Palm fue perdonado. Lo envían al ejército, conservándole su mismo grado.

Me acaban de decir, querido hermano, que hoy o mañana nos pondremos en marcha. Pedí que me permitieran verte, pero me dijeron que era imposible, que sólo puedo escribirte esta carta a la que te suplico respondas cuanto antes. Temo que puedas haberte enterado de nuestra condena (a muerte). Desde las ventanas de la carreta, cuando nos llevaban a la plaza Semiónovskaia, vi a una gran cantidad de gente; quizá la noticia te haya llegado y hayas sufrido por mí. Ahora estarás más tranquilo en lo que a mí se refiere.

Hermano: nunca me sentí abatido ni desalentado. La vida es en todas partes la vida, la vida está en nosotros mismos y no en el exterior. Cerca de mí habrá gente y ser un *ser humano* entre la gente y mantenerse siempre como tal, a pesar de los infortunios que puedan presentarse, no sentirse abatido ni desalentarse —eso es la vida y ése es su objetivo. Ahora lo sé. Esta idea ya forma parte de mi carne y de mi sangre. ¡De verdad! Aquella cabeza que creaba, que vivía de la vida superior del arte, que reconocía y se había habituado a la exigencias más altas del espíritu, esa cabeza fue arrancada de mis hombros. Quedó la memoria y también las imágenes que he creado pero que aún no he encarnado. Ellas me cubrirán de úlceras, ¡de verdad! Pero he conservado el corazón y la misma carne y sangre capaces de amar y sufrir y desear y recordar y eso es, pese a todo, la vida. *On voit le soleil!*

Bueno, hermano, me despido. No te aflijas por mí. Ahora algunas disposiciones prácticas: los libros (yo me quedé con la Biblia) y algunas hojas de mi manuscrito (el borrador del plan de un drama y de una novela y un relato concluido que titulé *Cuento para niños*) me los quitaron y probablemente te los harán llegar. También se queda mi abrigo y mi viejo traje, por si enviaras a buscarlos. Ahora, hermano, me espera, quizá, un largo camino con la columna de condenados. Necesitaré dinero. Hermano querido, si recibes esta carta y si tienes la posibilidad de conseguir aunque sea un poco de dinero, envíamelo de inmediato. Ahora me es más necesario que el aire (por una circunstancia específica). Envíame también algunas líneas. Después, si resulta el dinero de Moscú, no te olvides de mí, no me abandones... ¡Es todo! Hay deudas ¿qué se puede hacer con ellas!?

Dale un beso a tu mujer y a los niños. Háblales de mí, haz que no me olviden. Quizá algún día podamos volver a vernos. Hermano, cuídate y cuida a tu familia, vive con recato y previsión. Piensa en el futuro de tus hijos... Vive de manera positiva. Nunca antes hirvieron en mí reservas de vida espiritual tan abundantes y vigorosas como ahora. Pero ¿podrá soportarlo el cuerpo? No sé. Me voy enfermo, con escrófula. Sin embargo confío en que sí. Hermano, he padecido tanto en la vida que ahora son pocas las cosas que me atemorizan. ¡Que sea lo que tenga que ser! En cuanto haya oportunidad te haré llegar noticias sobre mí.

Transmite a los Máikov mi último saludo, el de despedida. Diles que les agradezco a todos su constante solicitud en mi destino. Dile algunas palabras de mi parte a Evguenia Petrovna, lo más afectuosas que puedas, lo que te dicte el corazón. Le deseo mucha felicidad y con agradecido respeto la recordaré siempre. Estrecha la mano a Nikolái Apolónovich y a Apolón Máikov, y después a todos los demás.

Busca a Yanovski, estréchale la mano y dale las gracias. Haz lo mismo con todos aquellos que no me han olvidado. Y los que me hayan olvidado, así se acordarán de mí. Dale un beso a nuestro hermano Kolia. Escribe una carta a nuestro hermano Andréi y cuéntaselo todo. Escríbele a los tíos. Te pido que lo hagas de mi parte y que los saludes a todos por mí. Escribe a nuestras hermanas: ¡que sean felices!

Pero quizá sí volvamos a vernos, hermano. Cuídate; consérvate con vida, por Dios, hasta nuestro encuentro. Tal vez algún día podamos abrazarnos y entonces nos acordaremos de nuestra hermosa juventud pasada; de nuestra juventud y de nuestras esperanzas que en este momento arranco con sangre de mi corazón y las sepulto.

¿Será posible que nunca vuelva a tomar la pluma? Pienso que una vez transcurridos los cuatro años sí podré hacerlo. Te enviaré todo lo que escriba, si llego a escribir algo. ¡Dios mío!

Cuántas figuras creadas por mí y que han escapado a la muerte van a morir ahora, van a extinguirse dentro de mi cabeza o a derramarse en la sangre como un veneno. Sí, si me prohíben escribir, moriré. Mejor quince años de prisión, pero con la pluma en la mano.

Escríbeme con más frecuencia, escríbeme con más detalle, más, con más precisión. Háblame en cada carta de las cosas de la familia, de las cosas menudas, no las olvides. Eso me dará esperanza y vida. Si supieras cómo me han reanimado tus cartas aquí, en la celda. Estos dos meses y medio (últimos) cuando teníamos prohibido mantener correspondencia, fueron para mí muy difíciles. Estuve enfermo. Que no me enviaras dinero de vez en cuando me atormentaba por ti: seguramente tú mismo te encontrabas en una enorme pobreza. De nuevo besa a los niños, sus lindas caritas no se me quitan de la cabeza. ¡Ah, si ellos pudieran ser felices! Sé feliz tú, hermano, sé feliz.

Pero no te aflijas, por Dios, no te aflijas por mí. Recuerda que nunca perdí el ánimo, que la esperanza jamás me abandonó. Dentro de cuatro años habrá un respiro en mi destino. Seré soldado, que no es lo mismo que ser preso; y acuérdate de que llegará el día en que podré abrazarte. Hoy estuve con la muerte, tres cuartos de hora conviví con esa idea, viví mi último minuto y ahora de nuevo... ¡vivo!

Si hay quien tenga un mal recuerdo de mí, o si hay alguien con quien alguna vez haya peleado, o si en alguien causé una impresión desagradable, diles a todos que lo olviden, si logras encontrarlos. No hay ira ni rencor en mi alma; cómo quisiera amar y abrazar aunque no fuera sino a uno de mis viejos conocidos en este instante. Este consuelo lo experimenté hoy cuando me despedía de mis amigos antes de morir. En ese momento pensé que la noticia de la ejecución te mataría. Pero ahora tranquilízate, sigo con vida y en el futuro viviré con la idea de que algún día volveré a abrazarte. Es lo único que tengo en la mente.

¿A qué te dedicas? ¿En qué pensaste hoy? ¿Sabes de nosotros? ¡Qué frío hizo hoy!

Ah, si mi carta te llegara pronto... De otro modo estaré cerca de cuatro meses sin noticias tuyas. Vi los paquetes en los que me enviaste dinero los últimos dos meses. La dirección estaba escrita de tu puño y letra y me alegré de saber que estabas bien.

Cuando miro el pasado y pienso en todo el tiempo perdido inútilmente, en todo ese tiempo desperdiciado en equivocaciones, en errores, en el ocio, en la incapacidad para vivir; en que por más que lo apreciara, muchas veces pequé en contra de mi corazón y de mi espíritu, siento un gran dolor. La vida es un regalo, la vida es la felicidad y cada minuto podría convertirse en un siglo de felicidad. *Si jeunesse savait!* Ahora, con este cambio de vida adquiero una nueva forma. Hermano, te juro que no voy a perder la esperanza y que conservaré mi espíritu y mi corazón en la pureza. Renaceré para mejor. Esa es toda mi esperanza, todo mi consuelo.

La vida en la celda mató suficientemente en mí los deseos de la carne, no son del todo limpios; antes cuidé poco de mí mismo. Ahora han dejado de importarme las privaciones, por eso no temas que alguna dificultad material pueda matarme. Es imposible. Ah, si tuviera salud...

Adiós, adiós hermano. Algún día volveré a escribirte. Recibirás de mí el informe más detallado sobre mi viaje. Lo más importante — conservar la salud, y allá todo irá bien.

Bueno, adiós, adiós, hermano. Recibe un abrazo muy fuerte y un gran beso. Recuérdame sin dolor en el corazón. No sufras, por favor, no sufras por mí. En la próxima carta te contaré cómo vivo. Recuerda lo que te he dicho: aprecia tu vida, no la malgastes, construye tu destino, piensa en los niños. Ah, cuándo, cuándo podré verte. ¡Adiós! Ahora me arranco de todo lo que me era querido, ¡cómo duele abandonarlo! Duele romperse en dos, desgarrar el corazón en dos. Adiós, adiós. Pero volveré a verte, estoy seguro, tengo la esperanza, no cambies, quiéreme, no dejes que se enfríe el recuerdo que tienes de mí y la idea de tu amor será la mejor parte de mi vida. Adiós. Adiós una vez más. Adiós a todos.

Tu hermano,
Fiódor Dostoievski

Cuando me arrestaron me quitaron unos cuantos libros. De ellos, sólo dos eran prohibidos. ¿No quisieras recuperar los otros para ti? Pero he aquí una petición: de esos libros, uno era las Obras de Valerián Máikov, sus críticas, el ejemplar de Evguenia Petrovna. Ella me lo dio como su tesoro. Cuando me arrestaron, pedí al oficial de gendarmes que le devolviera a ella ese libro y le di su dirección. No sé si se lo habrá devuelto. ¡Averígualo! No quiero quitarle ese recuerdo. Adiós, adiós nuevamente.

Tuyo, F. Dostoievski

El mal del ímpetu

IVÁN GONCHAROV

> Durante el mes de diciembre de 1830, cuando el cólera, a pesar de haber disminuido considerablemente, todavía reinaba en Moscú, de doscientas cincuenta gallinas, cincuenta perdieron la vida en un plazo brevísimo.
> Dr. CHRISTIAN LÓDER, *Folleto científico sobre los estragos del cólera en Moscú*, Moscú, p. 81.[1]

¿Han leído ustedes, muy señores míos, o por lo menos han oído hablar de ese extraño mal que antaño padecieron los niños en Alemania y en Francia y que no tiene nombre ni ha quedado registrado en los anales de la medicina? Se trataba de una dolencia que creaba en ellos la necesidad imperiosa de subir al monte Saint Michel (creo que en Normandía).

En vano los desesperados padres intentaban disuadirlos: la mínima resistencia a sus enfermizos deseos traía consigo penosísimas secuelas: la vida de los niños comenzaba a extinguirse poco a poco. Sorprendente, ¿no? Como no soy un conocedor de la literatura médica, ni estoy al día de los descubrimienos y de los éxitos de la medicina, no sé si se trata de un hecho explicable ni si está confirmada su verosimilitud. Sin embargo

---

[1] Christian Ivánovich Lóder (1753-1832), médico personal de Alejandro I, fue el fundador en Moscú de una clínica de aguas termales artificiales en la que se aplicaba un novedosísimo sistema de curación. Además de beber las aguas minerales y bañarse en las fuentes de aguas termales, los enfermos debían realizar ejercicios ligeros al aire libre. El espectáculo de aquellos nobles endomingados que circulaban sin ton ni son, a buen ritmo, por las veredas de los jardines de la clínica suscitaba la curiosidad de la gente del pueblo que, embobada, pasaba largas horas observándolos desde la verja del jardín. Desde entonces el apellido del médico pasó a ser en ruso un sustantivo que significa "haragán", "holgazán".

yo, por mi parte, quiero informar al mundo de la existencia de una enfermedad endémica parecida, no menos extraña e incomprensible, de cuyos nocivos efectos fui testigo ocular y casi víctima. Ofrezco mis observaciones al lector tan minuciosamente como me es posible y me atrevo a pedirle que no las ponga en tela de juicio, aunque, por desgracia, no hayan sido anotadas a la manera de los informes científicos ni con la precisión natural del médico.

Pero antes de describir esta dolencia con todos sus síntomas, considero mi deber hablar al lector de las personas que tuvieron la desgracia de padecerla.

Hace algunos años conocí a la familia Zúrov, una familia irreprochable, fina y culta, y pasé en su casa muchas tardes de invierno. El tiempo transcurría de manera imperceptible en su compañía y la de sus conocidos entre las diversiones que ellos elegían y permitían en su hogar. Allí no había lugar para los juegos de cartas; en vano el ocioso anciano o el joven corrompido por la inactividad y atormentado por el vacío intelectual y espiritual, buscarían dinero y esparcimiento en esta tarea: sus esperanzas nunca coincidirían con el noble modelo de pensamiento de los Zúrov y sus invitados. En cambio los bailes, la música y con mayor frecuencia la lectura, así como las conversaciones sobre literatura y artes, ocupaban por entero las veladas invernales.

Con cuánto placer recuerdo la compacta multitud de amigos que se precipitaba a la mesa redonda y grande frente a la que Maria Alexándrovna, la generosa ama de casa, desde su diván turco servía el té, mientras el propio Alexéi Petróvich caminaba de un lado al otro de la habitación con un cigarro en una mano y una taza de té frío en la otra. De pronto Alexéi Petróvich se detenía un instante o dos para intervenir en alguna conversación, pero de inmediato reanudaba su constante caminar. También me acuerdo de la abuela octogenaria, aquejada de parálisis, que desde un rincón apartado, apoltronada en su sillón Voltaire y llena de amor, dirigía una mirada mortecina a su descendencia mientras una salada lágrima de serena dicha enturbiaba sus ojos, ya sin eso predispuestos a la ceguera. Recuerdo cómo con extraordinaria frecuencia pedía a su nieto menor, Volodia, que se acercara y le acariciaba la cabeza, lo que no siempre era del agrado del travieso muchacho, por lo que a menudo fingía no oír su llamada. Pero más allá de todo esto, la abuela era un ser excepcional en muchos aspectos y por eso ruego que se me permita decir algunas palabras más sobre ella: se sentaba, como he dicho hace un momento, siempre en el mismo lugar y, aunque sólo podía mover el brazo izquierdo –idense cuenta de la habilidad!–, era capaz de utilizar su única mano para el bien de la sociedad; en consecuencia, a pesar de unas fuerzas cada vez más mermadas y de una chispa apenas perceptible en ese decrépito recipiente de vida, ocupaba un lugar de honor en la cadena de las criaturas. Por la mañana, los nietos y las nietas la levantaban de la cama y la sentaban en su sillón, y entonces ella, con la mano izquierda y el esmero de una madre, alzaba la cortina que cubría la ventana, y que Dios nos guarde si alguien se le adelantaba. Pero eso no era todo. ¿Será posible que todavía no haya mencionado su virtud principal? Poseía una cualidad por la que los pobres humanos estarían dispuestos a pagar un precio tan alto como la mutilación o la parálisis. Y la abuela la compró con esto último. En todo momento podía predecir el tiempo y, por lo tanto, desempeñaba el papel de un barómetro casero viviente. Así, por ejemplo, si Maria Alexándrovna, Alexéi Petróvich o cualquiera de los nietos mayores necesitaban salir a la calle, le preguntaban previamente: "Mamita (o abuela), ¿qué tiempo hará?" Y ella, palpando cualquiera de sus miembros entumecidos, como una sibila inspirada, respondía de manera entrecortada: "Nieve abundante – cielo despejado – deshielo – frío intenso", según las circunstancias, y jamás se equivocaba. ¿Acaso no es útil tener un tesoro así en la familia?

También me acuerdo del viejo profesor emérito, que había dejado la cátedra de economía política y se dedicaba con éxito al estudio de las distintas clases de rapé y su influencia en la riqueza de los pueblos. Y me acuerdo, finalmente, del lugar que yo ocupaba al lado de la sobrina de los Zúrov, la sensible y pensativa Fiokla, con la que me gustaba conversar a escondidas a propósito de los más diversos temas, por ejemplo, de cuánto podía durar un par de medias una vez zurcidas o de cuántas arshinas[2] de lienzo me harían falta para una camisa, etcétera, a lo que ella siempre respondía clara y satisfactoriamente. Me acuerdo de las bromas mordaces, aunque no sarcásticas, que se oían por todos lados y provocaban una risa amistosa. Me acuerdo... Pero disculpen, muy señoras y señores míos, que no pueda aclarar y colocar en un orden conveniente todos mis recuerdos: estos se amontonan entremezclados y, formando un tumulto en mi cabeza, me arrancan lágrimas que resbalan por mis mejillas y mojan el papel en el que escribo. Permítanme enjugarlas; de lo contrario mi relato se hará esperar...

Bueno, ya me siento más tranquilo y de nuevo puedo dedicarme al asunto del que me apartaron la ternura y la compasión. "¿Compasión? —me preguntarán ustedes—, ¿cómo?, ¿por qué?" Pues sí, compasión, muy señoras y señores míos, una compasión profunda. Yo me sentía unido a mis conocidos no sólo espiritualmente, sino con lazos emocionales que me habría gustado consolidar de manera legítima. Acuérdense de la alusión que acabo de hacer a mis conversaciones con Fiokla: no lo hice en vano; ¡hm!, ¿se dan cuenta? Cómo no llorar, cómo no atormentarme al pensar que toda la familia, desde la abuela hasta el travieso Volodia, se perdió, se perdió irremediablemente, víctima de una terrible epidemia que, por fortuna, se conformó con ella, pese a que podía haberse extendido entre sus conocidos; pero estos lograron escapar. He aquí lo que sucedió, permítanme contárselo.

Cuando inicié mi relato comenté que solía pasar las tardes de invierno en casa de los Zúrov, pero no dije ni una sola

---

[2] Medida rusa equivalente a 0.71 metros.

palabra de las de verano, porque en verano yo no vivía en Petersburgo; mi anciano tío me invitaba a la aldea y, puesto que me lo pedía con insistencia, iba con él y me sometía a una cura de bebidas caseras. El aguardiente de serba, preparado mediante una receta especial, podría, según aseveraba mi tío, devolver el orden a mi sistema nervioso, y la cuajada y la leche cocida al horno, su merienda predilecta, me protegerían de las enfermedades estomacales a las que estaba expuesto. Como quien va en busca de aguas minerales, durante tres veranos seguidos fui a la aldea y me entregué a la cura de bebidas caseras; hice tres tratamientos. Pero antes de emprender mi cuarta cura los cielos tuvieron a bien enviar dos terribles calamidades a la provincia en la que vivía mi tío: la primera, una mala cosecha de bayas, a consecuencia de la cual las botellas de aguardiente se quedaron vacías y ociosas; y la segunda, una epidemia entre el ganado, tan violenta que trescientas cincuenta cabezas se redujeron a tres, y la cuajada y la leche al horno se vieron sustancialmente disminuidas. Mi tío, al ver que el mundo poco a poco perdía su atractivo y que sus actividades favoritas se extinguían, también se extinguió, de tristeza, al mismo tiempo que la última de sus amadas vacas, dejándome como único heredero de la hacienda.

El resto del verano lo empleé en poner en orden los asuntos, y a principios del invierno volví a Petersburgo. Mi primera visita fue, por supuesto, a casa de los Zúrov, que se alegraron de verme. Yo lo encontré todo igual que siempre, y en el cálido salón de los Zúrov el invierno halló los mismos rostros alrededor de la misma mesa donde se tomaba el té: yo, al lado de Fiokla, Alexéi Petróvich con su cigarro, Maria Alexándrovna con su habitual amabilidad e inteligencia y su interminable labor de bordar una alfombra de cañamazo que había comenzado antes de casarse. Sólo en los niños se habían operado algunos cambios: el hijo mayor se había hecho un hombre, acababa de ingresar en la universidad y comenzaba a prestar atención al frufrú de las faldas femeninas, y el menor había dejado de esconderle el pañuelo y la tabaquera a su maestro alemán y de sentar a la abuela donde no hubiera sillón. También la abuela había incrementado su actividad y en su falta de memoria bajaba la cortina en pleno día o la levantaba al irse a dormir. Por lo demás, nada había cambiado.

El invierno transcurrió con rapidez; las noches se hicieron más cortas; la abuela dejó de predecir intensas heladas y cada vez con mayor frecuencia tenía en la punta de la lengua la palabra "deshielo". Llegó abril; un sol de rayos abrasadores acompañó el último día de invierno y, al retirarse, hizo un gesto tan lastimero que el Neva, de risa, se partió derramándose más allá de sus orillas y la áspera tierra sonrió a través de la nieve. La atolondrada golondrina y la alocada alondra anunciaron con sus trinos la llegada de la primavera. En la naturaleza se produjo el revuelo acostumbrado: quienes morían resucitaron y quienes dormían despertaron y todo comenzó a palpitar, a cantar, a saltar, a girar, a croar: en lo alto de las montañas y en las laderas, en las aguas y debajo de la tierra. Y he aquí que también los habitantes de Petersburgo advirtieron la llegada de la primavera.

El primer día templado salí de muy buen talante rumbo a casa de los Zúrov; quería felicitarlos por el festejo de la naturaleza y pasar con ellos el día entero.

—¡Buenos días, Alexéi Petróvich! —dije—. Me honra mucho saludarla, Maria Alexándrovna. Feliz primavera. ¡Hoy el día es verdaderamente cálido!

No había acabado de pronunciar estas palabras, cuando —¡todavía tiemblo!— en la familia entera se produjo repentinamente una agitación extraordinaria: Alexéi Petróvich bostezó y lanzó una mirada muy significativa a su esposa; ésta le respondió con una sonrisa enigmática; los dos niños menores comenzaron a saltar convulsivamente y los mayores aplaudieron; los ojos de la abuela se animaron con un brillo artificial. Todo traslucía una alegría salvaje. Los miré perplejo.

—¿Qué les sucede? —pregunté finalmente con timidez—, ¿se encuentran bien?

—Gracias a Dios —respondió Alexéi Petróvich, bostezando de manera ostentosa.

—Pero les está ocurriendo algo muy extraño. ¿Hay alguna cosa que los inquiete o los aflija?

—¡Oh, no! Al contrario. Nos sentimos felices por la presencia de la primavera: ha llegado el momento de comenzar nuestros paseos por los alrededores. Nos gusta disfrutar del aire puro y pasamos gran parte del verano en el campo.

—¡Magnífico! —dije—, espero que me permitan compartir con ustedes ese placer.

De nuevo la misma agitación.

—Encantados —respondió Alexéi Petróvich, y me lanzó una mirada salvaje.

Me asusté en serio y no supe qué hacer ni cómo explicar aquella escena. Me sentía verdaderamente confuso; pero un minuto más tarde todo recuperó su aspecto habitual y la afabilidad de la dueña de la casa me sacó de tan difícil situación.

—Se quedará a comer con nosotros, ¿verdad? —preguntó.

—Con mucho gusto —respondí—, pero como todavía es temprano, permítanme hacer una visita a otra casa.

—¡Vaya —oí gritar a Alexéi Petróvich cuando ya salía—, pero no deje de volver y, como prometió, ir con nosotros al campo! —De nuevo lo vi bostezar—. Hoy mismo nos pondremos de acuerdo sobre cuándo y cómo organizar el primer paseo.

"Aún falta mucho para poder salir de excursión al campo" —pensé, pero no me atreví a decirlo al ver la seriedad con la que se tomaban aquel inminente esparcimiento.

Una vez fuera de su casa comencé a buscar la razón de tan inconcebibles arranques de toda la familia.

"¿No será que algo en mí les desagrada?", pensé. Pero la invitación a comer y la amistosa despedida no se correspondían con el curioso encuentro. ¿Qué significaría eso? Le di muchas vueltas al asunto y finalmente opté por averiguar todo a través de uno de sus viejos conocidos, a quien fui a visitar... ¡Ah, sí! Había olvidado mencionar que entre los invitados a la casa de los Zúrov había dos personas que debo presentar al lector a la mayor brevedad, porque en toda esta historia desempeñan un papel relevante.

Una de ellas era Iván Stepánovich Verenitsyn, consejero de Estado ya retirado, buen amigo de los Zúrov desde la infancia. Era un hombre pensativo y melancólico por naturaleza, rara vez participaba en la conversación general y se sentaba apartado de los demás o paseaba en silencio de un lado a otro de la habitación. A muchos les desagradaba su manera de ser huraña y su comportamiento frío, y por eso difundían rumores desfavorables a propósito de su persona. Algunos decían que sentía asco por la vida y que en una ocasión había estado a punto de poner fin a su existencia ahogándose, pero los campesinos lo habían sacado del agua, lo que les valió ser condecorados con unas medallas que portarían en la cinta de la orden de Santa Anna;[3] una ancianita aseguraba que tenía contacto con el diablo y, en general, todos lo tildaban de arrogante y lo insultaban por el desprecio que demostraba por el mundo. Otros, haciendo prometer que se mantendría el mayor de los secretos al respecto, divulgaban —¡hay gente muy venenosa!— que estaba enamorado de una mujer de dudosa conducta. En una palabra, si creyéramos todo lo que de él se decía, tendríamos que odiarlo; en cambio, si nos negáramos a creerlo, nos veríamos obligados a odiar a los demás por esas horribles calumnias. Yo no hice ni una cosa ni la otra y más tarde me di cuenta de que su comportamiento era consecuencia de una forma peculiar de ver el mundo y también de sus observaciones, que... Pero ¡no!, si él hubiera querido las habría publicado, y nosotros no tenemos por qué inmiscuirnos en asuntos ajenos: bástenos saber que todos los días acudía a casa de los Zúrov y que gozaba de su especial afecto.

La otra persona era un ex compañero mío de escuela, Nikon Ustínovich Tiazhelenko, un terrateniente ucraniano, también antiguo conocido de los Zúrov, que fue quien me los presentó.

---

[3] Condecoración destinada a los soldados rasos.

Éste había sido célebre desde su juventud por una incomparable y metódica pereza y una heroica indiferencia hacia el mundano ajetreo. Pasaba la mayor parte de su vida tendido en la cama; si alguna vez se sentaba, lo hacía sólo a la mesa y sólo a la hora de comer; opinaba que para el desayuno y la cena no valía la pena molestarse. Como ya he dicho, rara vez salía de casa y a fuerza de vivir en posición horizontal adquirió todos los atributos del haragán: una panza enorme colgaba majestuosa de él y, todo hay que decirlo, Nikon Ustínovich la hacía florecer de manera intencionada; en general su cuerpo entero se derramaba en dobleces, como el de un rinoceronte, formando una especie de atuendo natural. Vivía cerca de los Jardines de Táuride,[4] pero dar un paseo por allí era para él sinónimo de realizar una hazaña. En vano los médicos le advertían de que tarde o temprano acabaría luchando contra una legión de enfermedades y le pronosticaban distintos tipos de muerte: él rebatía esos pronósticos con los argumentos más simples y claros; por ejemplo, si le echaban en cara que andaba poco y que podía sufrir un ataque de apoplejía, contestaba que del vestíbulo al dormitorio se extendía un oscuro pasillo que él recorría por lo menos cinco veces al día, lo cual, en su opinión, era más que suficiente para protegerlo del supuesto ataque. A esto, y como conclusión, añadía el siguiente razonamiento: que si por decir algo él, Tiazhelenko, llegara a ser víctima de un ataque, tendría un pretexto perfecto y una razón legítima para no salir de casa, y además podría esgrimirlo como elocuente defensa frente a cualquier reproche, y que entonces ya no tendría por qué temer por su salud. En lo tocante al aire puro, que tanto le habían recomendado, afirmaba que cada mañana, al despertar, pegaba la cara al postigo abierto y aspiraba una cantidad tan considerable de aire fresco que le duraba el día entero. Los médicos y los amigos se encogían de hombros y acababan por dejarlo en paz. Ese era mi apreciado Nikon Ustínovich. Quería a

---

[4] Jardines del palacio del mismo nombre.

los Zúrov y los visitaba una vez al mes, pero como aun eso le parecía superior a sus fuerzas, decidió presentármelos con un propósito determinado.

—Visítalos a menudo, hermano —me dijo—; son gente extraordinaria a la que quiero muchísimo, pero me piden que vaya una vez a la semana... ¡Impensable! Así que, por favor, ve tú en mi lugar y cuéntales a ellos mis novedades, y a mí las suyas.

Al observar en casa de los Zúrov aquel comportamiento extravagante me dirigí a Tiazhelenko con la esperanza de que él, ese viejo conocido suyo que sabía tantas cosas acerca de la familia, pudiera explicármelo. Cuando entré, estaba meditando sobre la posibilidad de volver su cuerpo hacia el lado izquierdo.

—Buenas, Nikon Ustínovich —dije.

Él, desde la cama, me saludó con un gesto de cabeza.

—¿Te encuentras bien de salud?

De nuevo asintió con la cabeza, en señal de confirmación: a Nikon Ustínovich no le gustaba derrochar palabras.

—Los Zúrov te envían saludos y te reprochan que hayas dejado de quererlos.

Meneó la cabeza en señal de negación.

—¡Di aunque sea una palabra, querido!

—Un momento..., un momento..., dame un respiro —dijo por fin con una lentitud inverosímil—. Ahora me traerán mi desayuno y es posible que me incorpore.

A los cinco minutos un sirviente logró llevar con gran esfuerzo hasta la mesa lo que Nikon Ustínovich llamaba "mi desayuno", y que cuatro personas fácilmente habrían podido llamar su comida: por los bordes de la bandeja se derramaban los huevos; el rosbif era tan grande que apenas cabía en el plato; al lado, una taza o, más bien, un tazón de chocolate humeaba como si fuera un barco; y, finalmente, una botella de cerveza dominaba todo lo anterior como si de una torre se tratara.

—Ahora sí voy... —comenzó a decir Tiazhelenko pesadamente mientras se incorporaba, pero no consiguió ni lo uno ni lo otro y de nuevo se desplomó sobre la almohada.

—¿Será posible que vayas a comerte tú solo todo esto?

—No, lo compartiré con mi perro —respondió, señalando un minúsculo perro de lanas que, seguramente por complacer a su amo, estaba siempre echado, como él, en el mismo sitio.

—¡Que Dios se apiade de ti! Pero, dejémonos de bromas —continué—, y dime una cosa: ¿me acompañarás a comer a casa de los Zúrov?

—¡Dios mío! Pero ¡cómo se te ocurre! ¿Estás en tus cabales? —exclamó, y agitó la mano—. Mejor quédate conmigo: habrá una pierna de carnero excelsa, esturión, pelmeni[5] siberianos, salchichas, pudín, pavo y una maravillosa drochona.[6] Yo mismo, hermano, he dado las instrucciones para su elaboración.

—No, gracias; les he prometido que iría; además, precisamente hoy, durante la comida, tendremos una interesante conversación sobre los preparativos indispensables para las salidas al campo.

De pronto el rostro de Tiazhelenko se animó; hizo un esfuerzo sobrehumano y logró incorporarse.

—¡También tú! ¡También tú! —gritamos los dos al mismo tiempo.

—¿Qué significa tu exclamación? —le pregunté.

—¿Y la tuya?

—La mía —respondí—, ha sido motivada por la sorpresa. Hace un momento los Zúrov han sufrido una especie de convulsión cuando se ha hablado del campo, y ahora tú has estado a punto de ponerte en pie al oírme mencionar esos paseos. Como ves, mi exclamación ha tenido un motivo. ¿Y la tuya?

—Pues la mía tiene un motivo de mayor envergadura —respondió él metiéndose en la boca un trozo de rosbif—. He imaginado que estabas enfermo.

—¿¡Enfermo!? Agradezco el interés que demuestras por mi salud, pero ¿de dónde sacas eso?

—Es decir, que te habías contagiado.

[5] Pasta parecida a los ravioli.
[6] Especie de tortilla de papas hecha con leche y harina

—¡Cada vez es más confuso! ¿De qué? ¿De quién?
—¡De quién! De los Zúrov.
—¡Qué tontería! Explícate, por favor.
—Un momento, déjame... comer —y mansamente, con enorme lentitud, como lo habría hecho una vaca, masticó la comida. Por fin desapareció del plato el último trocito de carne: se lo había comido y se lo había bebido todo. Y el mismo sirviente que antes a duras penas y con ambas manos había traído el desayuno, ahora se llevaba los restos con dos dedos. Me acerqué a Tiazhelenko, quien muy poco a poco fue diciendo:
—En estos tres años de amistad con los Zúrov ¿no has notado nada peculiar en ellos?
—Nada hasta el momento.
—¿Y este verano irás a la aldea?
—No, me quedaré aquí.
—En ese caso, desde esta misma mañana, día tras día observarás cosas muy curiosas.
—Pero ¿qué significa todo esto? ¿Me enteraré de algo a este paso? Y, finalmente, si ocultaban cosas tan peculiares, ¿por qué no me lo dijiste antes?
—Todo esto significa —continuó Tiazhelenko pesada y pausadamente— que los Zúrov padecen un mal crónico.
—¿Qué dices? ¿Qué mal? —grité aterrado.
—Un mal extraño, hermano, muy extraño y contagioso. Siéntate, escúchame y no me apresures... Aunque presiento que ahora, aun sin que me apremies, acabaré exhausto. ¡No es fácil contar tantas cosas! Pero no puedo actuar de otra manera: debo salvarte. No te lo he dicho antes porque no veía la necesidad: sólo pasabas el invierno en Petersburgo, y durante esos meses del año es imposible detectar nada raro en ellos; son personas muy inteligentes y en su compañía el tiempo vuela; pero en verano, como por arte de magia dejan de parecerse a sí mismos; cambian radicalmente; no comen, no beben: tienen una sola idea en la cabeza... ¡Pobres! ¡Ay, pobres! ¡Y no hay nada qué hacer!

—Por lo menos dime cómo se llama y cuáles son los síntomas de ese mal —le pedí.

—Todavía no tiene nombre porque se trata, al parecer, del primer caso; los síntomas te los explicaré ahora mismo. ¿Cómo empezar? ¿Por dónde?... Digamos que... Verás... Como no tiene nombre es más difícil de explicar... Pero, bueno, lo llamaré "el mal del ímpetu" y cuando los médicos tengan las cosas claras, que lo bauticen como mejor les parezca. La cuestión es que los Zúrov son incapaces de permanecer en casa durante el verano: en eso consiste esta dolencia extraña y mortal.

Dicho esto Tiazhelenko suspiró y expulsó media libra de aire con una mueca agria, como si le estuvieran arrebatando de entre los dientes un exquisito manjar. Solté una carcajada.

—¡Por Dios, Nikon Ustínovich! Eso sólo a tus ojos es un mal. Tú padeces un mal mucho más peligroso: te pasas la vida acostado en un mismo lugar. Eso sí que puede llevarte a la muerte. Debes de estar bromeando.

—¡Bromeando! Es una enfermedad, hermano, una enfermedad espantosa. Te lo diré más claramente todavía: lo que los mata es esa pasión irresistible que tienen por salir de paseo al campo.

—¡Pero si se trata de una pasión agradabilísima! Yo mismo les he prometido ir con ellos.

—¿Lo has prometido? —exclamó—. ¡Oh, infeliz Filip Klímovich! ¡Qué has hecho! ¡Estás perdido!

Poco faltó para que se echara a llorar.

—¿Has hablado del tema con Verenitsyn?

—Todavía no.

—Bueno, ¡bendito sea Dios! Aún hay tiempo de corregir las cosas, pero tendrás que obedecerme.

Lo miré perplejo. Él continuó:

—Yo mismo, en algún momento, hace años, quizá te acuerdes, cuando cometía la tontería de pasarme la mayor parte del día e incluso de la noche en pie —¡lo que es la juventud!–, no tenía nada en contra de ir al bosque con algunas provisiones, por ejemplo..., digamos... un pavo asado bajo el brazo y una botella de vino de Málaga en el bolsillo. Si el día era caluroso me gustaba sentarme a la sombra de un árbol, comer y recostarme en la hierba, pero luego... ia casa! En cambio esta gente se consume en los paseos. ¡Imagínate hasta dónde han llegado! Según su propia confesión, que yo mismo escuché a hurtadillas durante una de las crisis de su enfermedad, si a lo largo del verano permanecen todo un día en casa, sienten que algo los oprime, los agobia, les impide estar tranquilos; una fuerza irresistible los expulsa de la ciudad, un espíritu maligno se apodera de ellos, y entonces...

Aquí Tiazhelenko comenzó a hablar con ardor:

—Entonces se ponen a saltar, a correr, a nadar y una vez que han llegado nadando o corriendo o saltando hasta donde querían llegar, se echan a andar casi hasta morir, ¡hasta que se derrumban extenuados! Se encaraman en las pendientes más escarpadas, se descuelgan por los barrancos...

Acompañaba cada uno de estos conceptos con un elocuente gesto.

—Se lanzan a vadear los ríos, se sumergen en los pantanos, se abren paso por entre tupidos matorrales cubiertos de espinas, trepan a los árboles más altos; ¡cuántas veces se han caído, se han precipitado en abismos, se han hundido en el lodo, han tiritado de frío e incluso, qué horror, han padecido hambre y sed!

Brillantes hilos de sudor acompañaban a estas elocuentes palabras. ¡Oh, qué maravilloso estaba en aquel momento! Una noble indignación se dibujaba en su amplia frente, gruesas gotas de sudor le humedecían las sienes y las mejillas y la expresión inspirada de su rostro permitía confundirlas con lágrimas. Vi resucitar ante mí tiempos dorados, la época clásica de la Antigüedad. Busqué un paralelismo digno entre los hombres ilustres y encontré cierta semejanza en la persona del emperador romano Vitelio.

—¡Bravo! ¡Bravísimo! ¡Excelente! —grité, y él continuó.

—Sí, Filip Klímovich, una desgracia, una auténtica desgracia se ha abatido sobre ellos. ¡Caminar el día entero! Por lo menos todavía sudan, eso los salva; pero ese bendito rocío no tardará en secarse de agotamiento, y entonces… ¿qué va a pasar con ellos? La infección ha echado raíces muy profundas y recorre lentamente sus venas consumiendo su esencia vital. ¡El buen Alexéi Petróvich! ¡La dulce Maria Alexándrovna! ¡La venerable abuela! Los hijos, ¡pobres muchachos! Su juventud, su salud floreciente, sus brillantes esperanzas, todo se perderá, todo desaparecerá en el agotamiento, en medio de esfuerzos atroces y voluntarios.

Se tapó la cara con las manos y yo me eché a reír.

—¿Y te atreves a reírte, hombre despiadado?

—Por supuesto, hermano, cómo no me voy a reír al ver que tú, el hombre más indiferente del universo, un hombre que es a tal punto indolente que si el mundo se desplomara sobre su cabeza no abriría la boca para preguntar a qué venía tanto estruendo, ahora sufre y suda y si pudiera hasta lloraría sólo porque otros se dedican a algo que para él es odioso: ¡pasear!

—Todavía no acabas de darte cuenta de que no estoy bromeando. ¿Acaso no has observado síntomas siniestros? —preguntó con enojo.

—No sé…, me ha parecido…, bueno… Pero ¿a qué síntomas te refieres? —pregunté.

—Al continuo bostezo, al aire reflexivo, a la melancolía, a la falta de sueño y de apetito, a la palidez y, al mismo tiempo, a unas extrañas manchas en la cara y algo salvaje en los ojos, algo muy raro.

—Precisamente he venido a preguntarte al respecto.

—Pues ahora se trata de que lo entiendas y de que lo sepas: apenas se acuerdan de los bosques, de los campos, de los pantanos y de los lugares retirados, aparecen todos estos síntomas y se apodera de ellos la melancolía; sufren constantes escalofríos y nada de eso cesa hasta que logran satisfacer su desastroso deseo: se ponen en movimiento a toda velocidad con apenas lo indispensable y no reparan en nada; es como si todos los diablos del infierno los instigaran o estuvieran persiguiéndolos.

—¿Y adónde van?

—A todas partes: en treinta verstas a la redonda de Petersburgo no existe un solo matorral que ellos no hayan visto, por no hablar de los lugares que todo el mundo visita, como Peterhof o Párgolovo. Ahora van en busca de parajes perdidos para poder, oye bien lo que te digo, estar en contacto con la naturaleza, respirar aire puro, huir del polvo, y... ¡sabe Dios cuántas cosas más! Escucha a Maria Alexándrovna, te contará mil historias: según ella, los mercados y los restaurantes son asfixiantes. ¡Imagínate! ¡Qué injusticia! ¡Qué pésima ingratitud! ¡Asfixiarse en los mercados y en los restaurantes, donde la salud halla refugio y se puede disfrutar de una plácida dicha! ¡Huir del lugar donde se dan cita las obras maestras de los dos reinos más ricos de la naturaleza: el animal y el vegetal! Asfixiarse con el aire de esos recintos, donde a la comida, la más dulce de las necesidades, se le construyen magníficos palacios y se le erigen auténticos altares! Dime con toda sinceridad, ¿existe un lugar más suntuoso que la plaza Sénnaia?[7] ¿En qué desmerece la exposición de obras naturales que en ella puede admirarse, con respecto a cualquier exposición de obras de arte? Y, por último, ¡huir del placer que es lo único que no huye de nosotros y, siempre joven, eternamente fresco, nos cubre día a día con flores nuevas e imperecederas! Todo lo demás es un espectro; todo es precario, inconstante; las otras alegrías se alejan de nosotros en cuanto las alcanzamos, mientras que aquí, si algo pensara en alejarse, una bala bien dirigida volaría hacia adelante, a la voz del caprichoso deseo, y reduciría a la insolente criatura. Para qué todas estas comodidades y amplios medios si no es para deleitarse con agradecimiento y...

Al ver que Tiazhelenko se entregaba a las delicadezas de la gastronomía, una ciencia que él había cultivado con éxito

---

[7] En el siglo XIX allí se encontraba uno de los principales mercados de San Petersburgo.

tanto teórica como prácticamente, según me había demostrado dos veces en una sola mañana, lo interrumpí.

—Te has olvidado de los Zúrov —le dije.

—¿Qué más quieres que te diga? ¡Es una familia que ya no tiene remedio! El más común de los paseos que da Alexéi Petróvich —continuó— consiste en un recorrido que casi excede el total de los paseos que yo he hecho a lo largo de mi vida. Él, por ejemplo, sale de la calle Gorójovaia y se dirige al monasterio Nievski, de ahí a la isla Kámenni donde pasea, pasea y pasea y, finalmente, pasa a la isla Krestovski, de la Krestovski a través de la calle Koltóvskaia va a la isla Petrovski, de Petrovski a la isla Vasílevski y de ahí de regreso a la calle Gorójovaia,[8] ¿qué te parece? ¡Y todo a pie, deprisa! ¿No es un horror? ¡Es espantoso! A veces, en plena noche, cuando todo el mundo está acostado, los ricos, los pobres, las fieras, los pájaros...

—Tengo la impresión de que los pájaros no se acuestan —observé.

—Ah... Bueno, es igual. Ay, pero, ¡pobrecitos! ¿Qué razón habrá tenido la naturaleza para privarlos de tan inocente deleite? Perdón, ¿dónde estaba?

—En los pájaros.

—Sí, pero tú dices que los pájaros no se acuestan. A ver, ¿quién más se acuesta?...

—Querido Tiazhelenko, ¿no podrías hacer las cosas más sencillas? Quiero decir, ¿podrías no desviarte tanto del tema? Te vas a fatigar...

—Cierto, cierto. Gracias por recordármelo. Pero, a ver, permíteme, creo que será mejor que me recueste: me será más sencillo.

Se echó sobre la almohada y continuó:

—Bien, hay noches en las que Alexéi Petróvich se levanta de repente de la cama, sale al balcón y acto seguido despierta a su mujer: "¡Qué noche tan maravillosa, Maria Alexándrovna! ¿Qué te parece si salimos?" Y de pronto... ¡ya nadie tiene sueño! La

---

[8] En total, alrededor de 20 kilómetros.

casa entera se pone en pie. Se visten a toda prisa y salen corriendo acompañados de dos fieles sirvientes, ¡ay!, también infectados. En otras ocasiones, yo mismo lo he presenciado, en plena comida, en el momento más grato de la existencia, entre los entremeses y el asado, cuando los primeros arrebatos de hambre han quedado atrás pero la expectativa de nuevos placeres no se ha debilitado todavía, de pronto Alexéi Petróvich grita: "¿Qué les parece si vamos al campo a terminar de comer el segundo plato?" A la idea le sigue, irremediablemente, la acción, y el asado y los panecillos vuelan al campo, y yo, solo, con lágrimas en los ojos, vuelvo a casa. En una palabra, hermano, jamás ningún entusiasta del mujeriego profeta deseó con tanta avidez llegar a la Meca, ni ninguna anciana de Moscú o de Kostróm anheló con tanto ahínco respirar la santidad de las cuevas de Kíev.[9]

—Con semejante pasión por la naturaleza, lo mejor sería que vivieran en una casa de campo o en una aldea —dije.

—Así vivían antes, pero los hijos crecieron; sus estudios y otras circunstancias de envergadura los retienen ahora en la ciudad. Si sólo fueran ellos quienes cargaran con el peso del "mal del ímpetu"... Pero no es así: por todas sus cualidades, hay mucha gente que busca relacionarse con ellos, y los que pasan el verano aquí... están perdidos. ¡Es una desgracia! El viejo profesor ha comenzado a sentirse melancólico, ha perdido el apetito y el sueño; su sobrina Zinaída se ha visto privada de varios admiradores a quienes no sedujo su más reciente particularidad: el bostezo; y la encantadora esposa del diplomático no está a gusto si un año tras otro no va, durante los meses de estío, a sumergirse en las aguas termales.

—Creo que eres tú quien está enfermo —dije—, de oír tantas tonterías me han dado ganas de dormir.

—Algo que jamás te impediría —respondió Tiazhelenko con desagrado—, como tampoco interferiría en tu decisión de creerme o no.

---

[9] Se refiere al monasterio de Kíevo-Pechersi, fundado en 1051.

—Bueno, no te enojes, querido. Mejor dime, ¿cómo pretendías ponerme a salvo y dónde se encuentra la raíz del mal?

—¡Cómo! ¿Acaso no te lo he dicho todavía? Verenitsyn, hermano: ¡él es el culpable de todo! ¡Él contagió a los Zúrov!

—¡No es posible! Parece una persona tan entregada a ellos...

—Sí, sí —me interrumpió Nikon Ustínovich—, es una persona excelente, y le gusta comer, ¡pero es así! Hace alrededor de ocho años realizó un viaje por Rusia, estuvo en Crimea y en Siberia y en el Cáucaso... ¡Qué manía tiene la gente de andar por el mundo! ¡Como si aquí no hubiera qué comer! Finalmente se aisló en los alrededores de Orenburgo y allí estuvo viviendo, pero hará unos cuatro años volvió con el carácter transformado y "el mal del ímpetu". Como siempre, visitaba a los Zúrov todos los días y, todos los días, inyectaba un poco de ponzoña en sus cerebros, hasta que acabó por envenenarlos. Porque los que están cerca, auténticamente cerca de él, son quienes con mayor facilidad se contagian.

—Y dime —pregunté yo—, ¿has intentado investigar la causa de esta rareza?

—¡Por supuesto! Se lo he preguntado a él mismo, pero siempre responde con vaguedades, se vuelve con desagrado y farfulla entre dientes: "Es así, un mal". Por otro lado, la administradora de los Zúrov, Anna Petrovna, una buena amiga mía, me comentó en secreto que cuando Verenitsyn vivía cerca de Orenburgo, iba con frecuencia a la estepa y allí se enamoró de una joven calmuca o tártara, ¡no se sabe! Y es que... ¡así es él! Nunca lograrás arrancarle una palabra coherente. Intenta interrogarlo alguna vez: "Dígame, Iván Stepánovich, ¿ha comido usted hoy? ¿Con qué manjares se ha deleitado?", no te lo dirá jamás: ¡es el hombre más reservado del mundo! Anna Petrovna asegura que incluso vivió con tribus nómadas y engendró dos hijos a los que nadie sabe dónde metió.

"¡No es difícil entender que haya adquirido la afición por el campo después de haber vivido en la estepa! Y que eso lo seduzca de una manera tan singular tampoco es sorprendente:

los hechiceros asiáticos siempre fueron más sabios que los europeos. ¿Has leído lo que se escribe a propósito de los magos árabes? ¡Prodigios! Quizá la joven calmuca lo hechizó movida por los celos. Pasa a verlo alguna noche: ¡los malditos lo miran siempre a los ojos!

—¿Qué malditos?

—¡Los gatitos! Dos en el pecho, dos en la mesa, dos en la cama... Pero durante el día desaparecen. Piensa lo que quieras, pero aquí hay algo muy raro.

—¿Y no te da vergüenza creer tantas tonterías?

—Yo no creo nada, sólo estoy repitiendo las suposiciones de Anna Petrovna.

—No obstante, hasta el momento no me has dicho por qué tú no te has contagiado y si existe algún remedio para salvarse.

—No existe un remedio único; cada uno debe inventar el suyo. A mí me previno el desaparecido coronel Trujin, que tampoco sucumbió al "mal del ímpetu". Era un joven astuto y en cuanto Verenitsyn comenzó a engatusarlo, este sintió que algo anormal sucedía en su interior y echó mano de todas sus fuerzas para escapar a la desgracia. Afortunadamente, se acordó de un poema que infundía una honda tristeza en Verenitsyn. El coronel se puso a recitarlo, el otro cayó desmayado y él se salvó. A partir de ese momento Verenitsyn jamás cedió a la tentación de contagiarlo, aunque ahora hace todo lo posible por conseguir sus fines y, como un diablo tentador, se introduce subrepticiamente en el alma, la adormece, la lleva hasta la pérdida del conocimiento, y entonces se apodera de ella mediante sus hechizos; no sé si da a sus víctimas algo de comer o de beber... Cuando vi que se preparaba para envolverme en sus redes infernales, me puse a idear la forma de derrotarlo con algo extraordinario, cosa que Trujin me había recomendado de manera muy especial. Pensé y pensé y finalmente, adivina con qué logré vencerlo.

—No sé —respondí.

—¿Te acuerdas de mi voz?

—¿Tu voz? Perdón, ¿qué dices?

—¿Será posible que no la recuerdes? Espera un momento, te cantaré alguna cosa. Estiró los labios, infló las mejillas y se estaba preparando para dejar salir una retahíla de sonidos pecaminosos, cuando de pronto me acordé de aquel característico rechinido de ruedas sin engrasar: la sola evocación me produjo un sonido tan estridente en los oídos que comencé a agitar las manos y, casi desgañitándome, grité:

—¡Me acuerdo! ¡Me acuerdo muy bien! Por favor, te lo suplico, no empieces. ¡Una voz excepcional!

—Bueno, pues esa misma —dijo él—. Aunque mi patria es famosa por sus timbres melódicos, ¡en todas las familias hay alguna oveja negra! Así que en cuanto Verenitsyn quiso comenzar a engatusarme, me puse a cantar a pleno pulmón: él se tapó los oídos y desapareció. También tú debes inventar alguna salida, sólo recuerda que es indispensable aturdirlo desde el primer momento, de otro modo, ¡estarás perdido! Más tarde los Zúrov se dieron a la tarea de enredarme e intentaban convencerme de que diera una vuelta por el Jardín de Verano, seguramente con la intención de seducirme y, de allí, llevarme al campo. Les costó mucho arrancarme el sí, pero finalmente fuimos. En cuanto me di cuenta de sus malignos propósitos, comencé a buscar un lugar donde refugiarme, ¿y qué crees que encontré? ¡Un puesto de embutidos a unos cuantos pasos! No lo pensé dos veces: ellos se distrajeron charlando y yo me zambullí en él. No conseguían adivinar dónde me había metido: miraban aquí y allá, a un lado y a otro, y mientras tanto yo me asomaba por la ventana y me moría de risa. Esto es todo lo que te puedo decir a propósito del "mal del ímpetu", no me hagas más preguntas. Mírame a la cara: ¿percibes hasta qué punto ha sido violada mi tranquilidad con estos recuerdos dolorosos y este prolongado relato? Entiéndelo y respeta la magnitud del sacrificio que he hecho en aras de la amistad; no alteres mi quietud y aléjate. ¡Eh, Voloboienko! —le gritó a su criado–, ¡agua! Rocíame la cabeza, baja las cortinas y no me molestes con ningún asunto hasta la hora de la comida.

En vano intenté hacerle otras preguntas: se mantuvo inflexible y guardó religiosamente un obstinado silencio.

–Adiós, Nikon Ustínovich.

Hizo un gesto con la cabeza sin decir palabra y así nos despedimos.

"¿Quién será el enfermo? –me preguntaba yo al salir de allí–. Seguramente Tiazhelenko. ¡Qué cantidad de sandeces ha estado diciendo a propósito de los Zúrov, que son tan amables y tan generosos! ¡Cómo me voy a reír con ellos recordando la holgazanería de nuestro amigo!"

Tras pasear un poco más, volví a casa de los Zúrov, y aunque la hora de la comida estaba cerca, ni los criados ni los señores pensaban en ello. Alexéi Petróvich y los hijos mayores se dedicaban a poner en orden el aparejo de pesca; Maria Alexándrovna escribía algo. Eché un vistazo al papel y leí en la parte de arriba una inscripción escrita con grandes letras: "Registro de los enseres de plata, de los manteles y servilletas y de la vajilla que se ha dispuesto para las salidas al campo durante este verano".

"¡Caramba! –pensé–, los preparativos van en serio."

Y un poco más allá, Fioklusha zurcía unos calcetines grises, del color del polvo, también destinados a los paseos. Maria Alexándrovna me dio la bienvenida con un bostezo.

–Iván Stepánovich lo está esperando en la sala de billar –dijo–. Todavía es temprano: le gustaría jugar con usted una partida.

Verenitsyn me recibió con el mismo aspecto con el que un mercader lo recibe a uno en su tienda o un sastre en su taller, es decir, con la esperanza de hacerse con un botín. Cogimos los tacos y nos pusimos a jugar. De pronto, mientras jugábamos, no pude evitar mirarlo fijamente: bostezaba y me observaba con expresión melancólica.

–¿Qué le sucede? ¿Qué tiene? –grité, y corrí hasta donde se encontraba.

—Nada, continúe jugando —dijo con voz de bajo—, cuarenta y siete y treinta y cuatro.

—No —respondí—, terminaremos la partida más tarde, ahora permítame descansar: he caminado mucho.

—¡Magnífico! Sentémonos en el sillón.

Nos sentamos. Apoyé la cabeza en el cojín. Él, acercándose a mi oído, comenzó a cuchichear algo en voz tan queda que yo no lograba entender ni una sola palabra. Acabé por aburrirme: empezó a vencerme el sueño.

—¿Duerme? —preguntó inquieto.

—Ca...si... —farfullé adormilado.

—¡Ah, no se duerma, por favor! Tengo muchas cosas de qué hablar con usted, apenas he comenzado.

—Dis... cúl... pe... me..., no... pue... do...

No recuerdo qué pasó después: me quedé dormido; entre sueños oí que él, al irse, refunfuñaba exhalando un suspiro:

—¡De nuevo no ha habido suerte! Se quedó dormido sin haberme escuchado. Por lo visto no podré seguir propagando mi mal. Tendré que arrastrarlo eternamente solo y contentarme con mis únicos compañeros, los Zúrov.

No sé cuánto tiempo dormí; el lacayo me despertó cuando ya todos estaban sentados a la mesa.

"Dijo: de nuevo no ha habido suerte —pensé—. ¿Será verídico el relato de Tiazhelenko? ¡Pobres Zúrov! Y yo... todo parece indicar que me he librado del embaucamiento del demonio gracias a una bendita siesta de carnero."

En la comida, además de los Zúrov, estaban Zinaída y su tío. Al principio fluía animadamente entre los comensales una conversación que giraba alrededor de distintos temas; pero hacia el final de la comida, de pronto Alexéi Petróvich comenzó a bostezar de manera desenfrenada, y todos se contagiaron del bostezo, menos yo.

—¿Cuándo iremos al campo? —preguntó Alexéi Petróvich, dirigiéndose a Verenitsyn.

—Pasado mañana —respondió este.

—¡Abuela! —gritó Volodia—, ¿qué tiempo hará pasado mañana?
—Nublado —respondió la anciana.
—¡No importa! —exclamó Maria Alexándrovna—. Podemos ir aunque llovizne.
—¡Tenga la bondad! —exclamé yo—, espere por lo menos a que llegue mayo: ahora hace frío, todavía no hay hierba en los campos. No se puede salir de excursión en pleno abril, ¡y menos todavía con su salud!...
—¿Qué tiene mi salud? —me interrumpió—. Con frecuencia me encuentro bien. Acuérdese: el día de mi santo, dos días después de Navidad y tres días durante la Cuaresma me sentí bien, ¿qué más se puede pedir?
—¿Vendrá usted con nosotros? —me preguntó Alexéi Petróvich—, nos lo había prometido.
—Claro que estoy dispuesto a compartir con ustedes este entretenimiento —respondí—, pero no antes del mes de junio, ni continuamente y haga el tiempo que haga, como lo están planteando. No comprendo cómo no les aburre salir con tanta frecuencia al campo: ¿qué hacen allí?
—¡Será posible! —gritaron a coro—. ¡Hay mil cosas qué hacer en el campo!
Y comenzaron:
—Sentarse al sol con la cabeza descubierta y pescar —gritó fuera de sí Alexéi Petróvich.
Fiokla: Comer mantequilla y crema y recoger bayas y setas.
Zinaída: Mirar el azul del cielo, aspirar el aroma de las flores, contemplarse en la corriente del agua, errar por el césped que cubre los campos.
Verenitsyn: Caminar fumando una pipa hasta acumular cansancio; observarlo todo con aire meditabundo y asomarse a todos y cada uno de los barrancos.
La abuela: Sentarse en la hierba y comer pasas.
El hijo mayor, estudiante: Masticar una corteza de pan duro, pasarlo con ayuda de un trago de agua y leer a Virgilio y a Teócrito.

Volodia: Trepar a los árboles, coger los nidos y hacer caramillos con las ramas.

Maria Alexándrovna: En resumen, deleitarse con la naturaleza en toda la extensión de la palabra. En el campo el aire es más limpio y las flores más aromáticas; allí el pecho se agita con un entusiasmo desconocido; allí la bóveda celeste no está empañada por el polvo, que se eleva en nubes desde los asfixiantes muros urbanos y las hediondas calles; allí la circulación sanguínea es mejor, el pensamiento más libre, el alma más luminosa, el corazón más puro; allí el hombre conversa con la naturaleza en su propio templo y, rodeado de campos, llega a conocerla en toda su grandeza...

¡Y siguió! ¡Y siguió! ¡Dios mío! ¡Qué sufrimiento! Me di cuenta, por fin me di cuenta de que Nikon Ustínovich tenía razón. ¡Esta familia ya no tiene remedio! Dejé caer la cabeza sobre el pecho y guardé silencio, ¿de qué habría servido que los contradijera? ¡Un hombre solo no puede luchar contra toda una multitud!

A partir de ese momento me convertí en un triste espectador de la evolución del "mal del ímpetu". A veces se me ocurría intentar librarlos aun en contra de su voluntad, aunque sólo fuera por poco tiempo, de aquella seducción diabólica: cerrar la puerta justo en el momento en que estuvieran a punto de salir o lanzarme en busca de los médicos más famosos y, despertando primero su interés y luego su compasión, rogarles que ayudaran a los desdichados mártires. Pero eso habría significado enemistarme con ellos para siempre, porque no habían perdido el juicio y, cuando no se mencionaban los paseos, seguían siendo los "Zúrov de invierno", es decir, eran tan amables y generosos como en los meses invernales.

No voy a importunar al lector con la descripción de los distintos matices y casos particulares del "mal del ímpetu": en el relato de mi amigo Tiazhelenko, que he reproducido casi literalmente, se encuentra la noción general de esta dolencia, y a mí sólo me queda añadir, para mayor claridad y precisión, la crónica de uno o dos de los paseos, los más reveladores del estado enfermizo en el que se encontraba el alma de mis conocidos. Cada paseo se distinguía, invariablemente, por alguna aventura en particular: o porque se rompía el eje de la calesa y ésta volcaba, y de ella, como del cuerno de la abundancia, brotaban y se esparcían los más diversos objetos en un desorden prodigioso: cacerolas, huevos, carne asada, caballeros, tazas, bastones, chanclos, damas, un samovar, bollos, sombrillas, cuchillos, cucharitas; o porque una lluvia de varios días y el cansancio acumulado los obligaban a buscar refugio en alguna cabaña que se convertía en un divertido escenario dada la diversidad que albergaba: terneros, niños, estanterías vacías, paredes mugrientas, hombres rusos y fineses, cucarachas, cazuelas, platos, damas rusas y de origen finlandés, abrigos femeninos, impermeables, ropones campesinos, elegantes sombreros de mujer y calzado rural, todo colocado sin ningún orden, formando un variopinto divertimento. Además de la peripecia principal, solían tener lugar pequeños e impredecibles accidentes: alguno de los niños caía al agua, Zinaída Mijáilovna mojaba por error su esbelto piececito en un cenagoso cauce... Pero ¿acaso es posible referir todo lo que sucedía durante sus incursiones a campos y bosques? ¿Y acaso podría haber sido diferente tomando en cuenta que estos infelices, aun cuando nadie los empujaba, se lanzaban al encuentro de tanta incomodidad? Recuerdo que una mañana, cuando el tiempo todavía era bueno, nos pusimos de acuerdo para ir a Strelna después de la comida y visitar el palacio y los jardines. Mientras comíamos, un nubarrón plomizo cubrió el cielo y a lo lejos retumbó un trueno. Los estampidos sonaban cada vez más cerca hasta que, finalmente, se soltó un chubasco terrible. Yo me alegré pensando que sin duda alguna el paseo quedaría aplazado, sobre todo porque el aguacero no tardó en convertirse en una lluvia fina y persistente; pero mi alegría fue vana: a eso de las cinco se aproximaron a la escalinata varios carruajes de alquiler.

—¿Qué significa esto?

—¿Cómo qué significa? ¿Y Strelna? —exclamaron a coro.
—¿Pero quién se va a atrever a ir con un tiempo como este?
—¿Qué le ocurre al tiempo? Sólo está lloviendo.
—¡Y les parece poco! Podemos coger frío, constiparnos y morir.
—¿Y qué importa? ¡A cambio, habremos paseado! Llevamos cinco paraguas, siete capas impermeables, doce pares de chanclos y...
—¡Y las cañas de pescar! —añadió Alexéi Petróvich.

No tuve alternativa; les había dado mi palabra y fui. Diluvió hasta la mañana siguiente, y por eso al llegar a Strelna, en vez de visitar el palacio, nos vimos obligados a entrar en una taberna en la que tuvimos el placer de degustar un té de muy extraña consistencia, color y sabor y de deleitarnos con un correoso bistec.

A partir de ese momento comencé a espaciar mis visitas a los Zúrov, porque gracias a aquellos paseos caí enfermo en tres ocasiones y, por otro lado, con frecuencia no los encontraba en casa, y si los encontraba, siempre estaban atareados preparando algún paseo, o descansando de ellos; aunque lo habitual era que estuvieran indispuestos. Sin embargo, a pesar de todo, no perdía la esperanza de que sanaran y pensaba que los consejos de los amigos, la ayuda de los médicos y, finalmente, la salud que se les escapaba acabarían por destruir la raíz de su infortunada monomanía. Pero, ¡ay!, qué cruelmente equivocado estaba. La descripción de los siguientes tres ataques, o —según la denominación que ellos les daban— tres paseos, será suficiente para mostrar hasta qué punto "el mal" se había apoderado de aquellos infelices.

En una ocasión llegué a visitarlos por la noche y me asombró el silencio que reinaba en esa casa donde las alegres exclamaciones, las risas y los sonidos del piano se sucedían ininterrumpidamente. Le pregunté al sirviente cuál era el motivo de aquel incomprensible silencio.

—Ha ocurrido una desgracia, señor —respondió en un susurro.

—¿Qué desgracia? —pregunté alarmado.
—La vieja señora ha tenido a bien perder la vista.
—¡No es posible! ¡Dios! ¡Pobre abuela! ¿Cómo ha sucedido?
—Ayer, durante el paseo, tuvo a bien sentarse largo rato al rayo del sol y mirarlo fijamente, y cuando llegó a casa, tuvo a bien dejar de ver.

Alexéi Petróvich me recibió en la sala y confirmó lo que me habían dicho añadiendo, además, que lamentaba lo de la abuela sobre todo porque esta circunstancia paralizaba temporalmente los paseos. Yo meneé la cabeza cinco veces: una de ellas intentaba expresar mi compasión por la abuela y cuatro mi indignación por las palabras de Alexéi Petróvich.

"Bueno —pensé—, a ver si así se sosiegan por lo menos cuatro días. Cómo me alegro; tal vez con esto se vayan tranquilizando poco a poco."

Acompañado de estas consoladoras reflexiones me fui a casa y me acosté a dormir.

A la mañana siguiente, antes de las seis, distintas voces entremezcladas y el ruido de muchos pasos en la acera me despertaron y me obligaron a levantarme. Suponiendo que se trataba de algún incendio que se hubiera declarado por los alrededores, me asomé a la ventana, ¡y qué fue lo que vi! Alexéi Petróvich sin gorro, con los cabellos flotando al viento y una alegría salvaje en los ojos, devoraba a grandes zancadas el espacio; llevaba puesto un impermeable que se hinchaba con el aire como si fuera una vela; en las manos tenía dos cañas de pescar con sus aparejos. Detrás de él venían los niños, uno más pequeño que otro, saltando llenos de alboroto, algunas veces rezagados y otras adelantándose. Me quedé petrificado. Hasta entonces "el mal" no se había manifestado de una manera tan violenta. Miré de nuevo: la pandilla entera se había detenido y se había puesto a bostezar frente a mis ventanas.

—¿Adónde dirigen sus apresurados pasos, miserables, y por qué perturban la tranquilidad del prójimo? —les espeté con voz inspirada.

En aquel momento me parecieron seres excepcionales en los que estaba impreso el sello de la maldición y creí necesario utilizar, como se hace en esos casos, un lenguaje especial para dirigirme a ellos.

—¡Iremos andando a Párgolovo! —gritaron a coro.

—¿Será posible? ¿Y la abuela?

—¡Que la zurzan! Era imposible resistirse a salir. Mi esposa se ha quedado con ella. Venga con nosotros.

—¿Pero están en sus cabales? ¡Hasta Párgolovo hay doce verstas!

—Entonces, ¿no viene?

—¡Por nada del mundo!

—¡Uh, uh, uh! —aullaron al unísono y reemprendieron el camino.

Los miré mientras se alejaban y dos gruesas lágrimas se desprendieron de mis pestañas. "¿Por qué pesará sobre ellos este castigo divino? —pensé—. ¡Dios!, tus caminos son inescrutables."

Unas tres horas más tarde, la densa niebla que desde la medianoche se había extendido sobre la ciudad se transformó en una copiosa lluvia y se desató un viento helado del norte. Me acordé de aquellos desdichados y la compasión me impidió permanecer indiferente a su muerte. Me vestí a toda prisa; como no conocía a ningún médico llevé conmigo a un barbero, y en un carruaje veloz me lancé en su persecución para ofrecerles ayuda, algo que, supuse, les sería indispensable, y no me equivocaba.

No los encontré en Párgolovo, pero por los campesinos me enteré de que se habían alejado unas siete verstas en busca de cierto lago donde pescar con sus cañas y que habían elegido, para llegar hasta allí, una vereda pantanosa en vez del camino transitable. No tuve opción; lo único que podía hacer era seguir sus huellas. Pronto descubrí indicios de su paso por el lugar: gorras y guantes extraviados, esas minucias que, en opinión de Alexéi Petróvich, en los paseos sólo molestaban. Finalmente los encontré: Alexéi Petróvich se hallaba sentado en la orilla del lago: los ojos sin brillo, las piernas colgando metidas en el agua hasta la rodilla y la caña de pescar entre las manos. Dormitaba y estaba delirando porque la sangre le iba de los pies a la cabeza. A su lado yacía una perca con la boca abierta, y un poco más lejos, uno por aquí y otro por allá, exactamente en la misma posición que el pescado, estaban los niños, ateridos de frío: tenían las botas llenas de agua y la ropa empapada por la lluvia. El barbero, tras media hora de intentarlo, logró por fin reanimarlos y luego corrió a la aldea más cercana y alquiló tres rústicas carretillas, en las que acomodó a Alexéi Petróvich y a las criaturas, los cubrió con unas mantas de algodón y los llevó a la ciudad en un estado lamentable.

Después de esta aventura no fui a visitarlos durante dos largas semanas. Finalmente, el domingo por la mañana entré en el vestíbulo de su casa. Allí, los dos lacayos, sin lugar a dudas contagiados y haciendo gala de una cantidad extraordinaria de síntomas siniestros, discutían sobre cuál era la mejor manera de salir de paseo y disfrutar del aire puro: si en el pescante posterior o al lado del cochero, en la parte delantera del carruaje. "Ajá, otra vez van mal las cosas —pensé—, han vuelto a las andadas." Desde la sala se dejó oír la voz de Alexéi Petróvich: estaba ordenando que trajeran los carruajes. Yo, sin detenerme a pensar, puse pies en polvorosa, aunque con la intención de volver por la noche para comprobar que no les hubiera ocurrido nada, es decir, que nadie hubiera muerto, o se hubiera resfriado, o se hubiera ahogado, o hubiera perdido la vista, etcétera. Llegué un poco después de las nueve y no pude menos que lanzar una dolorosa exclamación motivada por la sorpresa: no se parecían en nada a ellos mismos. Me quedé pasmado al ver unos rostros pálidos y angulosos, los cabellos en desorden, los labios agrietados y las miradas perdidas. Cualquier persona que ignorara el motivo podría haber pensado que habían sido víctimas de una horrenda tortura, y en realidad habrían podido, con toda dignidad, bailar la danza de los muertos en *Roberto el diablo*.[10] Maria

---

[10] Ópera de Giacomo Meyerbeer compuesta en 1831.

Alexándrovna estaba en cama y apenas podía respirar; en su mesita de noche había multitud de frascos y de pomos con alcoholes y con distintos tipos de medicamentos para recobrar la fuerza y la serenidad. En el comedor, los dos sirvientes enfermos, igualmente pálidos y extenuados, ponían la mesa.

—¿De dónde vienen? ¿Qué les ha pasado? —fueron mis primeras preguntas.

—El paseo ha sido maravilloso —respondió Zúrov casi sin aliento—. Ahora se lo contaremos.

—Espere, tranquilícese primero, está usted a punto de morir.

—¡Eh! ¡Comamos lo antes posible! Me muero de hambre.

—¿No será que quiere usted cenar?

—No, no, quiero comer.

—¡Cómo comer! ¿No han comido todavía?

—Todavía no. Primero no hubo tiempo: estuvimos caminando sin parar y hasta llegamos a sentir un poquitín de cansancio, y luego, cuando tuvimos hambre, los campesinos no nos ofrecieron más que leche, y nosotros sólo llevábamos panecillos salados porque esperábamos volver a casa para comer. Así que no hemos comido todavía. Pero ¿acaso importa? ¡Si supiera lo espléndidamente bien que hemos paseado!

—¿Dónde han estado? —pregunté.

—Más allá de Sréndaia Rogatka, a cinco verstas del camino principal, en un lugar prodigioso.

—¡Ah, qué lugar! —dijo con una voz apenas audible Maria Alexándrovna, y se tomó unas gotas—. ¡Qué paisajes! Es una lástima que no haya venido usted con nosotros. ¡Cómo puede la naturaleza ser tan juguetona y magnífica al mismo tiempo! Cuéntaselo tú, Zinaída, yo no puedo.

—Imagínese —comenzó Zinaída— la arenosa pendiente de una montaña más que pintoresca sobre un canal; en la pendiente crecen tres pinos y un abedul, exactamente como en la tumba de Napoleón, como con toda justicia nos hizo notar Iván Stepánovich; más allá se ve un lago que unas veces se agita con el viento como un velo de organdí, y otras se sosiega y

149

permanece inmóvil, liso y resplandeciente como un espejo; en sus orillas se apretujan pequeñas cabañas que parecen dispuestas a saltar al agua: ¡aquello es un refugio para la felicidad sencilla, para las labores, el gozo, el amor y las virtudes familiares! A través del lago, de una escarpada orilla a la otra, con un arte sorprendente y una audacia dignas del mejor ingeniero, hay tendido un puente de varas largas y ligeras, cubierto... ¿de qué, *mon oncle*? Lo ha dicho usted hace poco, pero lo he olvidado.

—De estiércol, querida —respondió el profesor—, la cosa más simple del mundo.

—Sí, puede ser; sólo que esto da al paisaje un aspecto especial, extraordinariamente pintoresco, y hace pensar en Suiza, y también en China. ¡Por desgracia la naturaleza aun allí, tan lejos de la muchedumbre, tampoco está libre del sucio roce de la gente! Imagínese: en ese idílico lago, en el que se tiene la impresión de que ni el más ligero vientecillo se atrevería a respirar, es donde los soldados lavan su ropa y la superficie entera se cubre de espuma.

—Es decir que el lago no es más grande que esta habitación —observé—, ya que el jabón cubre su superficie.

—No, es más grande —contestó Zúrov indeciso.

—El tiempo aquí es espléndido —continuó Zinaída Mijáilovna—, pero allá era dos veces mejor: hacía un calor tórrido...

—Sí, sí, qué calor hacía —recordó Alexéi Petróvich—, yo tenía la boca seca. Ah, ¡qué maravilla! ¡qué prodigio! ¡Adoro el calor! Por el camino he perdido la gorra y he tenido que pescar con la cabeza descubierta.

—Con toda seguridad lo ha hecho por respeto a los peces —dije.

—No, de ninguna manera. No había peces: solo picaban las ranas. Pero créame, eso no tiene ninguna importancia. ¿Entiende usted el gozo desinteresado que supone sentarse a esperar a que se mueva el corcho sobre el agua? ¡Es usted un profano! Nunca podrá entender esta sensación divina. Para entenderla se necesita un alma sensible, no como la suya, y sentimientos más delicados.

Le pedí a Zinaída Mijáilovna que continuara, y ella comenzó de nuevo:

—Y bien, hacía un calor abrasador, como en el trópico; era un lugar abierto, no había sombra, no teníamos donde guarecernos: ¡Arabia auténtica! ¡Y qué aire! ¡Como en el sur de Italia! Un aroma embriagador llega hasta allí desde los más diversos puntos... Y aun en ese lugar prodigioso la gente destruye la armonía: donde reina un olor exquisito, donde debajo de cada hoja los insectos disfrutan de la vida, donde el viento acaricia cada minúscula flor y las aves entonan en armonioso coro un himno de alabanza al Creador, aun allí las personas pululan como gusanos, y hasta allí han llevado sus mezquinas preocupaciones: esclavos de necesidades despreciables y prisioneros del cálculo, humillan a la naturaleza subyugándola. Imagínese que en este trozo de paraíso terrenal han instalado una... ¿qué fábrica, *mon oncle?* Otra vez lo he olvidado.

—Para derretir grasas —respondió el viejo—. Te olvidas de las cosas más elementales.

—¡Eso sí que es molesto de verdad! —gimió la abuela—. Estuve a punto de asfixiarme con el humo y la peste... ¡que el Creador se apiade de nosotros!

—¿Por qué llevan a la pobre anciana? —dije yo a media voz—. Acaba de salir de una enfermedad, y además ya no tiene edad de andar trotando de un lado para otro.

La abuela lo oyó.

—¿Qué te mueve, padrecito, a incitarlos a que no me lleven? —farfulló indignada—. Yo también soy un ser vivo. ¿Acaso crees que me gusta quedarme en casa?

—Bueno, y ustedes, niños, ¿cómo se sienten después del paseo?

—Yo tengo la cabeza a punto de estallar de tanto calor, pero si no fuera por eso, todo ha sido muy divertido.

—También para mí habría sido fantástico, si no fuera porque todo el día he tenido náuseas.

—Yo tengo la cara magullada, no me la puedo tocar.

—Y a mí el día entero me ha gruñido el estómago, no sé por qué —fueron diciendo uno a uno.

—¿Y Verenitsyn ha estado con ustedes?

—¡Por supuesto! El paseo ha sido idea suya.

—¿Y ahora dónde está?

—Se lo han llevado a su casa.

—¿Cómo que se lo han llevado?

—Ha caminado mucho; tiene las piernas baldadas.

—¡Ahí lo tiene! ¡Maravillosa manera de pasear! ¿Ve ahora —comencé mi prédica dirigiéndome a Alexéi Petróvich—, entiende ahora hasta dónde puede llevarlos esta pasión funesta? Es una enfermedad, ¿será posible que no se dé usted cuenta? Mire a su alrededor: Maria Alexándrovna apenas puede respirar; Zinaída Mijáilovna pierde el primoroso color de su cara y adelgaza en detrimento de su salud y de su belleza; los niños están al borde de la muerte; usted mismo, Alexéi Petróvich, ha acortado su vida por lo menos en diez años. ¡No siga! Se lo suplico, ¡no siga!

Él me miraba con aire pensativo y tuve la impresión de que se arrepentía. Me alegré. "Funciona —pensé—, ¡magnífico! ¡Ha bastado con tres palabras!"

—Un momento —gritó de pronto—, permítame decirle una cosa: en cuanto mi mujer y mis hijos se restablezcan de este paseo, organizaremos un picnic e iremos a Toksovo.

—¡Bravo! ¡Bravísimo! —estallaron todos al unísono.

Lo dejé estar; exhalé un suspiro y me dispuse a marcharme, no sin antes lanzar una implorante mirada a Fiokla Alexéievna.

—¡Usted vendrá con nosotros, vendrá sin falta! —me dijo Alexéi Petróvich—, de otro modo se romperá nuestra amistad.

—Acompáñenos —suplicó Zinaída Mijáilovna—, de lo contrario, de pura holgazanería engordará como su amigo Tiazhelenko y acabará pareciendo un trompo.

—¿Y cuál es el problema? Si eso sucediera no tendría que caminar, me trasladaría rodando de un lugar al otro. Nada mejor.

La mañana del día siguiente, y también las de los dos días sucesivos, recibí una nota en la que se me recordaba el picnic. Los contagiados lacayos llegaban a mi casa por turnos, y entre los sirvientes de los Zúrov y los míos comenzaron a crearse sospechosos vínculos. Inquieto por esa circunstancia y con el fin de sofocar el mal desde un principio, yo mismo me dirigí a casa de los Zúrov para ponerme de acuerdo con ellos sobre cómo y adónde ir. Quedamos en vernos al cabo de una semana y cuando les pregunté qué debía llevar, contestaron: "Lo que usted quiera."

Una vez más acudió a mi cabeza la idea de intentar salvarlos. Se trataba de un lugar alejado: no era difícil que aconteciera alguna desgracia y el único sano era yo. ¿Quién se haría responsable? ¿Y cómo prevenir el peligro? Podría lanzarme en busca del jefe de policía, contárselo todo con absoluta sinceridad y solicitar que un destacamento se emboscara y estuviera en observación, para que, en caso de desgracia, pudiera hacérsele una señal. Pero ponerse en manos de un jefe de policía significaría revelar aquel mal al mundo, y era algo que yo no quería hacer. Lo mejor sería pedir consejo a Tiazhelenko.

—¿Qué desgracia temes que ocurra? —preguntó.

—Por ejemplo, un incendio en el campo, por falta de precaución. Ya sabes que cuando se encuentran al aire libre no están en sus cabales: ponen el samovar, encienden un cigarrillo y luego lo tiran. Temo también que alguno de ellos se ahogue o sufra una gravísima contusión. ¿Acaso son pocas las cosas que pueden suceder?

—¡Bah! No te inquietes, no pasará nada. No han perdido el juicio. Lo único que necesitas es impedir que caminen demasiado, cuidar que no se resfríen y, lo principal, que no se queden mucho tiempo sin comer: ¡eso es lo realmente importante!

—¡Es imposible que yo pueda vigilarlos a todos! Escucha,

querido Nikon Ustínovich, tú nunca has sido ajeno a las buenas causas. Abandona por un día la pereza y ven conmigo.

Me miró con severidad, pero no dijo ni una sola palabra. Esto, sin embargo, no me disuadió: decidí intentarlo una vez más y —¡figúrense!—, para la tarde había conseguido arrancarle un sí, tras prometerle víveres y un carruaje.

El día acordado, a las siete de la mañana alcanzamos, ya fuera de los límites de la ciudad, al carruaje abierto en el que, además de los Zúrov, iban el viejo profesor y Zinaída Mijáilovna; atrás, en una calesa, iban los niños. Tiazhelenko llevaba consigo su manjar favorito: jamón; y yo, bombones y vino de Málaga.

Por el camino nos detuvimos por lo menos ocho veces: Maria Alexándrovna quería deleitarse con el aroma de alguna florecita que crecía junto a una isba; Alexéi Petróvich imaginaba que en la gran charca que se había formado con las lluvias debía de haber peces y lanzaba el anzuelo... Entretanto los niños, cada vez que hacíamos un alto en el camino, se atiborraban de comida. Pero como todo en el mundo tiene un fin, también nosotros llegamos finalmente a una aldea donde dejamos los carruajes y con ellos a uno de los sirvientes; el otro vino con nosotros. Alexéi Petróvich no tardó en perderse de vista junto con los dos hijos mayores; a la abuela, a causa de su ceguera, la sentaron en la hierba cerca de la aldea donde nos habíamos detenido, y Tiazhelenko, que apenas había dado unos doscientos pasos, cayó extenuado al lado de la anciana. Los dejamos allí y emprendimos el camino, y como dicen los cuentos, caminamos y caminamos y nuestro andar no tenía fin; baste con decir que bajamos a cinco valles, rodeamos siete lagos, escalamos tres colinas, descansamos a la sombra de setenta y un árboles de un extenso y espeso bosque y nos detuvimos en todos los lugares hermosos.

—¡Qué precipicio tan lóbrego! —comentó Maria Alexándrovna, asomándose a un barranco.

—¡Ah!, es cierto — añadió Zinaída Mijáilovna con un hondo suspiro—, más de un ser vivo debe de haber quedado atrapado en sus entrañas. Mire: allá, entre la bruma, blanquean unos huesos.

Y efectivamente, en el fondo había osamentas de distintos animales de bien, como gatos y perros, entre las que deambulaba Verenitsyn, amante apasionado de curiosear en todos los barrancos. En otro lugar, mi inolvidable Fioklusha encontró la ocasión de quedar prendada de la naturaleza.

—Subamos a ese majestuoso monte —dijo señalando un terraplén de arshina y media de altura—, desde ahí debe de haber una vista maravillosa.

Subimos y ante nuestros ojos se delineó una valla que servía de cercado a una fábrica de ladrillos.

—¡En todas partes hay gente, en todas partes! —exclamó enojada Zinaída Mijáilovna.

Pero en ese momento aconteció una pequeña desventura: Volodia saltó y fue a caer en una zanja; Maria Alexándrovna, asustada, se inclinó y corrió la misma suerte; Zinaída, movida por el miedo e intentando prevenir una desgracia, metió el pie en un canal y se hundió hasta la rodilla, lo que, por otro lado, le pasaba en casi todos los paseos. Verenitsyn, el sobrino de los Zúrov, y yo nos apresuramos a ayudar y los sacamos en un estado deplorable: a Volodia le salía sangre de la nariz, Maria Alexándrovna estaba llena de mugre, Zinaída Mijáilovna buscaba ansiosa la orilla del riachuelo para ponerse unas medias secas que, como por milagro, llevaba de reserva. ¡Qué formidable previsión! ¿Se les habría ocurrido a ustedes, muy señores míos, en un caso semejante, llevar de reserva unas...? Pero ¿para qué darle más vueltas? ¡Son cosas de mujeres!

La caminata nos fatigó en extremo; yo soñaba con descansar y comer.

—Es hora de comer —dije—, son las tres.

—Ah no, no, ahora tomaremos un té —respondió Maria Alexándrovna—. Comeremos al volver.

Sentí comezón en la frente y en la nuca al recordar que nos habíamos alejado unas ocho verstas de la aldea. El criado traía un samovar pequeño, té y azúcar. Me alegró verlo. Ahora sólo faltaba encontrar un lugar donde hallar refugio, y de pronto —¡oh felicidad!–, a una versta y media de nosotros, al lado de un escaso arroyuelo, apareció un molino. Ni dudarlo: ¡allá!

—¡El destino nos favorece! —dijo Maria Alexándrovna—. Con qué placer me voy a tomar un té mientras escucho el rumor del agua. La imaginación me llevará a las cascadas del Rin, a las orillas del Niágara. ¡Ah, si pudiéramos estar allá, respirar el aire de aquellos lugares!

—Todo llegará —susurró Verenitsyn.

Yo lo miré asombrado, pero él guardó silencio y se volvió rápidamente hacia otro lado. Muertos de cansancio, nos arrastramos hasta el molino. Un nativo del lugar, cubierto de harina, rótulo viviente de su oficio, nos recibió en la puerta con el gorro en la mano.

—Déjanos pasar, por favor, queremos descansar y tomar un té: te pagaremos.

—Está bien —contestó con indolencia.

Entramos y nos acomodamos en unos bancos abundantemente salpicados de harina. En vano intentamos mantener una conversación: el cansancio y sobre todo el estrépito de las ruedas del molino impusieron un enojoso silencio a nuestros labios.

El criado trajo el samovar y le pedimos tazas al rústico finlandés. Éste salió y al cabo de un minuto volvió con un inmenso tazón de madera. Intentamos explicarle qué era lo que necesitábamos y el perspicaz finés se dio un golpe en la frente y volvió con varios vasitos delgados y largos, de esos que nuestros campesinos utilizan para brindar. Todo esto comenzaba a producir una gran hilaridad en mí y un serio enfado en los otros. Las damas temían posar sus finos deditos en aquellas copas de cristal verdoso, pero no había otra alternativa: nadie había llevado tazas y la necesidad, es decir, una sed insoportable, obligaba a tocarlas no sólo con las manos, sino... —¡aun recordarlo me produce escalofríos!– con los labios. ¡Son insospechadas las extravagancias a las que la necesidad puede llevarlo a uno en ocasiones! Pero en este caso el destino fue compasivo y no osó ofender los delicados labios de las damas con un roce ilícito: Maria Alexándrovna pidió té; Andréi trajo un cofrecillo chino; lo abrimos y... ¡la sorpresa, el horror y el enojo nos hicieron lanzar un prolongado gemido! Imagínense: entre las hojas de té se encontraba, boca abajo, una tabaquera de hojalata abierta; el pobre Andréi la había puesto ahí por error y ¡el té se había mezclado con el tabaco! El silencio duró un segundo, al cabo del cual Maria Alexándrovna y Zinaída Mijáilovna, que tenían verdadera necesidad de un té, se echaron a llorar desconsoladamente; Fioklusha intentó separar la hierba adulterada, pero las hojitas verdes finamente picadas habían penetrado hasta el fondo del cofrecillo y, con eso, también de nuestros corazones. Únicamente Andréi no se sintió abrumado por su propia torpeza; cuando le caímos encima con nuestros reproches, él, con un enorme desagrado, dijo:

—¿Dónde está el problema? ¡Ni que fuera una cosa del otro mundo! ¡El té! Aquí el perjudicado soy yo: se ha perdido el tabaco. Y, sin embargo... Cosas peores me han ocurrido: una vez que iba de viaje con un general, puse por error una vela de sebo en el bolsillo de la chaqueta de su uniforme de gala; con el calor se derritió y se desparramó por toda la prenda. ¡Eso sí es grave y también me importó un comino!

—¿Tendrás por lo menos algo de comer? —preguntó Verenitsyn al finés.

Y el ingenuo hijo de la naturaleza trajo un manojo de cebollas y kvas[11] en el mismo inmenso tazón de madera que había traído antes y, haciendo una reverencia, lo colocó sobre la mesa. Las damas retrocedieron de un salto.

—¿No tienes otra cosa?

—Tengo harina —dijo con aire triunfal.

Con un cansancio indescriptible en todo el cuerpo emprendimos el camino de regreso; la garganta y el pecho nos ardían

---

[11] Bebida que se prepara a base de pan fermentado.

como si estuvieran en llamas; por si esto fuera poco, había que llevar por turnos a las damas. ¡Cuántos reproches habría podido lanzar en aquel momento! Pero la generosidad nunca me ha sido ajena, y supe ocultar mi bilis en el fondo del alma.

Seguramente cuando los cruzados vislumbraron la Ciudad Santa no sintieron tanto entusiasmo como nosotros cuando divisamos nuestro refugio. Pero esa alegría se vio ensombrecida por una aventura muy particular: cuando ya nos encontrábamos cerca de la aldea, oímos gritos desesperados de voces conocidas: "¡Auxilio! ¡Socorro!" Aceleramos el paso y vimos a la abuela y a Tiazhelenko sentados en la hierba, intentando desesperadamente quitarse de encima a tres perros de caza que, saltando y jugueteando, ya le habían arrancado a la anciana su tocado y a Tiazhelenko su gorra y continuaban gruñendo, correteando y retozando alrededor de ellos. Los cazadores salieron del soto en el momento mismo en que nosotros llegábamos y ahuyentaron a los perros.

Cuando se restableció el orden, Nikon Ustínovich me lanzó una mirada de mudo reproche; en su rostro luchaban dos sentimientos: uno de justa indignación y otro de exasperado apetito.

—¡Comer a las cinco de la tarde! —exclamó—, ¿dónde se ha visto una cosa semejante!

—¡No se imagina qué hermoso paseo, *monsieur Tiagelenko*! —dijo Zinaída Mijáilovna—, ¡qué pena que no estuviera usted con nosotros!

—Seguramente debe repugnarle verme en el mundo —respondió él con una amarga sonrisa—, seguramente le habría encantado verme caer sin aliento de tanto caminar; ¡como si no haber comido hasta este momento no fuera suficiente!

—Lo dicho, ¡un trompo! —murmuró Zinaída burlona.

El profesor nos urgía a volver a la aldea. Finalmente, con todos los indicios de un cansancio mortal a cuestas, llegamos a un lugar donde tomar un respiro.

—¡A comer! ¡Comamos lo antes posible! —se oían voces aquí y allá.

Víctimas de su enfermedad, poco les faltó para irse a comer a la pradera, pero Tiazhelenko les obstruyó el paso.

—¡Irán a la pradera sólo si pasan por encima de mi cuerpo! —dijo, lo cual era físicamente muy complicado, y por lo tanto se resignaron a poner la mesa en la isba.

Maria Alexándrovna ordenó que trajeran la mostaza, el vinagre y los otros aderezos.

—¿Quién de ustedes, señores, ha traído algún entrante? —preguntó—. Por favor, que lo saque.

Silencio.

—¿Por qué nadie dice nada?

—Pues seguramente porque nadie ha traído ningún entrante —comenté.

—Bueno, entonces habrá que empezar por el paté. ¡Andréi, sírvelo!

—No hay paté, señora: los niños tuvieron a bien acabárselo por el camino.

Yo no le quitaba la vista de encima a Tiazhelenko: su cara se cubrió de una palidez sepulcral; me lanzó una mirada furibunda.

—Creo que usted, Nikon Ustínovich, traía jamón. Nada mejor —dijo Verenitsyn—. Ordene que lo sirvan.

—Se lo comieron los perros, los mismos que usted ahuyentó —balbuceó desconcertado Tiazhelenko.

—¡Pero qué dices, padrecito! —refunfuñó la abuela—, mucho antes de que aparecieran los perros yo te oí masticar.

—No..., bueno..., era..., estaba comiendo las pasas que trajo usted.

—Bueno, no le demos más vueltas. ¡Que sirvan el caldo!

—Nadie ha traído caldo, señora.

—Eso significa que tendremos que comer *à la fourchette* —dijo el profesor—, ¡amargo destino, señores! Pasemos al segundo plato. ¿Quién ha traído segundo plato y cuál?

—Yo no tengo nada.

—Ni yo.

—Ni yo tampoco —fueron diciendo una tras otra nueve voces, las nueve voces de los nueve excursionistas.

Las tres voces restantes, es decir, la de Alexéi Petróvich y las de los niños, no se dejaron oír: nadie sabía dónde se habían metido, y yo estaba empezando a pensar en el deber que me había impuesto respecto a la seguridad de los enfermos cuando una sensación desasosegada, aguda y penetrante de hambre apagó cualquier otro sentimiento; sobre todo mitigó los pensamientos filantrópicos. Tan pronto como nos convencimos de que no habría segundo plato, dejamos caer la cabeza en el pecho, y Nikon Ustínovich, con un sordo gemido, se apretó la barriga en un abrazo parecido al que se dan dos amigos que, derrotados por una misma calamidad, buscan consuelo mutuo, y su estómago, solidario, dejó escapar un lastimero gruñido.

—¿Quién ha traído qué? ¡Hablen, señores! —dijo solemnemente y con voz temblorosa Maria Alexándrovna—. Comience, profesor.

—Yo tengo un pastel vienés y vino de Málaga —respondió el profesor.

Segunda voz: Yo tengo bombones y vino de Málaga.

Tercera: Yo tengo dos melones, unos veinte albaricoques y... vino de Málaga.

Cuarta: Yo tengo *crème au chocolat* y... vino de Málaga.

Quinta: Yo tengo sirope para el té, pasta de almendras y... vino de Málaga.

La abuela: Yo tengo pasas.

Y siguió la enumeración de estos manjares, todos y cada uno acompañados de vino de Málaga, hasta llegar a ocho voces.

—¡Ahí lo tienen! —dijo afligido el profesor—, ni una botellita de buen vino blanco, ni una gota de vino de Madeira. ¿Acaso se pusieron de acuerdo para traer todos vino de Málaga?

—No, ha sido una simple casualidad.

—¡Simple! ¡La más extraordinaria y enojosa casualidad!

De pronto la novena voz se dejó oír tímidamente:

—Yo tengo queso parmesano y vino tinto.

Todas las miradas se dirigieron hacia el lugar de donde provenía: era la voz melódica, la voz divina de mi querida, de mi incomparable Fioklusha. ¡Oh, qué augustamente encantadora resultaba en aquel momento! Yo experimentaba una alegría indecible al ver cómo una multitud voraz, abiertamente voraz, estaba lista para colocar en un pedestal a la diosa de mi alma y arrodillarse frente a ella. Sentí el embate de mi sangre como una ola de mar que el viento ha elevado hasta el cielo; mi corazón se puso a batir como un ágil péndulo; miré orgulloso a los presentes y durante cinco minutos olvidé el hambre, lo que en aquellas circunstancias era definitivamente importante. Ustedes pueden decir lo que quieran, pero el momento de triunfo del objeto amado es un momento divino. El profesor, conmovido, le besó la mano; Maria Alexándrovna abrazó a su victoriosa sobrina tres veces con sincera ternura; todos los demás, relamiéndose, la cubrieron de los más halagüeños cumplidos; y Tiazhelenko pronunció las siguientes memorables palabras en un tono patético:

—Por primera vez me doy cuenta de las cualidades de una mujer y veo hasta dónde puede elevarse.

Pero la alegría no tardó en convertirse casi en llanto y sollozos: sólo había dos libras y media de queso, y nueve bocas ávidamente abiertas tuvieron que cerrarse con desconsuelo, y en algunas incluso rechinaron los dientes. Desdeñoso, Nikon Ustínovich apartó la tajada que le ofrecían y cayó en una insensibilidad letárgica. ¡Qué difícil nos fue despedirnos de la esperanza que ya teníamos casi en los dientes! Guardamos un triste silencio y con aire sombrío tomamos los postres acompañados de vino de Málaga. Cuando estábamos al final de esta extraordinaria merienda, llegó extenuado Alexéi Petróvich, sin gorra y sin guantes como le sucedía siempre, con dos niños y tres gobios.

—¡Comida! ¡Comida! ¡Por el amor de Dios y de todos los santos, comida!

Pero para él ya sólo quedaba vino de Málaga: burla almibarada del azar a un apetito engañado, llevado hasta unos límites más allá de los cuales comienzan los tormentos de un inconmensurable suplicio: el hambre.

La comida terminó con una jarra de leche. Sin embargo, el vino de Málaga había hecho su efecto y todos se pusieron de buen humor; Zinaída Mijáilovna incluso alcanzó un estado de éxtasis extraordinario. Se levantó de la mesa y comenzó a hacer crujir sus tiernos deditos mientras llevaba el compás con el pie y entonaba alegremente variaciones sobre la canción popular: *Yo, cuando era joven, a un banquete asistí.*

—¡Por favor! ¡No te tienes en pie, querida! —le dijo su tío.

—¡Y no veo la necesidad! —respondió con tanta gracia, con una sonrisa tan deliciosa, con tal encanto en la mirada que en ese momento le habría... besado la manita, pero no me atreví.

Los Zúrov propusieron salir a dar una vuelta después de la comida, pero yo, intuyendo que había llegado el momento de actuar procedí, con la mayor elocuencia de la que era capaz, a tratar la sagrada cuestión.

—¡Que nadie se mueva! —dije—. ¡Deben escucharme!

Llegado este momento, sin ánimo de presumir, he de confesar que con enorme habilidad les pinté el cuadro de una pasión desastrosa, de funestas consecuencias. Ellos me escuchaban con atención y por momentos intercambiaban miradas. Yo, con brío, continuaba mi labor de convencimiento apoyándome en la fuerza de la palabra, como en algún momento lo hiciera Pedro el Ermitaño pero con una diferencia: él persuadía y yo disuadía; finalmente llevé las cosas al límite de la catástrofe.

—Están ustedes poseídos por un mal espantoso, desconocido hasta ahora, un mal sin par al que no se ha dado nombre en los siglos pasados ni tampoco en nuestro tiempo, ni en los países más lejanos, ni frente a nuestros ojos.

En mi discurso hubo lugar para las oposiciones, los testimonios y los ejemplos.

—¡Están ustedes acabados, ofuscados, están siendo arrastrados al abismo, y el culpable de su perdición aún está aquí, aún está vivo, aún comparte con ustedes la mesa! ¡Es él! —dije señalando a Verenitsyn.

¡Qué giro, honorables lectores! Hagan memoria y traten de acordarse de una de las arengas de Cicerón contra Catilina en la que hay un momento semejante.

—¡Es él! —repetí con mayor fuerza.

Lancé una mirada a mi auditorio y... ¿qué vi? La concurrencia disfrutaba de un profundo sueño. Estuve a punto de desmayarme.

—¡A la ciudad! —grité con voz de trueno, y todos se pusieron en pie de un salto.

—¡Al campo! —aulló entre sueños Alexéi Petróvich.

Con un gesto imperativo los puse en movimiento. Los cocheros engancharon los carruajes al instante.

—¡Qué espléndido paseo! —dijeron al unísono Zúrov y Verenitsyn cuando subían al coche.

—¡Qué lugares! —añadieron Maria Alexándrovna y Zinaída Mijáilovna—, ¡y qué bien lo hemos pasado aquí! Ya volveremos en otra ocasión.

A las diez de la noche salimos de la aldea, pero sólo a eso de las tres de la madrugada logramos llegar a Petersburgo. En esa ocasión todos los intentos de los Zúrov de detenerse por el camino, de "caminar sobre el rocío nocturno" como clamaban Maria Alexándrovna y Zinaída Mijáilovna, fueron infructuosos: Tiazhelenko y yo nos opusimos decididamente y actuamos sin desviarnos de lo que nos habíamos propuesto.

Al llegar al puente Voskresenski, el coche que iba delante se detuvo. Yo, suponiendo que el motivo del alto era alguno de aquellos deseos recurrentes en los paseos de los Zúrov, quise recordarles que nos encontrábamos en la ciudad cuando de pronto vi, o para ser más exacto no vi, el puente.

—¿Dónde está? —pregunté al guardabarrera.

—¿Acaso no ve, señor, que lo han levantado? —respondió.

—¿Y cuándo volverán a ponerlo?

—Hacia las seis.

—Las felicito, *mesdames*, no podremos llegar a casa: ¡han levantado el puente!

De pronto mis enfermos se animaron.

—¡Magnífico! ¡Podemos volver al campo! —gritaron entusiasmados—. ¡No hay nada que hacer a esta hora en casa! ¡Eh, Paramon! ¡Media vuelta!

Afortunadamente el mal todavía no se había apoderado del cochero, mientras que el hambre y el sueño hacía mucho tiempo que lo habían vencido. Me miró con expresión quejumbrosa.

—¡Quieto ahí! —ordené.

Se alegró y, ágil, saltó del pescante. De pronto comenzaron a caer gruesas gotas de lluvia; había que encontrar un lugar para refugiarse. A Maria Alexándrovna se le saltaron las lágrimas de frío; Zinaída Mijáilovna y la amable Fiokla estaban sin aliento y lastimeramente pedían de comer y de beber, pero no había nada con qué satisfacer sus súplicas. El profesor y Alexéi Petróvich, sentados en el coche, dormitaban, saludándose incesantemente con la cabeza el uno al otro; y Tiazhelenko exhalaba de vez en cuando sordos gemidos. Entretanto Maria Alexándrovna, presa del hastío, se puso a mirar las casas que había alrededor. De pronto detuvo sus impertinentes en un rótulo y la alegría iluminó sus ojos.

—¡Ah, qué casualidad más agradable! —dijo—. ¡Ahí hay una confitería! ¡Miren! Seguramente podremos recuperar fuerzas con algo de comida y reposo.

—Por supuesto, debe de haber golosinas y vino de Málaga en abundancia —respondí mirando el rótulo que tanto había alegrado a Zúrova, y leí: "Aquí se cosina comida y se sirbe té".

—No es una confitería —dijo Zinaída Mijáilovna estremeciéndose de felicidad—, hay comida y té.

—¡Quizá hasta haya chocolate! —exclamó Maria Alexándrovna.

—¡Magnífico! —gritaron todos.

Los hombres se alegraron porque esperaban encontrar algo de comer, y las damas porque ignoraban que el establecimiento que se ocultaba tras aquel atractivo rótulo era uno de esos bodegones de los que no tenían ni la más remota idea.

La lluvia comenzó a caer en auténticas cascadas, pero alcanzamos a resguardarnos bajo el techo protector. Todavía era muy temprano; todo el mundo dormía en el bodegón, y por lo tanto nos costó mucho despertar a los dueños. Por fin un hombrecito corpulento y calvo, que llevaba una camisa roja, nos entreabrió la puerta y se quedó petrificado de asombro al encontrarse con unos visitantes de tan extraordinario calibre. Durante un buen rato se debatió indeciso, sin saber si dejarnos entrar o no, pero al enterarse de la razón de nuestra inesperada visita, con alboroto y repetidas reverencias, abrió la puerta de par en par.

No seré yo quien describa el interior de un establecimiento como aquel, porque para eso no basta una ojeada, y hasta entonces jamás me había aventurado a entrar en uno de ellos; creo que no me daría vergüenza confesar que los visitaba, y menos aún a partir del momento en que las damas (¡y qué damas: Maria Alexándrova y Zinaída Mijáilovna!) se aficionaron a frecuentar ese tipo de lugares, pero, por desgracia, no miento. Por lo demás, cualquiera que guste de deambular por las calles de San Petersburgo tiene más o menos idea de cómo son esos bodegones, porque se encuentran en la mayor parte de las plantas bajas, incluso en los sótanos, y no ponen ningún obstáculo a las miradas curiosas. ¿A quién no le han saltado a la vista, yendo de paso, las cortinas de percalina rosa o azul cielo en las ventanas? Si desde la calle se han asomado ustedes directamente por la puerta, con seguridad habrán visto en el fondo de la habitación una enorme mesa cubierta por garrafones, jarras, platos con distintos entremeses y, detrás de la mesa, al barbudo Ganímedes; y si se han asomado en domingo, seguramente habrán visto en pleno banquete a un grupo de amigos cuyas caras ardían como iluminadas por lámparas de gas. Y las carcajadas, las canciones y el órgano les habrán hecho notar que no se encontraban lejos de un templo del placer.

"¿Quiénes son los visitantes habituales?", me preguntarán ustedes.

¡Ah, lector poco sagaz! ¿Acaso no le ha ocurrido nunca, a la salida de un teatro o del lugar donde ha dejado el corazón hasta la siguiente noche, acaso, digo, no le ha ocurrido nunca acercarse a la Bolsa y encontrarse con caballos enganchados a trineos vacíos? Y si usted ha gritado: "¡Cochero!", haga memoria, ¿acaso no han acudido de pronto y a toda prisa tres o cuatro cocheros sin que se sepa de dónde? Si alguna vez alguien ha respondido rápidamente a su llamada, es que acaba de salir de un bodegón. O piense, ¿por qué el dueño de una pequeña tienda frente a la que usted tiene su casa se ausenta con frecuencia, dejando el negocio en manos de un ayudante joven? Porque algún bodegón se encuentra por ahí cerca. Y el oficial jubilado que recibe de usted una ayuda, ¿adónde se dirige? Ahí mismo. Por falta de observaciones y de experiencia en este asunto, no he podido reunir suficientes datos al respecto y exponerlos con mayor detalle. Pero no hay que perder la esperanza: corren rumores de que dos escritores fecundos, uno moscovita y otro petersburgués, O-v y B-n,[12] han reunido toda la información necesaria sobre este tema después de haberlo estado estudiando tanto teórica como prácticamente desde hace tiempo, y en este momento preparan una obra de envergadura.

Por desgracia, a la temprana hora en la que caímos en el bodegón no había público, y por lo mismo no pudimos familiarizarnos con los usos y costumbres de ese establecimiento, ni con la forma de pensar ni los intereses de sus clientes. Mi mayor aflicción era por las damas: el horizonte de sus observaciones era ya sin eso bastante limitado y en esta ocasión se verían privadas de la única oportunidad en mucho tiempo de proveerse de impresiones frescas y diversas.

[12] Se refiere a A. A. Orlov y F. V. Bulgarin, dos escritores que durante el siglo XIX fueron irónicamente comparados por los grandes de la literatura como Pushkin, Gógol y Belinski porque Orlov, un autor de novelas pseudopopulares, parodiaba las novelas satíricas de Bulgarin. Ambos eran considerados el Walter Scott ruso, sólo que uno era moscovita y el otro petersburgués, y se dirigían a públicos distintos.

—¡Adelante! ¡Adelante! ¡Pasen, pasen al salón! —decía el dueño, invitándonos a una habitación mugrienta y ordinaria, tapizada de retratos que tenían una extraña particularidad: la de representar el mismo rostro bajo la apariencia de distintos personajes.

—¡Dios mío! ¿Dónde hemos caído? —exclamaron las damas e intentaron retroceder, pero la salida estaba cerrada por una falange de hombres hambrientos encabezados por Tiazhelenko y, de grado o por la fuerza, las damas entraron.

—¿En qué puedo servirles? ¿Qué les puedo ofrecer? —continuó servicial el hombrecito—. Tenemos de todo. Por favor, no piensen que nuestro local, por decirlo de alguna manera, es un antro de mala muerte. Acuden pocos cocheros; todos los huéspedes son decentes; por ejemplo, suele visitarnos el ayuda de cámara de un general, un caballero circunspecto que además ¡lleva reloj! Y ahora Dios los ha traído también a ustedes. ¡Sean bienvenidos, adelante! Nos complace recibir a huéspedes como vuesas mercedes.

Alexéi Petróvich lo interrumpió:

—Queremos comer y beber.

—Todo es posible.

—¿Podría prepararnos un chocolate? —preguntó Maria Alexándrovna.

—No, no disponemos de chocolate alguno.

—Bueno, ¿y un café?

—Nuestro café, el café que expendemos es el más excelente; pero a esta hora no es posible conseguir leche: se han dignado ustedes venir demasiado temprano; la lechera de Ojta no ha pasado todavía.

—Y entonces, ¿qué hay?

—Ah, un vodka prodigioso, de todas clases. También podemos hornear alguna empanada, buenísima, con salsa o con mermelada. Tenemos higadillos frescos, studen,[13] carnero... ¡Hay de todo!

---

[13] Gelatina que contiene trocitos de carne o pescado.

Por más que el dueño se jactara de abundancia, ninguno de nosotros se atrevió a probar nada de lo que nos ofrecía: únicamente Tiazhelenko mordisqueó un trozo de una pierna de jamón reseco; los demás bebieron té.

Casi una hora y media después logramos encontrarnos a salvo del reino de las incomodidades, las molestias y demás desventuras cuando por fin atravesamos el puente que entretanto habían vuelto a habilitar. Respiré con más libertad. "Ahora tardarán en volver a las andadas —pensé—; seguramente este paseo, unido a mi discurso, tendrá un fuerte efecto en ellos."

En el lugar donde Tiazhelenko y yo debíamos separarnos de los Zúrov e ir a casa, Alexéi Petróvich le ordenó al cochero que se detuviera y bajó del coche.

—Hay algo que mi esposa y yo queremos suplicarle encarecidamente —dijo.

—Estoy a sus órdenes. ¿Qué se le ofrece?

—Pues mire: aunque hoy el paseo ha sido maravilloso y hemos estado contentos y el lugar era magnífico, para que usted pueda hacerse una idea de lo que significa una verdadera excursión al campo, mi esposa y yo le rogamos, con insistencia, que el viernes nos acompañe a Ropsha. ¡Es un lugar único! Y el sábado, domingo y lunes, a Peterhof, Oranienbaum y Kronstadt. Todo esto se nos ha ocurrido para dar mayor variedad a nuestros paseos. Hasta este momento ha viajado con nosotros por tierra, pero… ¡hay que conocer el mar!

—¡Dios mío! ¡Son incurables! —exclamé dolorosamente—. Disculpe, Alexéi Petróvich, pero no podré cumplir su deseo: el miércoles me voy a la aldea. Mañana vendré a despedirme de ustedes.

—¡Será posible! ¡Qué desgracia! —exclamó Maria Alexándrovna—. Pues entonces se me ocurre otra cosa: ¿quiere que mañana, su último día aquí, lo pasemos juntos en el campo?

Me lancé al coche y me apresuré a llegar a casa sin mirar atrás.

No mentía: las circunstancias me obligaban a dejar Petersburgo durante un buen tiempo, y por lo tanto, en efecto, fui a despedirme de los Zúrov al día siguiente. Pero la idea de que se quedarían sin protección y morirían me obligó a tomar una medida drástica: horas antes de partir le conté la historia a un médico inteligente, experimentado y compasivo. Le pedí que fuera a conocerlos y que, si encontraba algún remedio, aniquilara o, por lo menos, aminorara la fuerza del "mal del ímpetu", y también que de vez en cuando me enviara noticias sobre los resultados de sus investigaciones. Dejé pues a los enfermos a su cargo y salí de la ciudad más animado. Llegué con bien a la aldea.

Transcurrieron dos años sin que yo recibiera ni una sola línea del médico. Pero al final de este plazo, una noche, junto con un montón de revistas y periódicos me trajeron una carta con un sello negro. Me apresuré a abrirla y... una vez más mis ojos se llenaron de lágrimas, y la cabeza, a pesar de todos mis esfuerzos por mantenerla erguida, cayó de lado. No voy a describir lo que sucedió porque no lograré ordenar mis pensamientos ni sabré encontrar las palabras adecuadas; lo mejor será que copie de la fatídica carta aquellas líneas en las que se concentran las dolorosas noticias relativas a los Zúrov y también a Tiazhelenko: con este último el doctor tenía una muy buena relación. Comenzaré por Tiazhelenko...

"Todo sucedió —escribe el médico—, la noche del quince al dieciséis de marzo. Voloboienko llegó corriendo a avisarme que el señor "se sentía mal"; tenía los ojos en blanco y se había puesto azul. Me apresuré a visitarlo y efectivamente encontré a Nikon Ustínovich en una situación desesperada; no podía pronunciar ni una palabra, sólo exhalaba sordos gemidos; después de practicarle cuatro sangrías logré reanimarlo, pero..."
Y un poco más abajo: "Un segundo ataque de apoplejía, que se produjo poco tiempo después del primero, lo privó de la vida".
En otra página hablaba de los Zúrov: "Como supuse que la carta

que me habían escrito era una broma, cuando volví de pasar dos semanas en el campo fui a visitarlos, pero para mi enorme sorpresa, hallé todas las puertas de la casa cerradas con candado. En el patio me encontré con el viejo criado, Andréi, y a mi pregunta sobre el paradero de los señores, respondió que se habían ido a "Chujonia":[14] eso corroboraba lo que ellos mismos me habían escrito. Deseoso de saber más al respecto, fui a visitar a su pariente, al señor Meboneldrínov, al que usted conoce. Él me repitió lo mismo y añadió que las intenciones de los Zúrov de pasar un tiempo en Finlandia y después viajar a Suiza venían de tiempo atrás, pero hábilmente habían sabido ocultárselas al mundo entero, "incluso a mí", y añadió que su objetivo final era llegar a América donde, según sus propias palabras, la naturaleza era más interesante, el aire tenía un aroma mucho más intenso, las montañas eran más altas, había menos polvo, etcétera.

Poco tiempo después viajé a Petersburgo y por medio del mismo pariente me enteré de que, efectivamente, habían zarpado a América con todas sus pertenencias y se habían instalado allá.

Al cabo de mucho tiempo conocí por casualidad a un viajero inglés que había vivido en América. Él me contó que allá se había encontrado con una familia cuya mayor pasión eran las excursiones al campo, una pasión que, finalmente, terminó de la manera más triste. "En una ocasión —así concluyó el viajero inglés su relato—, con una cuantiosa reserva de ropa, manteles y víveres partieron rumbo a las montañas y nunca más volvieron."

1838

---

[14] Región al noreste de San Petersburgo, cuyos habitantes son sobre todo carelios y finlandeses.

Viaje al Monte Athos

Nikolái Strájov

I

El venerable Timkovski comienza la crónica de su viaje de la siguiente manera: "el destino engalanó mi vida con un acontecimiento poco frecuente, inolvidable: vi la China".[1] Lo mismo podría decir yo. También en mi vida tuvo lugar un acontecimiento poco frecuente e inolvidable: vi el Monte Athos. La impresión que me produjo la Santa Montaña ha sido para mí desde entonces (es decir, desde 1881) invaluable. Y hace poco, cuando con motivo de la muerte del higúmeno,[2] el padre Makario —acaecida el 19 de junio de 1889—, comenzaron a publicarse diversas memorias y semblanzas de su vida, dicha impresión resucitó con particular intensidad.

Yo tuve la fortuna de ver al padre Makario y de hablar con él. De entre todas las personas que conocí en el Monte Athos, él me pareció la encarnación más pura —por su belleza— de ese espíritu único que reina en la Santa Montaña.

Me gustaría detenerme —aunque sólo sea unos instantes— en estos recuerdos. Me gustaría, de cuanto conserva mi memoria, rescatar algunos rasgos que no he encontrado en los relatos que otros escriben. Después de haber visitado el Monte Athos, cualquier libro o artículo que hablara de él despertaba mi curiosidad; sin embargo, en ninguno encontré nada pareci-

---
[1] *Viaje a la China a través de Mongolia,* San Petersburgo, 1824. [A.]
[2] Superior de un monasterio ortodoxo.

do a las impresiones que yo tuve y que me habría encantado hallar amplia y claramente expuestas.

Pero, en este momento, antes de seguir adelante, me siento obligado a hacer a mis lectores ciertas aclaraciones, que son casi justificaciones. ¿Cómo llegué al Monte Athos? ¿Qué me llevó a ese lugar? A menudo he oído estas preguntas. Las oí entonces y las oigo todavía hoy. De camino a la Santa Montaña, en más de una ocasión me percaté de que mi viaje suscitaba extrañeza, sobre todo si conversaba con desconocidos. En los ferrocarriles, en el hotel de Sebastópol, en el barco y en Constantinopla, incluso en nuestro consulado y embajada la reacción de mis interlocutores era de auténtica perplejidad. Si por alguna razón comentaba que tenía yo el cargo de Consejero de Estado, la impresión que causaba era, ineludiblemente, favorable. Sin embargo, si más tarde se enteraban de que trabajaba como bibliotecario, la curiosidad que en ellos había despertado mi cargo se enfriaba considerablemente; y cuando decía que mi intención era ir al Monte Athos, me daba cuenta de cómo de inmediato se devaluaba la opinión que mis colocutores podían haber tenido de mí. La animada conversación, azuzada por el tedio que la mayoría de las personas experimenta durante la travesía, de pronto se extinguía; había quienes de buena gana me habrían vuelto la espalda. Era evidente que a sus ojos había pasado a ser uno de aquéllos para quienes los sublimes intereses de la cultura son inaccesibles y cultivan intereses salvajes. Tiempo después pude observar con cuánta soberbia y hostilidad no disimulada miraban algunas de estas doctas personalidades a los monjes: sin duda veían en ellos un elemento nocivo para la sociedad.

De ahí estas aclaraciones que, en mi opinión, resultan indispensables aunque, por supuesto, no para todos los lectores. En los tiempos progresistas en los que vivimos —quizá incluso en mayor medida que en otros tiempos— existe una terrible hostilidad y una auténtica falta de comprensión hacia ese universo.

II

¿Adónde hacer un viaje? ¿Para qué hacer un viaje? Si nos planteamos estas preguntas con seriedad, no es sencillo darles respuesta. Salvar el alma es necesario y es posible en cualquier lugar: uno no puede escapar a su alma. En cualquier lugar hay gente y siempre están frente a nosotros la tierra y el cielo, los elementos de la naturaleza y de la vida humana... ¡Dichoso aquel que vive en paz con los elementos que lo rodean, que no se siente atraído por lo lejano, que extrae su alimento espiritual de la tierra que le es cercana y familiar! Para dichas personas el viaje no tiene mayor interés; viajar nunca será para ellas nada más que un entretenimiento, "un gusto". Así se pasean por el planeta entero los ingleses, llevando en el pecho su Inglaterra natal y mirando al resto del mundo con indiferencia y desprecio. Les resulta muy difícil entender y entienden muy poco de la vida de los otros, lo que no les impide disfrutar de buena salud espiritual.

Para nosotros los rusos, ya se sabe, las cosas son distintas. A nosotros nos gusta ensanchar nuestros horizontes: no se nos dificulta ahondar en la vida de los demás, nos entregamos con facilidad a las ideas ajenas, aunque sabemos que muchas veces con eso estropeamos nuestra actividad espiritual. Si fuéramos un poco más serios debería aterrarnos la ausencia de lazos sólidos con toda vida —la propia y la ajena—, una ausencia con la que nos tropezamos a cada paso. Todo lo entendemos, todo nos llama la atención, pero no nos dedicamos a nada con seriedad ni tenemos verdadero interés por nada que no sea, si acaso, nuestras pequeñas veleidades y comodidades. A consecuencia de un largo errar intelectual por las distintas épocas de la historia y los distintos pueblos del planeta, el ruso culto a menudo se parece —por su forma espiritual de ser— a un gastado anciano que, sin habérselo propuesto, por fin alcanzó ese grado de comprensión abstracta en el que todas las cosas son iguales y ya nada es novedoso ni excitante, en el que todo confluye en el monótono caudal de la eternidad.

Sea como fuere, creo que en vez de jactarme frente al lector debería reconocerme culpable, y explicarle que una de las razones de mi viaje a Tsargrad[3] y al Monte Athos fue, sin más rodeos, *la lujuria de la vista*. Tenía dos meses libres y quise ver algo nuevo, ver con mis propios ojos algún espectáculo magnífico que no se pareciera a nada de lo que había visto hasta entonces y darle a mi alma la oportunidad de atisbar alguna vida humana que no se ciñera a los principios que nosotros acatamos. Europa no me atraía, a pesar de que mis viajes a París nunca duraron más de diez días y a que todavía no he tenido la oportunidad de visitar Londres. Europa puede ser vista aquí, en Petersburgo; su vida, sus costumbres y sus preferencias nos llegan en amplias oleadas a través de la "ventana abierta" y se instalan entre nosotros con una propiedad abrumadora. Incluso hablamos en francés, aun cuando los refinados occidentalistas, como Turguéniev, comenten que el francés de Petersburgo es *desagradable* si se le compara con el encanto del francés auténtico. Pero no todo el mundo es tan sutil; para el ojo ordinario nuestro Petersburgo es una ciudad absolutamente europea. No sólo las calles, las casas y las tiendas están hechas a la manera europea, también los libros, los cuadros, las *cocottes*, los principios, los modales y los gustos —todo nos llega de Occidente y se enseñorea de nuestra vida. Petersburgo ha sido y sigue siendo una ciudad *de gala*; es como la habitación elegante de una casa, aquella donde se recibe a los huéspedes. Sin embargo, bajo su aspecto reluciente y lejos de los lugares principales, al ojo experimentado no le cuesta vislumbrar la dejadez, la mugre, el desorden... En una palabra, la entrañable *negligencia* de la vida rusa. En medio del bullicio y de los eufónicos murmullos que reinan en la capital, un oído con experiencia puede detectar sonidos puramente animales e incluso, a menudo, una

[3] Constantinopla.

grosería genuinamente tártara. Y mejor ni mencionar el grandioso espíritu que muchos atribuyen en exclusiva a Moscú y a la provincia y que, sin embargo, también está presente en Petersburgo aunque de manera más silenciosa y menos visible que en otros lados. Pese a todo, el elemento europeo en sus rasgos más importantes y más significativos es tan fuerte aquí que no hace falta viajar a Londres para conocer de cerca los principios en los que se basa la vida de los pueblos ilustrados. Con todo, nosotros los rusos, vamos mucho a Europa pero más que nada para vivir allá y para pasear, no para aprender.

¿Dónde buscar, pues, otra vida? Los usos y las costumbres europeas se han diseminado por todo el planeta. En todos lados el poder y el movimiento, el crecimiento y la fuerza pertenecen a Europa y cualquier otra vida carece de desarrollo y de porvenir. Cientos de millones de personas que aún no se asimilan a los europeos constituyen la población que sirve, que trabaja, que tributa, que no puede soñar ni con una independencia política, ni con una cultura particular, ni con tener una participación mínima en el curso de la historia de la humanidad. El campo de acción de la historia está, no cabe duda, en manos de Europa y nada hace pensar que pueda transferirse a alguien más.

Y así, es difícil alejarse de Europa. ¿Quién puede querer visitar Egipto? Tendría que viajar Nilo arriba en un barco francés, hospedarse en el Cairo en el "Hotel Europa" y por las noches ir al teatro a oír ópera italiana. Es decir, vivir en otro punto del planeta pero a la usanza europea, con los restos de una antigua civilización como telón de fondo, pero sin hallar formas o movimientos en los que se manifieste la fuerza y la creatividad de ese pueblo único, de esa historia única. ¡No tiene ningún interés!

Pero, ¿acaso no ocurre el mundo entero lo mismo que en Egipto? El mundo entero está sembrado de ruinas y de restos de civilizaciones antiguas; en el mundo entero la población aborigen se ha visto privada de un eje y de un movimiento propio y ha sido relegada a un segundo plano, mientras en primer plano vive y se mueve esa Europa de la que también aquí, en Petersburgo, podemos encontrar excelentes ejemplos. Un solo país, según dicen, ha conservado hasta hoy su vida de antaño y aún puede albergar la esperanza de desarrollarla en el futuro. Se trata de la India, cuna de la religión más extendida, de la filosofía más abstracta y de las matemáticas. No hace mucho que uno de nuestros senadores hizo un viaje a la India, así, por dar un paseo durante el tiempo que sus ocupaciones le dejaban libre. ¡Imposible no alabarlo por su audacia! Imposible, también, no envidiarlo. Pero no se puede negar que, para dar un paseo, la India queda bastante lejos y resulta bastante caro; además, si uno tiene la intención de callejear por allí ha de prepararse de antemano para que el viaje sea verdaderamente interesante. Entre tanto aquí cerca, al lado, hay países que, sin lugar a dudas, también se revelan muy atractivos. En Constantinopla aún reina el Asia más terrible, la última forma majestuosa de la vida oriental; gracias a los esfuerzos de Europa, en el propio continente europeo todavía se conserva el que alguna vez fuera el temible imperio de los turcos.

"Aun si no consigo entender muchas cosas de esa vida que me es ajena —pensé— sí podré, seguramente, ver ese lugar incomparable y admirar ese paisaje que no tiene igual en el mundo entero. Y además visitaré Santa Sofía, un templo con cuya belleza, a decir de muchos, nada puede compararse."

Y de ahí ya no está lejos otro lugar que, según tengo entendido, es más interesante todavía; un lugar que quizá sólo frente a la India podría palidecer. Se trata del Monte Athos, una pequeña península en el mar Egeo, habitada por monjes. Allí se ha conservado hasta nuestros días —y aún florece intacta— una vida muy peculiar que comenzó con los primeros siglos del Cristianismo y que hace casi mil años se consolidó definitivamente. Estos religiosos han mostrado, como si de un inmenso ejemplo histórico se tratara, la auténtica naturaleza del monacato. Es decir, son creyentes que han renunciado voluntaria e irrevocablemente al mundo y viven ajenos a cualquier asunto terrenal. Así lo entendieron los feroces turcos y los dejaron en paz. De modo que esas personas que de buen grado se privaron de todos los bienes terrenales, conservaron a lo largo de muchos desastrosos siglos el mayor bien: la independencia y una peculiar forma de vida. Su propósito era claro desde el principio y los medios para conseguirlo se definieron de una vez y para siempre; por eso a ellos no les hacía falta ningún cambio, y no tuvieron progreso ni historia. Según testimonio de los investigadores, el Monte Athos es un auténtico remanente vivo de la más remota antigüedad y, en ese sentido, un lugar único en su especie, un lugar como no hay otro en ningún país del mundo habitado.

Recordemos además qué espíritu habita allí: el de nuestra devoción ortodoxa. En el Monte Athos se encuentra una de las encarnaciones más puras de ese principio vivificador que conforma la verdadera alma del pueblo ruso. El Monte Athos es la escuela de la santidad y su campo de acción, y no olvidemos que el hombre santo es el mayor ideal de los rusos, desde el campesino analfabeto hasta Lev Tolstói.

He aquí, lector, una breve explicación de por qué yo, pecador, quise visitar el Monte Athos.

III

En 1881, el 16 de agosto cayó en domingo y a las nueve de la mañana tomé el barco que cada domingo zarpa de Sebastópol y va directamente a Constantinopla. La nave iba vacía; no había sino dos rusos, marido y mujer, y un inglés... pero, ¿dónde se ha visto un mar sin ingleses? De pronto sentí que en mi proceder había algo extraño. ¿Por qué iba a donde nadie va?

Por lo general, Constantinopla está tan lejos de nuestros pensamientos que a veces tenemos la impresión de que se encuentra a más distancia que París, Londres o Roma. Pero en realidad está al lado. Es más sencillo y menos costoso viajar de Sebastópol o de Odesa a Constantinopla que de Petersburgo a Moscú. El lunes, hacia el mediodía, entramos en el Bósforo y, por supuesto, todo el mundo se lanzó a la cubierta. Desgraciadamente el día estaba nublado y el magnífico paisaje deslucía. Además, al observar con detenimiento las suntuosas construcciones que tan pintorescamente se recortan sobre el verde fondo de la elevada orilla, percibí cierta carencia en aquella suntuosidad. Tanto en las dimensiones de cada una de los pisos como en los muros que son tres veces más estrechos que las propias ventanas se revelaba una extraña ligereza. "¡Parecen casitas de cartón!" le dije al inglés. Más tarde me convencí de que así está construida toda Constantinopla. Delgadas paredes levantadas con tablones de madera colocados en forma de cruz, y los espacios vacíos rellenos con ligeros ladrillos... La impresión arquitectónica que produce una gran cantidad de esas casas es lamentable.

Al entrar en el Cuerno de Oro nos estaba esperando otra desilusión. En Constantinopla no existen los muelles ni los desembarcaderos. Los barcos, como si de un país desierto se tratara, sueltan el ancla en medio del golfo y la orilla sólo puede alcanzarse en lancha. Pero fuimos recibidos con gran cordialidad. Apenas habían pasado unos minutos, llegó hasta nuestro barco el guía, Marko Mitrovic, que hablaba muy bien ruso; llegaron también monjes de un monasterio athonita con la piadosa propuesta de dar cobijo a los viajeros. Pero aunque me sedujera la idea de la posada del monasterio, más me seducía la idea de ya no encontrarme entre rusos y sí entre la población nativa de aquella sorprendente ciudad cuya vista nos rodeaba por todos lados. Nunca entendí la sangre fría del capitán que aseguraba que no había para qué apresurarse y convencía al matrimonio para que se quedaran a almorzar en el barco. ¡Y ellos aceptaron! En ese instante me fui con Marko y con gran impaciencia y emoción alcancé la orilla.

El momento en que desembarqué en aquel pésimo muelle que Gálata tiene para las lanchas se quedó indeleblemente grabado en mi memoria. Salió el sol, todo se volvió tibio y claro. ¿Qué era aquello!? Contemplaba con asombro a la gente en plena agitación. Eran cargadores –turcos sencillos y todo tipo de asiáticos– que trabajaban inclinados sobre las cajas y los sacos de mercancías. Todo me resultaba sorprendente: sus rostros morenos, hieráticos a la manera oriental y como vaciados en cobre, de facciones acusadas y extrañas que yo jamás había visto, sus pechos al descubierto y sus pantorrillas desnudas, sus vestidos chillones... Era como si hubiera caído en otro planeta. Pero mi felicidad duró poco. Marko, que me había dejado en la calle con una taza de café, pronto volvió con una calesa. Nos pusimos en marcha y a cada paso se hacía para mí más claro aquello que debí haber adivinado desde el principio: a mi alrededor no había ni turcos ni nada turco; estábamos en Pera, que puede considerarse una ciudad aparte, totalmente europea, aunque sea la peor de todas las ciudades del mundo. No forma parte de Estambul ni es uno de sus barrios, como se acostumbra decir, ya que entre ellas no hay nada en común. Están separadas físicamente por el Cuerno de Oro y moralmente por su procedencia, su lengua, su religión, su estilo de vida, en pocas palabras tienen todas las diferencias del mundo. Es decir que, una vez más, había caído en un contexto europeo. En Constantinopla, es cierto, la vida europea no está en primer plano, sino en segundo, pero todo indicaba que yo no podía vivir sino en ese segundo plano: Estambul es inasequible para los extranjeros; no hay hoteles e instalarse entre los turcos es imposible.

 Llegado este momento, me veo obligado a posponer mis anécdotas e impresiones sobre Estambul, Santa Sofía y las mezquitas, sobre los bazares y los puestos de café, sobre los distintos esfuerzos que realicé por penetrar en la vida de los turcos, entender la fisonomía de esa ciudad asombrosa y el transcurrir del tiempo en sus habitantes. No hay descripción que pueda sustituir aquello de lo que uno se percata cuando ve las cosas con sus propios ojos y pese a que aun antes de conocerla para mí Turquía ya era un organismo agonizante, no podía imaginar de qué modo y hasta qué punto en todos y en todo está presente la terrible impronta de la muerte.

Hablaré directamente de mi viaje al Monte Athos. En la posada athonita me informaron que el barco zarparía el 28 de agosto y la víspera me mudé del hotel a la posada. No puedo no evocar con gratitud aquella hospitalidad. Los monjes athonitas son célebres por su cordialidad y su gentileza, y lo más grato —de lo que podrán ustedes darse cuenta enseguida— es que en ellos es algo absolutamente natural. La amabilidad de los monjes tiene una base profunda y sólida: la verdadera humildad; es más fácil que cometa una falta en su trato con la gente un lego que no ha logrado liberarse de la *soberbia mundana*, que un religioso.

Por lo general, para un ruso viajar al Monte Athos es sencillo y cómodo. No exige ningún esfuerzo ni conlleva ninguna molestia. En Constantinopla los monjes van por uno al vapor y lo recogen en una lancha, lo hospedan en su posada, no hacen más que complacerlo, obsequiarle de comer y de beber y, llegado el momento, lo acompañan a abordar el barco que se dirige a la Santa Montaña. Es sorprendente que sólo el monasterio ruso haya organizado una comunicación correcta y cómoda con el Monte Athos. El barco francés que hace un recorrido regular por el mar de Mármara y el mar Blanco está obligado —por contrato— a detenerse una vez cada dos semanas frente al monasterio ruso de San Panteleimón; deja allí a cuantos se embarcaron en Constantinopla y se lleva a los que van de regreso. Nuestro monasterio, por eso, se ha convertido en el punto de contacto de toda la Santa Montaña con el resto del mundo. Una vez cada dos semanas hospeda a los viajeros de los otros conventos, aunque muchos de éstos lo superen en antigüedad y riqueza. Lo que ocurre es que actualmente el flujo copioso y constante de peregrinos viene sólo de Rusia. Los viajeros que proceden de otros países son cada vez más escasos. Dicen que los griegos, mientras estuvieron bajo el dominio de los turcos, visitaban el Monte Athos de forma asidua llevando suntuosos regalos. Pero desde que se liberaron, todo esto quedó prácticamente suspendido. Además, son cada vez menos los griegos que se hacen monjes, de modo que ahora sus conventos están habitados casi en exclusiva por ancianos padres espirituales y se hallan medio vacíos. En nuestro caso es a la inversa: el número de monjes crece año con año. Lo más asombroso de todo es que este florecimiento data de hace muy poco. Cuando a mediados de los años cuarenta Fallmerayer visitó el Monte Athos, él, siempre tan atento a todo lo que tuviera que ver con Rusia, ni siquiera se fijó en el mísero puñado de monjes rusos. El rápido crecimiento del "Rossikón" se inició durante el reinado de nuestro zar anterior,[4] es decir, precisamente en la época en la que se produjeron una buena cantidad de reformas de liberación y al mismo tiempo aparecieron y crecieron entre nosotros el librepensamiento, el nihilismo, los atentados. En ese entonces, sin que pudiéramos percatarnos, hombres píos, uno tras otro, se fueron para siempre más allá de los mares y crearon esta comunidad multitudinaria y floreciente.

Quizá esto no sea sino la simple consecuencia del despertar de todo tipo de cambios y confluencias, pero quizá encierre una protesta silenciosa en contra de nuestra cultura.

IV

La tarde del 30 de agosto costeamos el cabo donde descuella un cono alto al que precisamente se da el nombre de Monte Athos y avanzamos con sigilo a lo largo de la ribera occidental de la península. Cayó la noche, serena, oscura y estrellada, y yo miraba con desconsuelo la orilla montañosa que poco a poco iba desdibujándose frente a nosotros. ¡De cuánta belleza

---

[4] Alejandro II (1818-1881).

habríamos podido disfrutar si hubiéramos llegado con sol! A eso de las once de la noche, por fin, el despacioso barco se detuvo en plena oscuridad frente al monasterio ruso. Un montón de edificios irregulares donde no había ni una sola luz se adivinaban junto a la orilla. El barco dio una señal: un breve cañonazo. Todo siguió en silencio y tan oscuro como antes. Esperamos. El barco lanzó un segundo cañonazo. Una vez más —esperamos. La desgracia fue que hubiésemos llegado mientras los monjes dormían: se levantan a la una de la madrugada.[5] Por fin aparecieron en la orilla varias personas con hachones de cera encendidos y las lanchas comenzaron a aproximarse a nuestro barco. Por alguna razón, primero acudieron a la puerta de salida de la tercera clase. Nosotros tuvimos que esperar a que trasladaran hasta el muelle a una multitud de gente del pueblo que iba en peregrinación. Había mucho ajetreo y los monjes trabajaban con diligencia recibiendo a los viajeros y ocupándose de sus equipajes. Yo me quedé cruzado de brazos, mirando aquel animado cuadro. En ese momento hizo mella en mí algo que en adelante me acompañó todo el tiempo que pasé en la Santa Montaña. Aquí y allá se oían las exclamaciones vivas y apresuradas de los monjes: "¡Es por aquí! ¡Cuidado! ¡Avancen! ¡Luz, hermano Vasili! ¡Padre Pamvo, ya falta poco!, etcétera, pero pese a lo animado de estas frases y a la premura con que eran pronunciadas, había en ellas algo especial. No se elevaba la voz, no transmitían irritación o enojo, no se apreciaba en ellas el menor deje de desprecio o brusquedad. Aquellas voces apresuradas sonaban dulces, puras y libres: prueba de que los monjes a los que habíamos despertado eran auténticos religiosos. Y lo mismo sucede en todo momento y en todo el territorio athonita: en los monasterios y en Karyés, en los senderos que hay en los bosques y en las lanchas atracadas en las orillas. En todo, en las palabras y en las acciones, reina una impasibilidad total, un sosiego que cada vez que la ocasión se

---

[5] El Monte Athos se rige por el horario bizantino, según el cual la medianoche es el amanecer.

presenta se vuelve cordialidad y clemencia. "¡Déme su bendición!" "¡Que Dios lo bendiga!" "¡Bendito sea!" —estas son las palabras de saludo que se intercambian cuando se encuentran por los caminos quienes los transitan– a pie o a caballo. En el transcurso de dos semanas no oí ni un solo grito, ni una sola palabra colérica; el primer día me dejó estupefacto este silencio inaudito, reflejo directo y manifestación de todo un universo espiritual, pero en adelante me sedujo cada vez más. Así vive la península, toda, sus diez mil habitantes.

Un día después de mi llegada me invitaron a conocer al higúmeno y fue entonces cuando vi al padre Makario. Pero antes de hablar de él, quiero dedicar un momento *al lugar donde se desarrolla la acción:* al Monte Athos, su belleza exterior, su belleza natural.

El emplazamiento de nuestro monasterio no tiene, por desgracia, un encanto especial. Se encuentra en una orilla bastante abrupta, como enclavado en ella, y sus construcciones, que crecen de manera irregular hacia arriba, sólo lucen desde el mar. Aquí hay una única hermosura: el mar, una hermosura que es común a todo el Monte Athos, que lo abraza por todos lados. El mar se veía desde las ventanas de la celda que me asignaron; el mar brillaba en los ventanales de la nueva y espaciosa iglesia donde se me destinó un lugar para que pudiera asistir a las liturgias. El mar es una inmensa hermosura, es la mitad de todas las hermosuras del mundo y quien ha sucumbido a sus encantos ya no es capaz de cambiarlo por nada. Una masa ilimitada de agua diáfana como el cristal que unas veces dibuja olas tranquilas y retozonas y otras se revuelve amenazante y violenta, pero que en cada movimiento y con los cambios de luz que a lo largo del día y de la noche se suceden, adquiere, en virtud de su pureza, tonos y matices de una finura, una nitidez y una fuerza prodigiosas. La contemplación del mar es, por eso, un auténtico agasajo para la vista.

Pero a mí me deleitaban también otras hermosuras del Monte Athos. Un par de días después de mi llegada, los monjes me propusieron algo que me apetecía mucho: una excursión por la Santa Montaña. Ese tipo de excursiones son aquí, es obvio, ordinarias, y durante mi estadía dos veces dejé nuestro monasterio para ir de visita a otros. Pasaba, además, días enteros andando por las veredas y los caminos, rodeado del esplendor y del encanto de los paisajes de la península del Monte Athos. Diré sin más rodeos que ningún lugar ni ningún viaje me ha producido un deleite tan intenso como estas excursiones; la *lujuria de la vista* jamás fue satisfecha con un alimento tan abundante y tan dulce como entonces.

Mucho dependía del medio de transporte. En el Monte Athos casi no existen caminos para vehículos con ruedas. Todo se hace a lomo de mulo, esos animales tan apreciados donde hay montañas y donde no hay senderos. Cualquier trayecto aquí se hace *al paso*, de modo que en *una hora de camino* no se recorren más de cinco verstas. Nada puede ser mejor para alguien que tiene ganas de ver y de observar. El 3 de septiembre, después del servicio religioso, el padre G. —que habría de ser mi guía— y yo, nos montamos en un par de mulos. El arriero, un griego que trabajaba como asalariado en el monasterio, tomó las riendas de mi mulo y se echó a andar; dejamos atrás el monasterio y nos enfilamos por una quebrada que conducía a la montaña y a la que todavía no llegaban los rayos del sol. Al cabo de unas cuantas verstas ya me había yo acostumbrado a mi postura y fui capaz de apreciar la asombrosa comodidad que ésta me ofrecía. Iba sobre el mulo tan a gusto como si estuviera en un sillón, y ese incomparable animal muy pronto fue merecedor de mi más absoluta confianza. No había necesidad de guiarlo, y temerle habría sido un acto de imperdonable aprensión. Por más empinada que sea la subida o abrupta la bajada, por más sembrado que esté el camino de pedruscos o de baches, los mulos siempre suben y bajan con paso regular y sus patas jamás flaquean, nunca pisan en falso. Durante toda la excursión, sólo una vez se le resbaló ligeramente la pezuña trasera. Pronto le pedí al arriero que me diera aquellas inútiles riendas y experimenté una sensación de libertad total. No sólo pude admirar a mis anchas el paisaje mientras conversaba con el cordial guía, sino que incluso pude abrir mi sombrilla en los trechos que no estaban al resguardo del sol ardiente, liar cigarrillos, encenderlos y fumar, y todo con tanta comodidad como si fuera en una calesa con ruedas.

Aquellas largas horas que pasé a lomo de mulo se quedaron muy bien grabadas en mi memoria. ¡Cuánta belleza! Ahora los recuerdos se han mezclado y no sería capaz de relatar las cosas en orden; pero veo, como si hubiera sido ayer, ese lugar desierto, espléndido y luminoso. La península, que se extiende a lo largo de ochenta verstas, tiene el aspecto de un jardín abandonado del que ahora es dueña la maleza. En algunos lugares los árboles meridionales con su original pátina oscura —los castaños, los robles, los sicomoros— forman altos bosques centenarios. Pero el terreno es montañoso; de continuo se topa uno con claros, con barrancos, con colinas y peñascos; la orilla del mar, a veces en suave pendiente y a veces escarpada, de pronto queda al descubierto desde arriba, y luego se pierde para volver a aparecer, pero ya desde otro ángulo; y a veces, cuando uno se encuentra en la cresta, el mar se ofrece a la vista por ambos lados. Describir la naturaleza no es cosa sencilla. Quien haya estado en la costa sur de Crimea que se imagine que dos franjas como aquélla —de jardines y de rocas— se encuentran colocadas espalda contra espalda a lo largo de la línea por la que se dibuja la cresta del Yaila. Que se imagine luego que esta doble "costa sur", tiene un clima y una vegetación más exuberantes y un bosque espeso en la cima. Quizá eso sea lo más parecido al Monte Athos. Nunca olvidaré la mañana en que salimos muy temprano de Simonos Petra, después de haber pasado allí la noche. La vereda se encuentra muy en alto, sobre los acantilados, y podíamos ver las olas y oírlas reventar contra la orilla rocosa. ¡Dios mío, cuánto espacio y cuánta luz, cuánta transparencia y cuánta nitidez en cada contorno, qué océano de radiante belleza!

No en vano, desde los tiempos más remotos, eligieron los monjes estos solitarios parajes. Ya se sabe que los monjes aprecian, y mucho, la hermosura de la naturaleza. Basta con recordar el emplazamiento de cualquiera de nuestros monasterios en Rusia. Si somos atentos nos daremos cuenta de que el lugar ha sido elegido, invariablemente, con el gusto más refinado y exquisito. Y así, el regocijo de los ojos, el deleite que produce el espectáculo de la naturaleza se encuentra, es obvio, en plena armonía con la más pura devoción, incluso con las más elevadas proezas espirituales. En ese sentido mucho me sorprendió un relato del monje Parfeni. Cuenta que cuando llegó al Monte Athos se puso a preguntar quién gozaba de mayor fama por su vida de santidad. Casi a una voz le respondieron que por encima de todos estaba el anacoreta Arseni. Entonces Parfeni se dio a la tarea de buscar su celda, llegó hasta ella y fue recibido por Arseni y aceptado como discípulo suyo. Pero he aquí lo que el propio Parfeni dice de esa celda:

"La celda está en la montaña, muy en alto, en un lugar abierto desde donde se ve casi toda la parte oriental de la Santa Montaña: al sur, la vista llega hasta el mismo Monte Athos y a todo el territorio athonita; al norte alcanza el convento del Pantokrátor y la ermita de la Virgen; al oriente, del lado del mar, muy cerca de la montaña se encuentra el monasterio de Iviron que se ofrece abiertamente a la vista; también al oriente se encuentra el espléndido mar Egeo, que se extiende hasta los mismísimos Dardanelos. En medio del mar azulean cuatro islas: Tasos, Samotracia, Imbros y Lemnos; al noreste, en cambio, azulean las montañas de Macedonia; por los otros lados, la celda está rodeada de bosques y colinas. Cerca de la celda brota un manantial de agua fría y saludable. Aunque la celda está situada como una vela en un candelero, en plena belleza, se halla en un lugar casi impenetrable, de modo que aparentemente no puede accederse a ella por ningún sitio: todo en derredor son colinas y bosques impenetrables. Sin embargo, hay dos veredas que conducen hasta ella, una que se inicia al pie de la montaña y otra que viene desde la montaña, pero ambas son tan estrechas que cuesta trabajo columbrarlas".[6] He aquí uno de los paisajes del Monte Athos. El santo ermitaño eligió para sus oraciones un lugar apartado y solitario, pero desde donde se pudiera ver ese prodigioso panorama. Así se aseguraba un júbilo continuo; así sus ojos en todo momento podían deleitarse con la belleza del mundo de Dios. En este sentido el emplazamiento de algunos de los monasterios del Monte Athos es extraordinario. Por lo general, la construcción de todos estos conventos es apretada; alrededor de la iglesia principal —que se encuentra en el centro de un patio— están los pabellones destinados a las celdas. Todos estos pabellones juntos forman la valla del monasterio; los hay de varias pisos, hasta seis o siete, y suelen elevarse por encima de las cúpulas de la iglesia que está en el centro; así, las ventanas exteriores de los pisos más altos tienen unas vistas incomparables. Dos monasterios, el Dionysiou y el Simonos Petra, en esta búsqueda de la luz y del espacio, alcanzaron el grado sumo de lo imaginable. Están construidos a una gran altura sobre una orilla de piedra casi cortada a plomo, y lo están de tal forma que las paredes de los edificios se encuentran justo en el extremo y se hacen uno con el precipicio de la orilla. El monasterio de Simonos Petra, por si esto fuera poco, ocupa toda una saliente ovalada que se halla separada del resto de esa orilla por un precipicio considerable; parece que se encontrara en un pico aparte y fuera la continuación de ese pico hacia arriba. Ahora imagínense un piso tras otro siguiendo esa línea ascendente. El Dionysiou tiene cinco, el Simonos Petra, creo, llega a ocho; por fuera, a lo largo de cada uno de los pisos hay balcones de madera, y se puede pasear tranquilamente por ellos. ¡Qué vista! El mar azulea y resplandece justo debajo de uno, alrededor está el espacio infinito salpicado de montañas e islas

[6] *La leyenda de las peregrinaciones y los viajes de Parfeni, monje del Monte Athos, a través de Rusia, Moldavia, Turquía y Tierra Santa,* segunda parte, p. 129. Moscú, 1855. [A.]

lejanas y, como marco, los bosques, las colinas, los peñascos y las calas de la península athonita. Pero eso no es todo; gracias a cierto refinamiento en todo este deleite, los prodigiosos balcones poseen una particularidad que no puede pasar inadvertida: entre las hermosas y bien aseguradas tablas del suelo han sido dejadas delgadas ranuras, finos espacios vacíos que hacen que se tenga la impresión de que el color azul del mar con todos sus destellos estalla allí, donde uno está pisando...

V

En mi memoria, la Santa Montaña quedó grabada como una belleza luminosa, alegre. Y también sus habitantes, pese a que no pude tratarlos demasiado, dejaron en mí la impresión de personas luminosas y alegres. En contra de la vida monástica, ya se sabe, los prejuicios son obstinados y abismales. Hoy en día los seglares han edificado su vida sobre unos principios tales que incluso han perdido la posibilidad de entender aquello a lo que los monjes se dedican. Vogüé, ese escritor francés al que tanto quieren y tanto leen en Rusia, tiene un libro donde relata entretenida y detalladamente su viaje al Monte Athos en 1875. Como conclusión, escribe:

"¡El pasado y el silencio! El hombre no sólo vive de estas dos negaciones; uno se convence rápidamente de ello después de una estancia en el Athos. Hemos perdido la esperanza de poner en palabras la sensación de agobio y malestar, el *spleen* que se desprende de esa existencia artificial, el entorpecimiento que se adueña del espíritu en esta excursión a través de los sepulcros. Un velo luctuoso se extiende imperceptiblemente sobre esa naturaleza soberbia y majestuosa pero aquejada por la esterilidad; el ojo lo ve todo negro, la náusea se apodera del estómago a fuerza de respirar los insulsos olores del embalsamamiento: esos fantasmas de cera con miradas apagadas pululan en las celdas soñolientas. Durante los últimos días en vano buscamos algo agradable que nos recordara la vida ausente: nos pareció que todo rezumaba tristeza..."

Ese es el tono que casi todo el mundo utiliza para hablar de la vida de los monjes. Aun el riguroso Fallmerayer, que en su ensayo hace observaciones geniales sobre la diferencia entre Oriente y Occidente y que es capaz de valorar con tanta profundidad *el sosiego* del alma, aun él atribuye cierta "melancolía" a esos seres a los que llama *Weltüberwinder*.

No obstante, los monjes jamás dicen nada que se le parezca. Consideran un pecado sucumbir al abatimiento y la tristeza, e intentan mantener alejados esos sentimientos. Pero lo más importante es que para ellos su vida —por su esencia misma— es una vida feliz, llena de las mejores alegrías que el hombre ha alcanzado en la Tierra. Tomen por ejemplo las *Cartas de un monje athonita,* o mejor aún *Las peregrinaciones del monje Parfeni* y se convencerán, no cabe duda, de que en la vida de un monje auténtico hay muchas alegrías sublimes, de que los monjes aman sinceramente su medio y sus ejercicios espirituales y de que se consideran mucho más afortunados que cualquiera de los seglares. La opinión equivocada que se tiene de la vida de los monjes, creo yo, se origina en dos puntos importantes: el concepto erróneo que suele tenerse de sus *privaciones* y el concepto erróneo que también suele tenerse de sus *trabajos*. A menudo los seglares, con una incomprensible desvergüenza, se dedican a compadecer a los monjes porque éstos se privan de dos grandes bienes: la carne y las mujeres. ¡Como si *la lujuria de la carne* fuera el gran ornamento de la vida humana! Sin embargo, la mayoría, ya lo sabemos, profesa esta fe, por eso en todo el mundo civilizado se rinde culto —amplia y celosamente— al estómago y a la espalda. Pero no hay que olvidar que este culto no puede, de ninguna manera, colmar nuestra vida de una felicidad plena; se trata de alegrías que pronto palidecen y por lo general terminan así: la persona cae en una penosa y lamentable esclavitud de su propio estómago y de su propia espalda. En cuanto a las mujeres, no en vano esto siempre va unido a un sentimiento de *vergüenza*, indicio inequívoco del pecado y del mal, como bien apunta Schopenhauer. Y bien, ¿por qué hemos de considerar infelices a estos seres que se hallan definitivamente libres de todo cuanto puede conducir a la esclavitud o despertar vergüenza?

A Vogüé le desagrada la alimentación de los monjes del Monte Athos. "Pepinos o calabacitas hervidas, pescados salados, queso de cabra, una sandía... Esta comida, eminentemente hostil para los estómagos europeos [...]". Pienso que esta *hostilidad* tiene su origen en la aparición de la sandía. Para los franceses la sandía es algo horrendo y resulta imposible vencer el prejuicio que tienen contra esta inocente fruta. ¡La fuerza de la costumbre, "de la monstruosa costumbre"!

Cuando habla de la excursión que hizo a Karyés, Vogüé observa: "¡Qué agradable y grato habría sido el encuentro con este pequeño lugar si estuviera animado por jóvenes madres hilando en la entrada de sus casas, por los gritos de los niños al oír los cascos de los caballos golpeteando contra el empedrado húmedo, por el cacareo de las gallinas y los ladridos de los perros! Pero no: al oír el ruido de nuestra caravana sólo se asoman por los ventanucos unos gorros negros, a los que siguen unos rostros demacrados y unos ojos tristes que vagan lánguidos por los extensos territorios del hastío". Un poco después, el autor compadece incluso al gato del higúmeno que "pasea tristemente su forzado celibato". ¿Acaso no es extraño que estos pensamientos aparezcan justamente allí, donde no tendrían por qué presentarse? Es natural que el silencio y la tranquilidad le resulten insoportables a un temperamento vivo, pero definitivamente huelga sacar conclusiones a propósito de los "extensos territorios del hastío", del "spleen que se desprende de esa existencia artificial", de la "tristeza que todo rezuma", etcétera. Es una tonalidad falsa, inventada, una tonalidad que deforma la realidad. El propio Vogüé en todos los pasajes donde cuenta el trato que tuvo con los monjes, sin proponérselo da fe de su "alegría", de su "bondad candorosa y comunicativa" y de sus "animadas charlas"; en su memoria quedó indeleblemente grabado, como él dice: "el recuerdo de su diligente hospitalidad, el encanto personal de cada uno de estos afables y sonrientes ancianos a los que hemos estrechado la mano". ¿Acaso parecen ser personas extenuadas por el desconsuelo y la tristeza? Un poco más adelante, al intentar desentrañar "el enigma de estas naturalezas incomprensibles", Vogüé escribe: "Las caras plácidas y sonrientes de los buenos kalóyeros dicen con suficiente claridad que no fueron dramas personales los que poblaron estos retiros." Esto desconcierta, abiertamente, a nuestro viajero. Por otro lado, casi nadie sabe cómo explicar tal contradicción. Todos sentimos —aunque no sea sino levemente— lo que en nosotros hay de villanía y de maldad, y más o menos nos damos cuenta de que el arrepentimiento es necesario. Por eso siempre estamos dispuestos a imaginar que un monje es una persona que ha pecado mucho y que finalmente se ha entregado a la contrición. Como con tanta frecuencia vemos corazones destrozados, vidas desbaratadas, almas agotadas, somos más o menos capaces de entender que haya un ansia de sosiego y por eso nos explicamos el monacato como una necesidad de soledad, un acto de retiro. Pero no somos capaces de entender qué hay más allá de eso. Que en la contrición el alma se cura y se ilumina, que en el retiro el hombre no sólo se refugia de la gente sino que es capaz de sentir un gozoso acercamiento a Dios, en una palabra, que el monacato es el camino de la auténtica dicha y que, por consiguiente, es posible buscar esa dicha sin ser necesariamente un gran pecador ni un gran desdichado es algo que no podemos entender porque está fuera de los límites de cuanto somos capaces de imaginar.

Quien haya estado en el Monte Athos, quien haya conocido el trato afable de los ancianos monjes athonitas y su inagotable bondad, nunca verá en ellos a personas agobiadas por el desconsuelo y la tristeza. Por lo demás, no esperaba yo otra cosa; de antemano sabía que el regocijo puro es uno de los rasgos habituales en los anacoretas. Ya del primero de los monjes, de Antonio el Grande, Athanasi escribió que, pese a su fealdad, su rostro brillaba con un encanto excepcional y que "la alegría por el regocijo del alma" era tan grande en él que bastaba para saber quién era Antonio, sin que importara cuántos monjes estuvieran alrededor.[7] Y así, los rostros radiantes de muchos de los monjes y sus animadas conversaciones no me sorprendieron; pero, con todo, había casos particularmente notables. Cuando con motivo de la fiesta del 8 de septiembre el higúmeno nos invitó a tomar té en el *arjontariki* (el salón para recepciones del monasterio), me tocó estar al lado de un grupo de religiosos griegos. Uno de ellos, de pelo cano, un anciano de unos ochenta años, alto, de pronto se puso a abrazarme mirándome con ternura a la cara y dándome palmaditas en la espalda; todo el tiempo reía en voz bastante alta y de buena gana: se reía con el alma. Este sencillo saludo me resultó tremendamente agradable; más tarde me dijeron que el anciano monje a quien, era evidente, por alguna razón yo le había simpatizado, gozaba de un enorme respeto en nuestro monasterio. Otro monje, que me sorprendió por su risa constante, también resultó ser griego, era higúmeno, si no me equivoco, del monasterio Dionysiou. Nos quedamos en su convento y, mientras por órdenes suyas nos agasajaban, se dedicó a hacerme preguntas sobre Rusia y sobre temas políticos. Estaba sentado a cierta distancia en un ancho sillón, con las piernas recogidas debajo del cuerpo y, mientras dejaba oír su risa jovial, pasaba las cuentas de su rosario. Los monjes de nuestro monasterio ruso, en su mayoría parecían apacibles y tranquilos, pero el padre Ap., con quien me atrevería a decir que trabé amistad, era el que tenía el rostro más luminoso y la conversación más jovial. En varias ocasiones fue a visitarme a mi celda y a veces, con ese motivo, mandaba a buscar un poco de vino con el padre encargado de los huéspedes, y mientras yo tomaba un café con poso turco y él un vino tinto, conversábamos. Escribo todo esto para mostrar

---

[7] Obras de Athanasi, arzobispo de Alejandría, tercera parte, pp. 263-264. [A.]

que los monjes que gozan de mayor respeto y que tienen los cargos más altos son ajenos a cualquier severidad exagerada y que en la situación en la que están no se sienten ni abatidos ni postrados, no se sienten oprimidos: esa vida, aparentemente tan artificial, se ha vuelto para ellos natural y no les causa ninguna congoja. El afectuoso padre Ap. estaba considerado como uno de los monjes más rigurosos y ejemplares.

VI

El higúmeno, el padre Makario, también pertenecía a ese grupo de monjes *luminosos*. Mi intención era dedicarle algunas palabras, pero ahora que ha llegado el momento de hablar de él, me siento incapaz de transmitir la impresión que me produjo. ¿Qué puedo decir? Su apariencia, su manera de hablar y sus movimientos me sedujeron desde la primera mirada, y me sedujeron a tal punto que no perdía yo una sola de sus palabras, me esforzaba por estar durante la liturgia en las iglesias donde él oficiaba, y con profunda alegría oía sus sermones. Únicamente tres o cuatro veces tuve la fortuna de verlo fuera del templo. Pero la belleza de su rostro y de su voz aunada a la sencillez, la vivacidad y la apacible bondad que cada uno de sus movimientos transmitía me causaron una honda impresión. No era alto, pero sus muy bien proporcionadas facciones eran grandes; la piel de su rostro era pálida y tersa, parecía tallado en marfil; sus bellísimos y grandes ojos grises eran, sin duda, miopes (a veces los entornaba) y traslucían esa pureza que sólo tienen los ojos de los hombres que se conservan vírgenes y de los que guardan rigurosamente el ayuno. No sonreía, pero su rostro estaba, cómo decirlo, siempre listo para la sonrisa. Su lenguaje no era en absoluto libresco ni falto de naturalidad; carecía de la grandilocuencia predicadora o de la mórbida oratoria que con tanta frecuencia están presentes en los personajes eclesiásticos. El suyo era un lenguaje conciso, sencillo, siempre lleno de vida. Y bromeaba continuamente, en cada cosa encontraba un aspecto divertido, era como si quitara seriedad a los trabajos que él mismo realizaba y lo mismo hacía con los sucesos buenos y malos de la vida cotidiana de los que se hablara. Parecía que en todo el monasterio no hubiera nadie tan ligero y tan despreocupado como este higúmeno cuando en realidad no había nadie tan sobrecargado y tan lleno de ocupaciones como él. Los monjes sentían veneración frente al sublime ejemplo que él daba. Nadie cumplía de manera tan rigurosa todos y cada uno de los ejercicios de la oración: "arde como un cirio frente a nosotros", comentaban los monjes. El resto del tiempo, se dedicaba a la administración del monasterio. Los monjes no pueden hacer nada sin la "bendición" del higúmeno, y todos los días, parte de los setecientos hermanos,[8] formaban ininterrumpidas y largas filas que avanzaban hacia el higúmeno con peticiones o en busca de disposiciones. Seguramente no dormía más de tres o cuatro horas.[9] Los monjes se quejaban conmigo de que el higúmeno era demasiado bueno, que no negaba nada a los hermanos y que por eso acudían a él incluso por nimiedades.

    Olvidé decir que tanto los movimientos como las actitudes del padre Makario tenían el mismo carácter luminoso que todo lo demás; más que armonía y dulzura rebuscadas, en ellos se advertía vivacidad y energía. Pero ¿qué hacía que en su aspecto hubiera algo majestuoso y al mismo tiempo extraordinariamente sencillo? ¿Qué que durante los servicios religiosos hubiera algo tan profundamente piadoso? ¿Por qué en sus lecturas y en sus sermones desde el altar no había ni sombra de automatismo? ¿Por qué sonaban tan sinceramente devotos? A estas preguntas no se puede responder con palabras.

    El padre Makario descendía del linaje de los ricos mercaderes de Sushkin, y quizá el brío y la lucidez que irradiaba

---

[8] G. Kraskovski escribe que el número de hermanos ahora ha llegado a los mil doscientos. (*Moskovskie vedemosti,* N° 182.) [A.]
[9] Véase: "Remembranzas", de K. N. Leóntiev, en *El ciudadano*, 1889, N° 191-211. [A.]

fueran una especie de herencia de la vitalidad y la diligencia propias de los comerciantes. Murió a los 69 años habiéndose hecho monje en 1851; fue higúmeno desde 1875.

VII

El acceso al padre higúmeno era muy difícil; pero resultó que visitar a los otros monjes también era casi imposible. Como es natural, yo tenía muchos deseos de acercarme a ellos y su inalterable afabilidad parecía eliminar cualquier complicación para hacerlo. Fui a ver al padre R. pero en el momento en que llegué estaba durmiendo y me mortificó mucho haberlo despertado; me dirigí a ver al padre Ap. y lo encontré leyendo las "reglas": por supuesto que me retiré de inmediato, habiendo tenido apenas tiempo de atisbar la espléndida vista del mar desde el pequeño tragaluz en el que me hizo reparar el propio habitante de la celda. Finalmente decidí suspender estas tentativas y lo que hice fue pedir a los monjes que me visitaran, si para ello encontraban un momento.

Pero casi no tienen tiempo libre. Para dedicarse a su ocupación principal —la plegaria— han de asistir a todas las liturgias de la iglesia y estas liturgias, tomadas en su conjunto, se prolongan durante doce, quince y a veces hasta veinte horas diariamente. Quienes ofician el servicio y quienes comulgan (y todos comulgan una o dos veces por semana) rezan, además, otras oraciones especiales. Como consecuencia, por lo general los monjes no disponen de siete u ocho horas seguidas para descansar, y por lo tanto duermen poco y sólo logran reponerse tras dos o tres tandas de sueño. Y así es todo el año y todos los días del año. Las festividades se distinguen porque las liturgias son más solemnes y más largas, y porque las vísperas, que empiezan a la una de la mañana en días normales, los días de fiesta comienzan a las siete de la tarde y terminan, como siempre, hacia las cinco de la madrugada.

Esa es la actividad principal de los monjes, ese su *trabajo* continuo e incesante. Ni un solo rasgo de la vida monástica en el Monte Athos produce a los seglares tanto estupor, casi podría decir terror, como estos prolongados rezos. Fallmerayer se refiere a ellos así:

"Gran parte de las ocho horas que en la iglesia se dedican diariamente a la oración y al canto de los salmos, por lo menos en invierno, transcurre de noche. Y, no contentos con este ascetismo, cada sábado y en vísperas de determinadas festividades, los padres del monasterio Dionysiou, al caer el sol, vuelven de nuevo a la iglesia y cantan y rezan y esparcen incienso y consagran sus pensamientos y sus alabanzas a Dios durante toda la noche, sin descanso, hasta que no asoma la aurora; sólo entonces se inicia el solemne oficio divino que no dan por terminado sino más de dos horas después de la salida del sol. El higúmeno ha de estar siempre en la iglesia. Durante las noches de invierno la tortura *(Qual)* con frecuencia se alarga a no menos de quince horas; pero los rigurosos monjes, cuya sed de oración no queda saciada con estos ejercicios, inmediatamente después de la liturgia que se oficia para todos, continúan la plegaria y la vigilia de manera particular, en su propia celda, y poco a poco alcanzan las veintidós horas de ininterrumpida oración y suplicio *(Pienigung)*". "De estas vigilias nocturnas en la iglesia latina no quedó sino el nombre *(Vigil)*, en la griega junto con el nombre se conservó el hecho mismo, algo que yo, de no haber estado en el Monte Athos, no podría creer".

"Los monjes del Dionysiou y del Simonos Petra son auténticos mártires y podrían hacerse respetar aun por los más sarcásticos. La Iglesia, que alienta a sus fieles a comportarse con tanto rigor consigo mismos y los anima a tales actos de heroísmo, tiene en su poder, es de pensarse, medios y fuerzas mucho mayores de las que con frecuencia se le atribuyen a la iglesia de Oriente". "¿Qué diría de una vida así un sibarita de Occidente?" y etcétera.[10]

---

[10] *Fragmente aus dem Orient*, II, pp. 104-105. A propósito, el doctor Moritz Busch piensa de una manera totalmente distinta y anota: "El Monte Athos es en este mo-

Pero ¿por qué nos parece algo tan difícil y tan amargo? ¿Será que nos resulta insólita una ocupación que se come doce o a veces hasta quince horas al día? De ninguna manera. Pensemos en un científico, en un estudiante, incluso en un escolar que de la mañana a la noche está sentado frente a las matemáticas o al griego o al sánscrito. Pensemos en un comerciante que se pasa los días detrás de su mostrador, o en un pequeño burócrata enterrado a veces bajo una montaña de papeles, o en un ministro de un gran ministerio que no hace sino recibir informes y dar órdenes... ¿Acaso es poca la gente a nuestro alrededor que no tiene lo que se llama "un minuto para respirar"?

Y, sin embargo, estas actividades ni con mucho nos asustan tanto como nos asusta la oración. Además, por lo general olvidamos que la plegaria es, por su esencia, incomparablemente más atractiva que cualquier otra cosa de esa naturaleza. La plegaria es una manera de dirigirse a Dios y, si de verdad oramos, si de verdad nos dirigimos a Dios, la plegaria hace que nuestra alma alcance un estado superior y de inmenso regocijo. Pero llegado este momento creo que hay que acudir a la reflexión que hace Platón (en *Protágoras*) cuando habla de la bondad del alma, es decir, que *ser* bueno es muy fácil, pero *volverse* bueno para alguien que no lo es, es muy difícil. Lo mismo ocurre con la oración: es dulce para quien está sinceramente dispuesto a orar; pero es tan raro que sintamos esta disposición, es tan difícil que despertemos en nosotros, aunque sólo sea por unos instantes, una pizca de este espíritu, que todo oficio eclesiástico suscita en nosotros una lucha insufrible y un tedio gigantesco, y para muchos representa, incluso, un auténtico martirio.

A propósito, por todos lados hay mártires, como bien señaló Lev Tolstói. Yo he tenido oportunidad de ver algunos en la ópera y me he quedado estupefacto: una espléndida escenografía decora el escenario, desde el foso llegan oleadas de una

---

mento el pilar más importante de toda la tontería, el atraso y la estrechez que conforman la esencia de la iglesia ortodoxa de Oriente. (*Die Türkei. Reise-Handbuch*, 3-te Ausg. Wien, 1881, p. 203.) Quienquiera que sea este Busch, salta a la vista que es un letrado que, no cabe duda, penetra en la esencia de las cosas. [A.]

música sublime, los cantantes — con la tensión de los exaltados sentimientos a los que la trama los obliga — derraman sus pasiones apoyándose en sugestivas melodías... Y uno tiene enfrente a un espectador confundido que se debate penosamente sin saber qué hacer con su persona. Posó sus ojos en el escenario durante unos minutos y ahora mira a su alrededor, voltea a ver el techo, culebrea y se acomoda en la butaca, inclina la cabeza a la derecha, a la izquierda, estira el brazo y se contempla la punta de los dedos, echa un vistazo al interior de su sombrero... ¡No hay salvación! Por fin llega el ansiado entreacto, sale impetuosamente y en ocasiones es sensato y no vuelve al lugar del suplicio. ¡Así de difícil es para el hombre ser libre de espíritu! ¡Así de complicado es para nosotros vivir, aunque sea unos instantes, de algo más que de nuestros propios intereses, de esos pequeños afanes y entretenimientos de los que está hecha nuestra vida y en los que nos sentimos como el pez en el agua!

En el monasterio se me concedió, por supuesto, libertad absoluta para mis ocupaciones y mi tiempo libre, y al principio no alteré la práctica habitual de mi día. Comencé, eso sí, desde el primer momento, a asistir a los servicios religiosos, aunque no a todos; además, solía llegar cuando ya la misa había empezado y me iba mucho antes de que hubiera terminado. Sin embargo, el pulso de la vida monástica que latía con regularidad, pronto comenzó a resultarme atractivo. Solo, en mi celda, era capaz de percibir cuando el monasterio dormía a plena luz del sol, y también cuando se despertaba y se dirigía a las iglesias. Todo quedaba en silencio y soledad y los cánticos religiosos llegaban quedos desde varios puntos. Cuando de esa manera se hacía evidente que ya todos estaban en la iglesia, junto a sus *formas*[11] u oficiando, me resultaba imposible seguir solo en la celda. Iba hacia allá, adonde estaban todos, y me paraba

---

[11] Nuestros monjes llaman *forma* a un sitio individual, pegado a la pared, al que se han puesto brazos para que, estando de pie, puedan recargarse los codos; a veces también llaman así a un pequeño asiento movible. Sin estas *formas* sería impensable permanecer tantas horas de pie, y cada monje tiene su propia *forma*. [A.]

al lado de mi *forma*. Pasé muchas, muchas horas de consuelo junto a esa *forma*. Sobre todo me gustaban las vísperas con sus variaciones en la luz, en los cánticos y en las lecturas que de manera tan expresiva y bella se llevan a cabo en el Monte Athos. El oficio eclesiástico se inicia como de costumbre, pero poco a poco se intensifica la iluminación gracias a las velas que van encendiéndose casi imperceptiblemente y dos coros entonan, en alternancia, oraciones solemnes. Las velas se llevan al centro de la iglesia, los sacerdotes con sus casullas salen del altar y comienzan, también ellos, a cantar a coro. La iglesia, toda, se inunda de luz y de canto; a veces también se enciende el inmenso lustro athonita. Pero poco a poco la celebración se acalla; los cantantes enmudecen, los sacerdotes entran de nuevo en el altar, el lustro y las velas se van apagando una a una y la iglesia se sume progresivamente en la penumbra y el silencio. En el centro del templo queda un monje que, con una delgada velita de cera en la mano, lee en voz alta un libro acercando la llama hasta la página. Pasa media hora, una hora, la lectura termina, y el oficio comienza de nuevo, los coros se responden, las velas y los cirios se encienden, y las alabanzas son cada vez más grandes, y cada vez hay más y más luz. La elegancia de nuestros servicios religiosos en el Monte Athos es extraordinaria, y eso que yo sólo atisbé los aspectos más sencillos y superficiales.

Pero ¿hay vida en esta bella forma? Para muchos es incomprensible que día tras día puedan repetirse las mismas oraciones y los mismos oficios. Pero los escépticos se equivocan radicalmente. Si lo nuevo, lo que aún no ha ocurrido nos resulta agradable, también lo viejo, lo mil veces repetido, puede actuar en nosotros con todo su ímpetu, fortalecido incluso por la repetición. Una misma palabra, un mismo pensamiento puede hacer aflorar, día tras día, las lágrimas a nuestros ojos. Es obvio, sin embargo, que cuando se repite siempre lo mismo hay que luchar para no incurrir en el error de hacerlo maquinalmente. Mientras prestaba oído a las lecturas y a los rezos en el Monte Athos, más de una vez me asombró la sinceridad y la emoción con las que se realizan. Cada palabra se vocaliza; nadie se apresura y nadie canta o lee para los demás; lo hace, sobre todo, para sí mismo. Tiene lugar algo muy serio en la vida de estas personas, y la emotividad de sus plegarias suena en ocasiones con una fuerza indecible. Me admiraron sobre todo los cantantes, quienes, pensaba yo, debían acabar agotados después de aquellos prolongados oficios; pero no, pese a haber cantado todos los salmos de la liturgia, al final sus voces seguían sonando con el mismo sincero sentimiento del principio. Tampoco puedo olvidar el caso de *la oración repetida*. Estaba enfermo el *confesor*, el padre Jerónimo, y se elevaban al cielo plegarias especiales por su salud. Durante las vísperas, el maestro de capilla, el padre Ap. se acercó al icono de la Virgen y oró: "¡Virgen santísima, salva a tu esclavo Jerónimo y apiádate de él!" y repitió estas palabras *cuarenta* veces seguidas. Había un riesgo muy grande de hacerlo mecánicamente; pero el rezo del maestro de capilla era sincero y las cuarenta veces pronunció su oración con vivo sentimiento. No hay palabras capaces de describir la conmovedora expresividad, el ahínco, el ferviente celo con los que resonaba la plegaria gracias a la repetición. Sólo entonces entendí la belleza extraordinaria de estas repeticiones cuando se hacen como debe ser.

Así viven los monjes en el Monte Athos. Viven en la iglesia, en la plegaria, porque su tiempo libre y el resto de sus ocupaciones son absolutamente irrelevantes en comparación con ésta. ¿Hay derecho a calificar esta vida de suplicio? ¿De tortura? Más bien se podría decir que habiendo conseguido la posibilidad de orar verdaderamente, de sentir auténtico fervor por las ceremonias religiosas, viven una vida feliz. Así nos figuramos a los ángeles, así los imaginamos, siempre frente a Dios, sin apartar sus miradas del rostro divino. Sí, existen monjes que a través de la lucha y el trabajo han podido elevarse hasta la altura de esa vida, y la comparación con los ángeles se cumple en más de uno. ¿Acaso puede haber felicidad mayor?

Por lo demás, no voy a insistir. No importa que en mis impresiones y en mis apreciaciones se perciba cierto apasionamiento. Sólo quiero añadir una cosa: estas interminables plegarias quedaron en mi memoria unidas de forma indeleble a la idea del Monte Athos. Cuando me acuerdo de mi viaje y de aquellos afables monjes, no los puedo pensar sino en la iglesia, rezando. Los veo allá, allende los mares, en el luminoso sur, en su floreciente desierto, en los templos grandes y en los pequeños, con sus rostros y sus corazones siempre vueltos hacia Dios. Cada vez que me acuerdo de ellos, de buena mañana, a media tarde o por la noche, sé lo que están haciendo: están entonando cánticos y alabanzas, o guardando silencio y venerando a Dios. Y desde hace ya mil años, ocho o diez mil monjes como éstos oran esas infinitas plegarias de las que yo fui testigo. Estos recuerdos, estas imágenes que afloran a mi memoria, hacen que se apodere de mi alma una extraordinaria emoción y aparezca ese sentimiento que tan claramente arde en el Monte Athos —la sed de la plegaria.

9 de septiembre de 1889

La colección

Antón Chéjov

Hace unos días pasé a ver a un conocido, el periodista Misha Kovrov. Estaba sentado en su sillón limándose las uñas y tomando un té. Me ofreció una taza.

—¡No bebo té sin pan —le dije—. ¡Manda que traigan pan!
—¡Por nada del mundo! A un enemigo, digamos, podría agasajarlo con pan, a un amigo jamás.
—Qué curioso... ¿Y por qué?
—Ahora verás por qué... ¡Ven acá!

Misha me llevó hasta una mesa y abrió un cajón:
—¡Mira!

Miré dentro del cajón y no vi absolutamente nada.
—No veo nada... Un poco de basura... Unos clavitos, unos trapitos, unas cuantas colitas...
—¡Eso es justamente lo que quiero que veas! Desde hace diez años colecciono estos trapitos, estas cuerdecitas y clavitos. ¡Una colección notable!

Y Misha recogió con una mano toda aquella basura y la esparció sobre una hoja de periódico.

—¿Ves este cerillo consumido? —me preguntó mientras me enseñaba un cerillo común y corriente, ligeramente carbonizado—. Es un cerillo muy interesante. El año pasado lo encontré en una rosca que compré en la panadería de Sebastiánov. Poco faltó para que me atragantara. Afortunadamente mi esposa estaba en casa y se puso a darme golpes en la espalda, que si no, el tal cerillo se me habría quedado atravesado en la garganta.

¿Ves esta uña? Hace tres años fue encontrada en un bizcocho, comprado en la panadería de Filípov. El bizcocho que, como sabes, no tiene ni pies ni manos, tenía uñas. ¡Travesuras de la naturaleza! Este trapito verde habitaba, hace cinco años, en un embutido comprado en una de las mejores tiendas moscovitas. Esta cucaracha, hoy seca, en otras épocas nadaba en las sopas de col que comía yo en la cafetería de una estación de trenes, y este clavo lo encontré en una croqueta, en esa misma estación. Esta colita de rata y este retacito de tafilete fueron encontrados en un mismo pan de los de Filípov. Esta anchoa, de la que ya no quedan sino los huesitos, la halló mi esposa en un pastel que le trajeron el día de su santo. Esta fiera que lleva el nombre de chinche, me fue servida en un tarro de cerveza en una cervecería alemana... Y este pedacito de guano estuve a punto de tragármelo en una taberna cuando devoraba con un apetito atroz una empanada de pescado... Y podríamos seguir y seguir querido.

—¡Qué colección maravillosa!

—Sí. Pesa libra y media, sin contar lo que por falta de atención debo de haberme tragado y digerido. Y me habré tragado unas cinco o seis libras...

Misha tomó con cuidado la hoja de periódico, admiró su colección unos cuantos segundos y la devolvió al cajón. Yo tomé la taza que me había ofrecido y comencé a sorber el té, ya sin pedirle que mandara por pan.

1883

Una historia china
SEIS CUADROS EN LUGAR DE UN RELATO

Mijaíl Bulgákov

1. EL RÍO Y EL RELOJ

Había una vez un insigne chino, un auténtico representante azafranado del Celeste imperio, de unos 25 años, ¿o cuarenta? ¡Quién sabe! Creo que tenía veintitrés.

Nadie sabe por qué el enigmático chino voló, como una hoja seca, varios miles de verstas y fue a dar a la orilla de un río, al lado de una muralla roída y almenada. El chino llevaba puesto un gorro con orejeras peludas, un abrigo corto con las costuras sueltas, unos pantalones acolchados rasgados en el trasero, y unas extraordinarias botas amarillas. Se veía que el chino tenía las piernas ligeramente torcidas, pero fuertes. El chino no tenía ni un centavo.

Un viento desagradable soplaba, despeinado, como el gorro con orejeras, a lo largo de la muralla almenada. Una mirada al río bastaba para convencerse de que era un río endiabladamente frío y ajeno. A espaldas del chino estaba la desierta línea del tranvía, frente al chino había granito poroso, detrás del granito, en la pendiente, una lancha con el fondo roto, detrás de la lancha el mismo maldito río, detrás del río otra vez el granito, y detrás del granito casas, casas de piedra, quién sabe cuantas casas. Por alguna razón aquel ridículo río corría por el centro mismo del pueblo.

Una vez que hubo admirado las largas chimeneas rojas y los techos verdes, el chino volvió la vista al cielo. Bueno, el cielo era lo peor de todo: gris-grisérrimo, nublado-nubladísimo... y muy bajo, bajísimo. Agarrándose de las águilas y de las cúpulas de las iglesias que se asomaban por detrás de la pared, abultadas nubes borrascosas se arrastraban por el cielo gris, sacando la panza. El cielo acabó por golpear al chino en el gorro peludo. Era absolutamente evidente que si no en este momento, sí dentro de muy poco aquel cielo dejaría caer una nieve mojada y fría, y que nada bueno, substancioso o agradable podía acontecer bajo ese cielo.

— ¡Oh! —farfulló el chino y añadió tristemente algunas palabras en una lengua que no entendía nadie.

El chino entornó los ojos y en ese momento surgió frente a él un sol muy caliente y redondo, un camino muy amarillo y polvoriento, el sorgo como un muro dorado a un lado, luego dos robles frondosos que proyectaban sobre la tierra agrietada una sombra cincelada, y el umbral de arcilla de una casa campesina. Y al chino le pareció verse de pequeño, en cuclillas, masticando una galleta muy sabrosa y acariciando la tierra tan caliente como el fuego con la mano izquierda que tenía libre. Tenía mucha sed pero le daba pereza levantarse, y esperaba a que su madre saliera de detrás del roble. Su madre llevaba dos cubos colgando de una palanca en los hombros, y en los cubos agua helada...

El chino sintió un profundo dolor interno, como producido por una navaja, y decidió que nuevamente se iría a través de los espacios infinitos. Pero irse, ¿cómo?, comer ¿qué? Ya lo solucionaría. Soy tsino... déjame subil vagó-ó-ón...

A la vuelta de la masa almenada, en lo alto, comenzó a sonar una música de campanas. Las campanas susurraban algo incomprensible, cada una iba a su aire y sin embargo era evidente que querían tocar armónica y victoriosamente cierta melodía. El chino dio la vuelta a la esquina y una vez que hubo echado un vistazo a lo lejos y arriba, se convenció de que la música provenía del negro reloj redondo con manecillas doradas que estaba en la alta torre gris. El reloj tocó y tocó y luego guardó silencio. El chino suspiró hondamente, siguió con la vista a una ruidosa y destartalada motocicleta que entró directo en la torre, se caló el gorro todavía más y se fue en dirección desconocida.

2. EL HUMO NEGRO. LA SALA DE CRISTAL

Por la noche el chino se encontraba lejos, muy lejos del reloj negro con el truco musical y también de las aspilleras grises. Se encontraba en la sucia periferia, en una casita de dos pisos en el segundo patio de paso, inmediatamente detrás del cual se abría un solar cubierto de vetas de nieve sucia y carcomida y trozos de ladrillo rojo. En el último cuartito, siguiendo el maloliente corredor, detrás de una puerta cubierta por un hule roto, hecho trizas, en una pequeña estufa ardía la leña con una llama lúgubre, rojiza apenas. Frente a la tapadera de la estufa que tenía agujeritos redondos y ardientes estaba sentado en cuclillas un chino muy viejo. Debía tener unos 55 años, o tal vez ochenta. Su cara parecía una corteza y, cuando abría la estufa, sus ojos parecían malos, como los del demonio, pero cuando la cerraba eran tristes, profundos y fríos. El chino joven se acomodó sobre una manta mugrosa y harapienta que cubría un catre desvencijado en el que habitaban enormes y belicosas chinches. Miró asustado y atento las sombras rojas y negras que ondulaban y se paseaban por el techo cubierto de hollín. Con frecuencia contraía los hombros, se metía la mano por el cuello, se rascaba furiosamente y oía lo que el chino viejo contaba.

El anciano inflaba los cachetes, soplaba en dirección a la estufa y se frotaba los ojos con los puños cuando le entraba el humo acre. En esos momentos se interrumpía el relato. Luego el chino viejo cerraba la puerta de la estufa, se perdía en la sombra y hablaba en una lengua desconocida para todos, salvo para el chino joven.

De las palabras del chino viejo se desprendía algo muy melancólico y muy breve. En ruso sería así: pan - no. Nadie -

no. Hambre. Mercadear - no y no. Cocaína - poca. Opio - no. Esto último lo subrayaba especialmente el astuto y viejo chino. No había opio. Opio - no, no hay. Es una lástima, pero no hay opio. Los viejos ojos chinos se ocultaban detrás de las fisuras rasgadas de sus párpados, y el fuego de la estufa no conseguía horadar su enigmática profundidad.
 –¿Qué hay? –preguntó el chino desesperanzado y movió los hombros convulsivamente.
 –¿Hay?
 Hubo, por supuesto, algo, pero siempre era de eso a lo que mejor es renunciar. –Frío - hay. La Checa que atrapa - hay. Golpes de cuchillo en el solar por un paquete con cocaína. Me lo arrebató el criminal, el granuja, el canalla ése de Nastka.
 El viejo señaló con el dedo la delgada pared. El chino, tras prestar atención, distinguió una ronca risa femenina, cierto chisporroteo y hervor.
 –Aguardiente casero - hay.
 Así lo aclaró el viejo y, apartando la manga de su sucia camisa, mostró sobre el antebrazo amarillo una cicatriz reciente, torcida, de unos doce centímetros de largo y que se entretejía con sus venas desiguales. Era evidente que se trataba de la marca que un cuchillo finlandés bien afilado había dejado. A la vista de la cicatriz púrpura, los ojos del chino viejo se velaron, su seco cuello se oscureció. Con la vista puesta en la pared, el viejo susurró en ruso:
 –¡Bandido - hay!
 Luego se inclinó, abrió la puerta de la estufa, introdujo en la boca de fuego dos trozos menudos de leña, infló los cachetes y adquirió así el aspecto de un demonio chino.
 Un cuarto de hora más tarde la leña crepitaba uniforme y vigorosamente y la negra chimenea comenzaba a ponerse roja. El calor inundó la pequeña habitación y el chino se quitó el abrigo, se bajó del catre y se acomodó en cuclillas en el suelo. El chino viejo, más apacible ahora por el calor, estaba sentado con las piernas cruzadas y trenzaba lentamente las palabras. El

chino joven entrecerraba sus párpados amarillos, respiraba con dificultad a causa del calor y de vez en cuando, apesadumbrado e indeciso, mascullaba alguna pregunta. Y el viejo refunfuñaba. A él, al viejo, le daba igual. Lenin - hay. El principal hay mucho. Burgueses - no, ¡o no! En cambio el Ejército rojo - hay. Mucho - hay. ¿La música? Sí, sí. Música hay porque Lenin hay. En la torre del reloj - ahí, ahí. ¿Detrás de la torre? Detrás de la torre - el Ejército rojo.

—¿A casa? No, ¡oh no! Salvoconducto - no hay. Chino bueno queda aquí tranquilo.

—Yo —¡bueno! ¿Dónde vivir?

—Vivir —no, no y no. El ejército rojo —en todas partes vivir.

—Lo-ojo... —aturdido, murmuró el chino joven mirando los agujeros de fuego.

Pasó una hora. Cesó el crepitar y los seis hoyos en la tapadera de la estufa miraban como seis ojos rojos. Envuelto en sombras movedizas y en un reflejo rojizo, cubierto de arrugas y terriblemente envejecido, el chino joven cayó al suelo y, con los brazos tendidos hacia el viejo, le suplicaba alguna cosa.

Pasó una hora, otra hora. Los seis ojos en la tapadera se apagaron y un dulce humo negro tendía hacia la ventana apenas entreabierta. La rendija superior de la puerta estaba completamente cubierta con trapos, y el hoyo de la cerradura taponado con cera sucia. En el suelo, la cocinilla de alcohol titilaba con una débil llama azulosa y, junto, el chino joven estaba acostado sobre su abrigo. Tenía en las manos un tubito amarillo de unos treinta y cinco centímetros con un dragón-lagartija aplastado encima. En una cánula de cobre, que parecía de oro, una esfera negra se derretía como un punto purpúreo. Del otro lado de la cocinilla, encima de una manta deshilachada, estaba echado el vejestorio chino, con un tubito igualmente amarillo. Y a su alrededor, como también alrededor del chino joven, flotaba y se desvanecía un humo negro que tendía hacia la ventana.

Al amanecer, vagamente se percibían sobre el suelo y junto a la lengua de fuego que se extinguía, las dentaduras de dos bocas —una amarilla con negro y otra blanca. Imposible adivinar dónde se encontraba el viejo. El joven estaba en la sala de cristal bajo el inmenso reloj que sonaba minuto a minuto, cada vez que las manecillas doradas recorrían un círculo. El sonido provocaba que el cristal se riera, y salía un Lenin muy contento con una blusa amarilla, una trenza larga y compacta, una gorrita con un botón en la sien. Tomaba por la cola a la manecilla-péndulo y la lanzaba a la derecha, entonces el reloj sonaba a la izquierda, y cuando la lanzaba a la izquierda, las campanas sonaban a la derecha. Una vez que hizo sonar las campanas, Lenin condujo al chino al balcón, para enseñarle el Ejército Rojo. Vivir - en la sala de cristal. Calor - hay. Nastka - hay. Nastka, una beldad indescriptible, caminaba por el espejo de cristal y sus piececitos —aun calzados— eran tan pequeños, que podían ocultarse en las fosas nasales. Pero el rufián de Nastka, un asesino, un bandido con cuchillo finlandés, quiso entrar en la sala, y entonces el chino se opuso, furioso y valiente como un gigante, empuñó su ancha espada y le cortó la cabeza. Y la cabeza cayó balcón abajo y el chino asió el cuerpo decapitado por las solapas y lo lanzó en pos de la cabeza. Y el mundo entero respiró aliviado y fue feliz de que un canalla como aquél ya no anduviera suelto por ahí con su cuchillo. Lenin, en recompensa, hizo que las campanas tocaran para el chino una melodía atronadora y le colgó en el pecho una estrella de diamantes. Las campanas de nuevo se pusieron a tocar, y tocaron y tocaron hasta que en la sala de cristal apareció el sorgo dorado, sobre la cabeza estaba el sol redondo y ardiente y la sombra cincelada del roble... Y su madre caminaba, y en los cubos que colgaban de sus hombros, llevaba agua helada...

3. NO HAY SUEÑOS, SÓLO REALIDAD

No se sabe qué pasó en la casita de dos pisos en el transcurso de los siguientes cuatro días. Se sabe que al quinto día el chino, que parecía cinco años más viejo, salió a la sucia calle, pero no llevaba puesto su abrigo, sino un costal con un sello negro que había quedado sobre la espalda del chino: *"Zeug*[1] *No. 4712".* Tampoco llevaba sus suntuosas botas amarillas, sino unos zapatos viejos, rojizos y desgastados, por los que se asomaban unos dedos gordos y colorados de uñas nacaradas. En la esquina, bajo el farol inclinado, el chino miró atento el cielo gris, hizo un movimiento decidido con la mano, y cantó, como un violín, para sí mismo:

—Los lo-o-jos...

Y se echó a andar en dirección desconocida.

4. EL CAMARADA CHINO

Y dos días después el chino se encontró encima de un catre de madera en una sala gigantesca con bóvedas semicirculares. El chino estaba sentado con las piernas colgando y los viejos zapatos puestos, como si estuviera en un anfiteatro, mientras abajo en la platea se amontonaban cabezas imberbes y barbadas metidas en yelmos adornados con grandes estrellas rojas. El chino estuvo mirando un buen tiempo las caras bajo las estrellas y, finalmente, cuando sintió que era indispensable atraer de alguna manera la atención, primero dibujó en su rostro la mejor de las sonrisas azafranadas y luego, con voz cantarina y dulce, relató todo aquello de lo que se había enterado durante su terrible recorrido desde el sol redondo hasta la capital con el reloj de campanas:

—Pan... subil al vagón... lojos... tsino... —y otras tres palabras, cuya unión daba una combinación sorprendente, que poseía un efecto milagroso. El chino sabía por experiencia que aquella combinación podía abrir la puerta del vagón, pero también podía producir atroces palizas a puñetazos sobre su china

---
[1] Tela, material.

cabeza rapada. Las mujeres huían de ella y los hombres reaccionaban de muy distinta manera: o le daban pan, o, por el contrario, intentaban golpearlo. En este caso hubo consecuencias divertidas. Una ensordecedora oleada de risas estalló en la sala abovedada y se elevó hasta el techo. El chino respondió a ese primer estruendo con la sonrisa No. 2 que tenía un cierto matiz de conjura y con la repetición de las tres palabras. Después pensó que se quedaría sordo. Una voz muy aguda atravesó el estruendo:

—¡Vania! ¡Ven p'acá! ¡El voluntario es buenísimo mentando madres!

Junto al chino se armó tremendo alboroto, luego se calmó, e inmediatamente después le dieron al chino tabaco barato, pan y un té turbio en un jarrito de hojalata. El chino, en un abrir y cerrar de ojos, se comió con exasperación tres trozos que crujieron entre sus dientes, se bebió el té y se fumó ávidamente un cigarro que él mismo había liado. Después compareció ante un cierto hombre con guerrera verde. El hombre, sentado frente a una lámpara con la pantalla rota y al lado de una máquina de escribir, miró al chino con benevolencia e informó a la cabeza que se asomaba por la puerta:

—Camaradas, nada que llame la atención. Un chino común y corriente...

Y apenas desapareció la cabeza, sacó una hoja de papel de un cajón, tomó una pluma y preguntó:

—¿Nombre? ¿Patronímico y apellido?

El chino respondió con una sonrisa, pero se abstuvo de pronunciar cualquier palabra que fuera.

En la cara del cierto hombre se dibujó la perplejidad.

—Hm... ¿qué te pasa, camarada, no entiendes? ¿Entiendes ruso? ¿Eh? ¿Cómo te llamas? —dirigió discretamente su dedo en dirección al chino—. ¿Nombre? ¿Eres chino?

—Tsino... cantó el chino.

—¡Vaya! ¡Vaya! Eres chino, eso sí lo entiendo. Pero ¿cómo te llamas, camarada? ¿Eh?

El chino se encogió en una sonrisa radiante y satisfecha. El pan y el té estaban siendo digeridos en el estómago, produciéndole una sensación de agradable languidez.

—Qué cosa tan rara —farfulló el cierto, e irritado se rascó la ceja izquierda.

Después pensó, miró al chino, guardó la hoja en el cajón y dijo aliviado:

—El comité de guerra vendrá ahora mismo. Entonces veremos.

5. ¡VIRTUOSO! ¡VIRTUOSO!

Pasaron dos meses. Y cuando el cielo dejó de ser gris para volverse azul con barrigonas nubes color crema, todo el mundo sabía que así como Franz Lizst había nacido para interpretar en el piano sus monstruosas rapsodias, el chino Sen-Zin-Po había venido al mundo para disparar la ametralladora. En un principio corrieron rumores vagos, luego fueron aumentando hasta convertirse en leyendas alrededor de la cabeza de Sen-Zin-Po. Todo empezó por una vaca cortada en dos mitades. Terminó con que en los batallones se decía que el chino podía cortar cabezas a una distancia de dos mil pasos. Cabezas o no cabezas, la realidad es que daba en el blanco el 100% de las veces. Se comenzó a hablar de lo precario y de lo convencional del 100. ¿Quizá fuera 105? En los rasgados ojos agatinos había un alza panorámica innata y absolutamente extraordinaria, de otra forma era imposible explicarse aquella puntería.

Un importante con capa gris y bigotes esponjosos apareció en el campo de tiro dentro de un coche inmenso y miró con curiosidad a través de un binóculo. El chino, con los ojos entornados fijos en la lejanía, apretaba el gatillo de la ruidosa "Maxim" y segaba el bosquecillo como una mujer rebana el pan.

—¡Sólo el diablo sabe lo que es esto! Es la primera vez que veo una cosa así —decía el de los bigotes esponjosos, una vez que se calló la ametralladora candente. Y, dirigiéndose al chino, añadió con ojos risueños: —¡Un virtuoso!

—Viltuoso... —respondió el chino y adquirió el aspecto de un ángel chinesco.

Una semana más tarde el comandante del regimiento dijo con voz de bajo al comandante del destacamento de ametralladoras:

—¡Es un bestia! Y, alzando los hombros embelesado, añadió girándose hacia Sen-Zin-Po:

—Habría que darle un premio.

—Plemio... dal-le plemio —respondió el chino, irradiando un resplandor amarillento.

La risa del comandante retumbó como en un tonel, los soldados de las ametralladoras le respondieron con carcajadas estruendosas. Esa misma noche, en la oficina, a la luz de la pantalla rota de la lámpara, el de la guerrera informó que se había recibido un papel pidiendo que se enviara al chino al destacamento internacional. Al comandante se le subió la sangre a la cabeza y alcanzó su do más grave.

—¿Y no querrás esto? —exclamó mientras hacía un expresivo gesto con su grande y velludo dedo medio. El de la guerrera se puso de inmediato a redactar un borrador que comenzaba con las palabras: "Debido a que Sen-Zin-Po, soldado del batallón de ametralladoras del destacamento de hierro, es nuestro orgullo y todo un virtuoso..."

6. UN ESTRENO BRILLANTE

Pasó un mes. En el cielo no había ni la más pequeña nube y un sol abrasador ardía justo encima de la cabeza. Los sotos azules retumbaban a dos verstas, como una tormenta, en tanto que atrás y a la izquierda se retiraba el destacamento de hierro y desaparecía bajo la tierra resonando entrecortada y secamente. El chino, cubierto por una montaña de cintas, sobresalía en la suave pendiente, encima de una ametralladora de nariz afilada. El rostro del chino expresaba cierta meditación. De tiempo en tiempo dirigía su mirada al cielo, luego se quedaba viendo los sotos; a veces volteaba la cabeza y veía a un soldado que conocía con su metralleta. Su cabeza y, más abajo, la andrajosa cinta roja en el pecho, se alcanzaban a percibir desde detrás de los matorrales a unos cuarenta pasos. Luego de echarle un vistazo al soldado de la metralleta, el chino, con el ceño fruncido, de nuevo se quedó viendo aquel sol que le quemaba la gorra, se secó el sudor y esperó a ver qué giro tomaban estos acontecimientos efervescentes.

Se desarrollaron así. A lo lejos, por debajo de los bosquecillos azules, aparecieron unas filas negras y, ora disminuyendo hasta el nivel de la tierra, ora creciendo, ensanchándose y densificándose, comenzaron a acercarse a la suave pendiente. El destacamento de hierro atrás y a la izquierda del chino, retumbó con más furia y mayor estruendo. Por encima de la colina una voz aguda se elevó detrás del chino.

—¡Fuego!

Y en ese momento el soldado de la metralleta que llevaba la cinta disparó atronadoramente desde detrás de los matorrales. Por algún lado a la izquierda hubo una respuesta. Delante de la creciente fila que surgía de la tierra comenzó a elevarse una nube de polvo. El chino se acomodó mejor, puso sus virtuosas manos amarillas en las asas de la ametralladora, guardó silencio unos instantes moviendo apenas el cañón de un lado al otro, después disparó una ráfaga corta como un toque militar, y se detuvo… disparó de nuevo y de pronto, derramándose en chasquidos ensordecedores, comenzó a tocar su monstruosa rapsodia. En unos cuantos segundos las balas ardientes salpicaron la fila de punta a punta. La fila se echó al suelo, se levantó, comenzó a interrumpirse y a romperse. Una voz ronca y entusiasmada se elevó detrás:

—¡Chino! ¡Dispara! ¡Fuego! ¡Fu-e-go!

A través de la neblina y del polvo el chino enviaba las balas como un aguacero cerrado a la segunda fila. Y en ese momento a la derecha, a lo lejos, empezaron a surgir unas vetas oscuras y por encima de ellas se elevaron altas columnas de polvo. Una corriente de inquietud recorrió de forma invisible la pendiente de la colina. Una voz enronquecida, quebrándose, gritó:

—Contra la caballería que se acerca...

Un ruido sordo sacudió la tierra aun donde estaba el chino, y las vetas oscuras comenzaron a acercarse con una rapidez monstruosa. En ese momento, cuando el chino giró la ametralladora a la derecha, un fuego pálido iluminó el aire que lo rodeaba, algo lanzó al chino de bruces sobre las asas y ya no pudo ver nada más.

Cuando de nuevo sintió el sol y por entre la niebla de nuevo aparecieron frente a él la ametralladora y la hierba aplastada, todo parecía romperse y salir volando. Atrás el destacamento, por partes, con estruendo se encendía y se apagaba. Respirando apenas por el dolor tan agudo que sentía en el pecho, el chino se volvió hacia atrás y descubrió una masa de jinetes que volaba como una nube en su camino hacia allá, hacia donde retumbaba el destacamento de hierro. El soldado de la ametralladora de la derecha había desaparecido. En dirección a la colina, bordeándola en forma de media luna, corrían hileras de personas vestidas de verde y, sobre sus hombreras brillaban por momentos unas manchas doradas. Se agrandaban por instantes y el chino comenzó a poder distinguir los rostros de bronce. Después de lanzar un grito de dolor, el chino echó una mirada perdida, tomó las asas, apuntó el cañón y comenzó a disparar. Los rostros y las manchas doradas que estaban frente al chino empezaron a desplomarse sobre la yerba. Sin embargo, los de la derecha crecían y se dirigían a toda velocidad hacia él. Apareció el comandante de la sección de ametralladoras a un lado del chino. Éste vio vagamente que por su manga derecha estaba escurriendo sangre. El comandante no le ordenó nada. Simplemente se irguió en toda su estatura, alargó el brazo derecho y disparó escueto contra los que corrían. Luego, ante los asombrados ojos chinos, se metió el cañón de la pistola en la boca y disparó. El chino guardó un instante de silencio. Luego volvió a disparar.

Apuntando con el fusil, sofocándose por la carrera, adelantándose a la fila, un cadete de rostro de bronce irrumpió a la derecha de Sen-Zin-Po.

—¡¡Suelta la ametralladora... chino de mierda!! —gritó con voz ronca mientras en sus labios aparecían burbujas de espuma—. Ríndete...

—¡¡Ríndete!! —aullaron a derecha e izquierda, y las manchas doradas y las filosas puntas saltaron justo al pie de la colina. ¡A-ra-ra-pa-ja! —sonó por última vez la ametralladora y se calló en seco. El chino se levantó, haciendo un gran esfuerzo acalló el dolor en el pecho y la siniestra inquietud que de pronto le oprimió el corazón. Como por arte de magia, en el último instante, alcanzaron a aparecérsele, bajo un sol ardiente, la tierra agrietada, la sombra cincelada del tronco y el sorgo dorado. Volver, volver a casa. Ahogando el dolor, hizo venir a su cara rasgada corolas resplandecientes y, cuando sintió claramente que la esperanza moría, dijo dirigiéndose al cielo:

—Plemio... lojos viltuosos... ¡dal-le plemio!

El gigantesco cadete rojo-bronceado levantó pesadamente la bayoneta y lo golpeó en la garganta, de tal forma que le quebró la columna vertebral. El reloj negro con las manecillas doradas tuvo tiempo de tocar su melodía con las sonoras campanas de bronce. Alrededor del chino resplandeció la sala de cristal. No hay dolor que pueda entrar en ella. Y el chino, sin dolor y con serenidad, con una sonrisa congelada en el rostro, no oyó como mataron al cadete a punta de bayoneta.

1923

Un otoño frío

Iván Bunin

En junio de aquel año él estaba de visita en nuestra hacienda. Siempre lo consideramos como de la familia: su difunto padre fue amigo y vecino de mi padre. El quince de junio asesinaron en Sarajevo al archiduque Francisco Fernando. La mañana del dieciséis, trajeron del correo el periódico. Mi padre salió de su despacho con el periódico vespertino de Moscú en la mano y dirigiéndose al comedor, en dónde todavía estábamos él, mamá y yo sentados a la mesa, dijo:

—Mis buenos amigos, ¡hay guerra! En Sarajevo fue asesinado el príncipe heredero de Austria. ¡Es la guerra!

El día de San Pedro llegó a visitarnos mucha gente —era el santo de papá— y durante la comida se anunció nuestro compromiso. Pero el diecinueve de julio Alemania declaró la guerra a Rusia...

En septiembre él vino sólo un día: a despedirse antes de partir al frente (entonces todos pensábamos que la guerra terminaría pronto, y nuestra boda se pospuso para la primavera). Y la noche de nuestra de despedida llegó. Después de la cena, como de costumbre, trajeron el samovar, y al ver las ventanas empañadas por el vapor, mi padre dijo:

—¡Un otoño sorprendentemente temprano y frío!

Aquella noche estuvimos callados, sólo de vez en cuando intercambiábamos algunas palabras sin importancia, en exceso tranquilas, ocultando así nuestros pensamientos y sentimientos. Con una sencillez fingida papá habló del otoño. Yo me acerqué a la puerta del balcón y limpié el vidrio con un pañuelo: en el jardín, sobre un cielo muy negro, brillaban claras y punzantes las estrellas glaciales. Mi padre fumaba, sentado en un sillón, mirando distraído la cálida lámpara que colgaba encima de la mesa; mamá, con sus anteojos puestos, cosía bajo la luz una pequeña bolsita de seda —nosotros sabíamos para qué— y era conmovedor y terrible. Papa preguntó:

—Sigues pensando en irte por la mañana y no después del almuerzo?

—Sí, si usted lo permite, me iré por la mañana —respondió él. Me apena mucho, pero aún no lo tengo todo dispuesto en casa.

Papá suspiró levísimamente:

—Bueno, como quieras, querido. Pero en ese caso, mamá y yo nos vamos a dormir, mañana queremos despedirte...

Mamá se levantó y santiguó a su futuro hijo. Él se inclinó hasta tocar su mano, luego la mano de papá. Una vez solos, todavía nos quedamos un poco en el comedor; a mí se me ocurrió colocar las cartas para un solitario, él iba de un rincón a otro sin decir palabra. Al fin preguntó:

—¿Te gustaría que saliéramos a caminar un poco?

Mi alma se sentía cada vez más angustiada, contesté con indiferencia:

—Bueno...

Mientras nos poníamos los abrigos en el vestíbulo, él seguía pensando en algo, y con una amable sonrisa forzada recordó los versos de Fet:

¡Qué otoño tan frío!
Ponte chal y capa...

—No tengo capa, —dije yo. ¿Que sigue?
—No recuerdo. Creo que algo como:

Mira, entre los pinos
Un incendio se alza...

—¿Qué incendio?

—La salida de la luna, por supuesto. Estos versos tienen el encanto del otoño campesino: "Ponte chal y capa..." La época de nuestros abuelos. ¡Ah, dios mío, dios mío!

—¿Qué pasa?

—Nada, amada mía. Me siento triste. Triste y bien. Te quiero mucho, mucho...

Cuando nos hubimos puesto los abrigos, atravesamos el comedor hasta llegar al balcón y salimos al jardín. Al principio era tal la oscuridad que me sostenía yo de su brazo. Luego comenzaron a distinguirse en el cielo, que poco a poco se aclaraba, negras franjas rociadas de estrellas brillantes. Él, deteniéndose, volteó hacia la casa:

—Mira de que manera tan especial, tan otoñal alumbran las ventanas de la casa. Mientras viva, siempre recordaré esta noche...

Yo lo miré y él pasó su brazo por encima de mi esclavina suiza. Aparté de mi rostro la gruesa pañoleta e incliné ligeramente la cabeza para que me besara. Me besó y me miró a la cara.

—¡Cómo brillan tus ojos! —me dijo—. ¿No tienes frío? El aire es absolutamente invernal. Si me matan, no me olvidarás enseguida, ¿verdad?

Yo pensé: "¿Y si de pronto de veras lo matan? ¿Será posible que lo olvide en poco tiempo? Al fin y al cabo todo se olvida..." Y asustada por esta idea respondí presurosa.

—¡No hables así! ¡No sobreviviré a tu muerte!

Él, tras un breve silencio, pronunció lentamente:

—Bueno, pues si me matan, te esperaré allá. Tú vive, disfruta la vida; luego ven a mí.

Me solté a llorar con amargura...

Partió por la mañana. Mamá le colgó del cuello aquella fatídica bolsita que había cosido la noche anterior —en ella iba el pequeño icono de oro que habían llevado consigo durante la guerra su padre y su abuelo—, y lo santiguamos con cierta desesperanza impetuosa. Mientras lo veíamos alejarse, permanecimos en el porche con ese atontamiento que aparece siempre que despides a alguien que se va por un tiempo indefinido, sintiendo sólo la sorprendente incompatibilidad que existía entre nosotros y la mañana alegre, soleada, resplandeciente por la escarcha matutina sobre la hierba. Después, entramos en la casa vacía. Yo recorrí las habitaciones con los brazos cruzados atrás, sin saber que hacer ahora con mi persona, si soltarme a llorar o cantar a voz en cuello...

Lo mataron —¡qué frase tan extraña!— un mes después en Galitzia. Han pasado desde entonces treinta años. Y es mucho, mucho lo vivido durante estos años que parecen tan largos cuando piensas en ellos con atención, cuando haces memoria de todo lo mágico, lo inconcebible, lo incomprensible para la mente y el corazón, de eso que se llama pasado. La primavera del año dieciocho, cuando ni mi padre ni mi madre estaban ya entre los vivos, yo vivía en Moscú, en un sótano que me alquilaba una vendedora del mercado Smolensk, quien solía burlarse de mí: "Y bien, su excelencia, ¿cómo van sus asuntos?" Yo también me dedicaba al comercio, vendía —como tantos lo hacían entonces— a los soldados con gorros caucasianos y amplios capotes, algo de lo que me había quedado: un anillo, o una crucecita, o un cuello de piel apolillado; ahí, comerciando en la esquina de Arbat y el mercado, encontré a un hombre con un alma hermosa, inusual, un viejo militar jubilado, con el que pronto me casé y con quien en abril me fui a Ekaterinodar. Nos fuimos él y yo, y su sobrino, un muchacho de diecisiete años, que llevaba dos semanas queriendo unirse a los voluntarios (yo, una mujer con chanclos de corteza trenzada, él con su traje cosaco muy usado y una negra y crecida barba ya entrecana) y vivimos en el Don y en Kubán más de dos años.

En invierno, durante el huracán, nos embarcamos con una innumerable cantidad de refugiados que iban de Novorrosisk a Turquía, y en el camino, en el mar, mi marido murió de tifo. Después de eso, sólo me quedaron en el mundo tres seres cercanos: el sobrino de mi marido, su joven esposa y su hijita, un bebé de siete meses. Pero, al cabo de un tiempo, el sobrino y su esposa zarparon rumbo a Crimea, para unirse a Wrangel, dejándome a la niña. No volví a saber de ellos. Yo viví todavía un buen tiempo en Constantinopla, ganando con grandes esfuerzos lo suficiente para mantenerme y mantener a la pequeña. Después, como tantas otras personas, ¡dónde no habré estado con ella! Bulgaria, Serbia, Bohemia, Bélgica, París, Niza... La niña hace mucho tiempo que creció, se quedó en París, se volvió una auténtica francesita, muy agradable y absolutamente indiferente conmigo. Trabajaba en una tienda de chocolates junto a la Madeleine, y con sus bien cuidadas manitas de uñas plateadas envolvía las cajitas en papel satinado y las ataba con hilos dorados; y yo vivía, y aún ahora vivo en Niza de lo que Dios me da... Estuve en Niza por primera vez el año 1912, ¡¿acaso podía haber imaginado en aquellos días felices en qué se convertiría esa ciudad para mí!?

Así sobreviví su muerte, habiéndole dicho alguna vez, sin reflexionar, que no la sobreviviría. Pero, cuando recuerdo todo lo vivido desde entonces, me pregunto: ¿qué ha habido en mi vida? Y me respondo: sólo esa fría noche de otoño. ¿Existió en realidad aquella noche? Existió. Y es todo lo que ha habido en mi vida, lo demás es un sueño inútil. Yo creo, creo fervientemente, que en algún lugar él me espera con el mismo amor y juventud de aquella noche. "Tú vive, disfruta la vida; luego ven a mí..." Ya he vivido, he disfrutado, y ahora ya pronto iré.

3 de mayo de 1944

El *diablo*

Marina Tsvietáieva

El diablo hizo amistad con el niño

El diablo vivía en la habitación de mi hermana Valeria — arriba, justo donde terminaba la escalera —, roja, de raso de seda de damasco, con una eterna y marcadamente oblicua columna de sol, donde incesante y casi imperceptible giraba el polvo.

Comenzaba con que me llamaban para que fuera: "Ven, Musia, alguien te está esperando", o: "¡Rápido, rápido, Músienka! Te está esperando una (alargando la palabra) sorpre-e-sa". Un misterio puramente formal, puesto que yo sabía perfectamente bien quién era ese "alguien" y qué era esa sorpresa, y quienes me llamaban sabían que yo — sabía. Eran — o bien Avgusta Ivánovna, o la nana de Asia, Alexandra Mújina, o en ocasiones alguna invitada, pero siempre — una mujer, y nunca — mi madre, y nunca — la propia Valeria.

Y así, medio empujada, medio — por la habitación — atraída, haciéndome del rogar frente a la puerta, como los aldeanos frente a un agasajo, medio animada y medio alelada — entraba.

El diablo estaba sentado sobre la cama de Valeria — desnudo, en una piel gris, como la de un dogo, con unos ojos blancuzco-azulados como los de un dogo o un barón del Báltico, con los brazos extendidos a lo largo de las rodillas como una mujer de Riazán en una fotografía o un faraón en el Louvre, en esa misma postura de inevitable paciencia e indiferencia. El diablo estaba apaciblemente sentado, como si lo estuvieran fotografiando. No tenía pelaje, tenía lo contrario al pelaje: absoluta tersura y hasta suavidad, como la superficie del acero. Ahora me doy cuenta de que el cuerpo de mi diablo era idealmente-atlético: como el de una leona, y por la textura – como el de un dogo. Cuando veinte años después, durante la Revolución, dejaron a un dogo a mi cuidado, de inmediato reconocí a mi Gríseo.

No recuerdo los cuernos, quizá fueran pequeños, aunque más bien eran orejas. Lo que sí tenía era – rabo, leonino, grande, desnudo, fuerte y vivaz, como una serpiente graciosamente enroscada varias veces alrededor de las estatuarias e inmóviles piernas – de tal manera que, después de la última vuelta, asomaba una borla. Pies (plantas) no tenía, pero tampoco tenía pezuñas: unas piernas humanas e incluso atléticas se sostenían sobre zarpas, de nuevo leonino-dogunas, con enormes uñas, también grises, color gris cuerno. Al caminar – hacía ruido con las uñas contra el suelo. Pero jamás caminó en mi presencia. Su principal signo distintivo no eran las zarpas, ni la cola, – no sus atributos, sino – los ojos: incoloros, indiferentes, inexorables. Antes que nada hubiera pasado, lo reconocía por los ojos, y a esos ojos los habría reconocido – aun sin que hada hubiera pasado.

No había acción. Él permanecía sentado, yo – de pie. Y yo – lo amaba.

Los veranos, cuando nos trasladábamos a la *dacha*, el diablo se trasladaba con nosotros, o más bien, ya se encontraba allá – en el perfecto estado de un arbusto trasplantado con raíces y frutos – sentado sobre la cama de Valeria, en su habitación de Tarusa, una habitación estrecha, cuyo canalón se enlazaba en el jazmín, con el canelón vertical de una enorme estufa de hierro fundido, absurda en el mes de julio. Cuando el diablo estaba sentado sobre la cama de Valeria parecía que en la habitación hubiera una segunda estufa, y cuando no estaba – la estufa de hierro que estaba en el rincón parecía ser él. Tenían en común: el manto con el reflejo gris-azulado del verano sobre el hierro, el hielo absoluto: de una estufa – en verano, la estatura que rozaba el techo y – la total inmovilidad. La estufa estaba tan apacible que parecía que la estuvieran fotografiando. Ella lo reemplazaba con todo su gélido cuerpo y yo, con ese placer especial del reconocimiento secreto, me pegaba a ella con mi nuca de cabello recién cortado, y ardía por el calor del verano, mientras en voz alta leía a Valeria *Las almas muertas,* que mi madre me había prohibido leer y Valeria, por lo tanto, me lo había permitido – me lo había puesto en las manos. *Las almas muertas,* en el que nunca llegué – ni a las almas ni a los muertos –, ya que siempre en el último instante, cuando estaban a punto de aparecer – las almas y los muertos –, como aposta se dejaban oír los pasos de mi madre (que por cierto nunca llegó a entrar, sólo, en el momento oportuno – como si se pusiera en marcha un mecanismo – pasaba por allí) – y yo, sintiéndome desfallecer por un miedo distinto – *real,* deslizaba el inmenso tomo debajo de la cama (¡esa misma!). Y la vez siguiente, habiendo encontrado con la vista el lugar preciso del que los pasos de mi madre me habían arrojado, resultaba que *ellos* ya no estaban ahí, que de nuevo se habían ido, más adelante – a otra parte, precisamente a aquella de la que volvería a ser arrojada. Y así, nunca llegué hasta *las almas muertas,* ni entonces, ni después, ya que ningún terror moral (bienestar físico) de los personajes de Gógol coincidió jamás en mí con el simple horror del título: nunca satisfizo en mí la pasión por el miedo, avivada por lo horrendo del título.

... Separada del libro, me pegaba a la estufa, la mejilla roja contra el hierro azulado, la mejilla caliente – contra el metal helado. Pero contra él – sólo cuando adquiría la forma de la estufa, contra él – aquél – jamás. Aunque, quizá – sí, pero porque me llevaba en brazos y a través de un río.

Me baño de noche en el Oká. No me baño, me hallo – sola, en medio del Oká, no negro, sino gris. Y ni siquiera me hallo, sino que simplemente, de pronto, me hundo. Ya me he hundido. Comencemos de nuevo: me hundo en medio del Oká. Y cuando ya me he hundido del todo y, según parece, he muerto – un despegue (¡que *reconozco* desde el primer momento – voy – en brazos, muy alto por encima del Oká, la cabeza rozando el cielo, y me transportan "los ahogados", en realidad – uno solo y, por supuesto, no es un ahogado (¡el ahogado – soy yo!), porque lo amo con locura y no le tengo ningún miedo, y él no es azul, sino gris, y me pego a él con mi cara mojada y mi vestido, abrazándolo del cuello – con el derecho de todo ahogado.

Caminamos juntos por las aguas, es decir, camina – él, yo voy en brazos. Y los otros ("los ahogados" – ¿o quién? Sus súbditos) en voz alta y alegre, en algún lugar allá abajo – ¡aúllan! Y, cuando llegamos a la otra orilla – aquella donde está la casa de Polénov[1] y la aldea de Biojovo – él, con un movimiento brusco me deja en el suelo, y con una risa estruendosa – ¡ni el trueno atruena así! – me dice:

—Algún día tú y yo nos casaremos, ¡que el diablo me lleve!

Ah, cómo me gustaba entonces, en mi infancia, oír: "que el diablo me lleve" – ¡de sus labios! ¡Cómo me abrasaba hasta el fondo de las entrañas esta audacia! Me había transportado sobre las aguas, y como el más ordinario de los aldeanos – o como un estudiante – "¡que el diablo me lleve!", – como si pudiera tener miedo de eso – o desearlo, – como si a él, o a mí en sus brazos – ¡pudiera llevarnos el diablo! Jamás me atribuló la idea de que esto fuera dicho – por condescendencia a mis pocos años, el punto sobre la *i* de su propia *identité,* para que yo no me equivocara, para que supiera que él era – en realidad – él. No, él sencillamente actuaba, representaba el papel de un simple mortal, el de "yo no soy – yo, ni es mío el ca-ba-llo".

Es necesario decir que tras el aturdidor – por venir de sus labios – "que el diablo me lleve", la promesa misma de "algún día tú y yo nos casaremos" de alguna manera quedaba relegada a un segundo plano, pero cuando yo, tras haberme deleitado con dicha exclamación en todas sus resonancias en mí, me *reponía* ligeramente – ¡oh, qué triunfo insoportable! Él, sin

[1] Vasili Dmítrievich Polénov (1844-1927), pintor ruso, miembro del grupo de los pintores ambulantes, llamados *peredvízhniki*.

que yo se lo pidiera, él mismo... Él se casaría – ¡conmigo! Conmigo completamente empapada, pequeñita...

Y he aquí que en una ocasión, no pudiendo soportar el triunfo solitario, y sintiendo de antemano remordimientos, pero sin conseguir frenar el torrente:

–¡Mamá! Hoy he soñado con los ahogados... Me llevaban en sus brazos, y me hacían atravesar el río, y él, el ahogado principal, me decía: "Algún día tú y yo nos casaremos ¡que el diablo me lleve!"

–¡Felicidades! –dijo mi madre–. ¡Siempre te lo he dicho! A los niños buenos son los ángeles quienes los trasladan de un lado al otro del abismo, pero a los niños como tú...

Temiendo que pudiera haberlo adivinado y que fuera a mencionarlo y de ese modo a interrumpirlo para siempre, yo, atropelladamente:

–Pero éstos eran ahogados, los más auténticos, azules...

> Y en su cuerpo hinchado
> Negros cangrejos prendidos![2]

–¿Y tú encuentras que eso es – *mejor*? –con tono irónico dijo mamá–. ¡Qué asco!

Pero con él, además de los repetidos encuentros – o especie de encuentros – que he relatado, tuve uno único – irrepetible. Como de costumbre, me seducían para que fuera a la habitación de Valeria en la casa de Triojprudny,[3] pero no una persona, sino muchas – todo un grupo que cuchichea y señala con el dedo; ahí están la nana, y Avgusta Ivánovna, y aquella Maria Vasílievna, la modista-de-los-baúles que brota cada primavera junto con la hierba, y la otra Maria Vasílievna, con cara de pes-

---

[2] Cita del poema de Alexandr Pushkin *El ahogado*.

[3] La casa moscovita de la familia Tsvietáiev, situada en el callejón de Triojprudny N° 8. La casa no se ha conservado. Fue el regalo que D. I. Ilovaiski hizo a su hija, Varvara Dmítrievna, cuando se casó con Iván Tsvietáiev. *Triojprudny* significa "de los tres estanques".

cado y extraño apellido Sumbul, e incluso aquella costurera, cuya habitación y persona huelen a aceite de ricino (a algodón barato) – y todas juntas, a una sola voz:

–Rápido, Músienka, rápido, que alguien te está esperando...
Como de costumbre, medio respingo, medio sonrío – desconfío. Finalmente entro. Y – ¡oh, horror! El vacío. Sobre la cama – nadie. En el lecho – no está. No hay más que una habitación roja, inundada de sol y de polvo. La habitación está – sola, como yo estoy – sola. Sin él.

Pasmada, voy con los ojos de la cama vacía al biombo del pájaro de fuego (detrás del cual, seguramente, no estará, ya que ¡no se pondría a jugar al escondite!), del biombo a la vitrina con los libros – tan extraña: donde en vez de libros te ves a ti misma, e incluso a la pequeña vitrina que contiene – como dice la nana – "chucherías", de las "chucherías" al evidentemente vacío diván rojo de los botones hundidos en la carne malvácea y carmesí del raso, del raso a la blanca estufa de cuadrados azules, coronada con cristal de los Urales y hierbas de la estepa...
En ese mismo pasmo camino hacia la ventana, desde donde se ven *esos* árboles: sauces grises alrededor de la iglesia verde, los sauces grises de mi tristeza, cuya localización en Moscú y en la tierra nunca llegué a conocer, ni intenté hacerlo.

Con un sentimiento punzante: ¡me ha engaña-ado!, – apoyo la frente en el primer cuadrado inferior de la ventana, abraso mis ojos con las lágrimas contenidas, y cuando por fin los bajo, los ojos, para derramar, por fin, las lágrimas... – en el fondo de algodón de la ventana, entre los dos marcos, en el verdoso cristal, ¡como en alcohol!, un derramamiento de diablitos, minúsculos, grises, saltarines, terriblemente-alegres diablitos de Ramos, con cuernitos-y-patitas, que habían convertido la ventana en una endiablada botella de Ramos.

Sonrío con cortesía, como ante un juguete demasiado infantil, y me quedo el tiempo necesario para no ofender – no a ellos, que saltan sin sentido y no me hacen ningún caso, sino

— a aquél, medio consolada, medio infamada, tras comprobar por última vez que la cama está vacía — salgo.

—¿Qué tal? ¿Qué tal? —con mañas y carantoñas preguntan la nana, Avgusta Ivánovna, las dos Marias Vasílievnas, la costurera Maria Ignátieva y también las tres monjas[4] ennaftalinadas que, en determinadas condiciones de tiempo y de lugar, haciéndome horribles cosquillas, me embuten en el baúl rojo de Valeria que está detrás del tabique.

—Bien. Gracias. Muy bien — yo, con intencionada-lentitud y tensa-naturalidad mientras paso por entre sus extendidos pero tímidos brazos. (Mientras paso sin mirarlas, veo que Avgusta Ivánovna no se parece demasiado a sí misma, y que, por alguna razón, a la nana de la comisura de los labios le cuelga la lengua...)

Los diablitos en la ventana y el miedo endiablado junto a la puerta, no se repitieron. ¿Qué fue eso? ¿Una simple sustitución debido a que él no pudo venir, — o una tentación, una prueba de madurez y lealtad: lo habría cambiado yo, una niña de cinco años, a él — el verdadero y único — por esa multitud de diablillos de Ramos? Es decir, dándole la espalda a la cama vacía — de él —, me habría puesto sencillamente — a jugar?

No, ¡el juego había terminado! El diablo de mi primera infancia, entre muchas otras cosas, me dejó como herencia cierta sensación ineludible, como el bostezo de un dogo, de que todo lo que es juego es: "¡Abu-u-u-rrido!"

¿Por qué vivía el diablo en la habitación de Valeria? Entonces yo no pensaba en eso (y Valeria no lo supo jamás). Era algo tan natural como que yo viviera en la habitación de los niños, papá viviera en el despacho, la abuela en el retrato, mamá en el taburete del piano, Valeria en el Instituto Catalina II, y el diablo — en la habitación de Valeria. Entonces era un hecho.

Pero ahora — lo sé: el diablo vivía en la habitación de Valeria porque en la habitación de Valeria, transformado en armario

---

[4] Las monjas aceptaban pedidos para coser y zurcir ropa.

para libros, estaba el árbol de la ciencia del bien y del mal, cuyos frutos, *Las niñas* de Lujmánova,[5] *Alrededor del mundo en el "Milano"* de Staniukóvich,[6] *Catacumbas* de Evgueni Tur, *La familia Bor-Ramenski*[7] y años enteros de la revista *El manantial*, devoraba yo con tanta avidez y prisa, con tanta culpa y brío, mirando hacia la puerta, como aquéllos hacia Dios, pero sin traicionar jamás a mi serpiente. ("¿Esto te lo dio Liora?"[8] – "No, yo lo tomé.) En la habitación de Valeria el Diablo encontró un lugar ya listo: el del crimen – mío, el de la prohibición – de mi madre.

Pero había – algo más. En la habitación de Valeria, antes de cumplir los siete años, a escondidas, a trompicones, con el ojo y la oreja atentos a mamá, leí *Evgueni Onieguin, Mazeppa, Ondina, La dama campesina, Los gitanos*[9] – y la primera novela de mi vida – *Anaïs*. En su habitación *estaba* el amor, vivía – el amor, – y no sólo el suyo y por ella, con sus diecisiete años: todos esos álbumes, notas, pachulí, sesiones espiritistas, tintas simpáticas, repetidores, ensayos, ese disfrazarse de marqués y envaselinarse las pestañas – pero alto aquí: desde el pozo profundo de la cómoda, de entre un montón de terciopelos, corales, cabellos peinados, flores de papel, a mí – me miran – unas pildoritas plateadas.

Caramelos – pero terribles, píldoras – pero plateadas, plateados collares comestibles que ella, por alguna razón de modo igualmente misterioso – protegiéndose con la espalda y con la frente apoyada en la cómoda, tragaba, como yo – con la frente apoyada en el armario – las *Perlas de la poesía rusa*.[10] En una ocasión se me ocurrió que las pildoras eran – venenosas y que ella quería morir. De amor, por supuesto. ¿Por qué no le

---

[5] *Las niñas. Recuerdos de la vida en la escuela,* de N. A. Lujmánova (1840-1907).
[6] *Alrededor del mundo en el "Milano",* novela de K. M. Staniukóvich (1843-1903).
[7] *Catacumbas* y *La familia Bor-Ramenski*, cuentos para jóvenes de Evgueni Tur (1815-1892).
[8] Diminutivo de Valeria.
[9] Todas son obras de Alexandr Pushkin.
[10] Así se llamaba a las antologías de poesía para niños publicadas en Rusia a principios del siglo xx.

permiten casarse con Borís-Ivánich o con Alsán-Pálch? ¿O con Stratónov? ¿O con Ainálov? ¡Porque quieren casarla con Mijaíl Ivánovich Pokrovski!

"Liora, ¿puedo comerme yo una pildorita?" – "No." – "¿Por qué?" – "Porque tú no la necesitas." – "Y si me la como – ¿me moriré?" – "En todo caso, te enfermarás." Más tarde (para tranquilizar al lector) resultó que las píldoras eran – las más inofensivas, *contre les troubles* y etcétera, – las más usuales para jovencitas, pero ninguna normalidad de su uso logró erradicar en mí la extraña imagen de esa jovencita de rostro amarillento que comía a escondidas la dulce plata envenenada que había en la cómoda.

Pero no sólo su sexo de diecisiete años reinaba en esa habitación, sino toda la capacidad de amar de su linaje, del linaje de su bella-madre,[11] que en vida no había agotado el amor y lo había sepultado entre todos estos rasos y muarés, perfumados-para-la-eternidad y no en vano tan ardientemente-carmesíes.

¿Pero el diablo no visitaba a la propia Valeria? Ella no sabía que a mí me visitaba, igual podía yo ignorar que él – la visitaba. (Una exangüe cara morena, enormes ojos serpentinos como piedras preciosas engastadas en una corona de las más negras pestañas, una pequeña y oscura boca apretada, una nariz afilada que iba al encuentro de la barbilla – este rostro no tenía ni edad ni nacionalidad. Ni belleza, ni fealdad. Era el rostro – de una bruja.) Y a pesar de todo – no. No, porque después del Instituto Catalina II, ingresó en los cursos femeninos de Guérié en la callejuela Merzliakov, y luego en el partido socialdemócrata, y luego fue maestra en el liceo Kozlovski, y luego en un estudio de danza, y así toda la vida no hizo más que ingresar-egresar. Y el rasgo principal de *sus* favoritos es – el aislamiento absoluto, de todo y desde siempre – la exclusión.

No, el Diablo no conocía a ninguna Valeria. Pero tampoco conocía a mi madre, tan solitaria. Ni siquiera sabía que yo tenía

---

[11] Varvara Dmítrievna Ilováiskaia, primera esposa de Iván Tsvietáiev, madre de Valeria y de Andréi. Murió de tuberculosis en 1890.

una madre. Cuando yo estaba con él, yo era — *su* niña, su huerfanita endiablada. A mí él llegó como a aquella habitación — a un lugar ya listo. A él simplemente le agradaba la habitación, esa misteriosa habitación roja, — y esa misteriosa niñita roja petrificada de amor en el umbral. Pero uno de mis encuentros con él, aunque resulte extraño, se dio a través de mi madre, a través de...

"Carbúnculo rojo",[12]

exclamó mamá. — "¿Qué significa "Carbúnculo rojo"? A ver, tú, Andriusha." — "No sé" — respondió Andriusha con firmeza. "Bueno, pero ¿te suena a algo?" — "¡No me suena a nada!" —con la misma firmeza respondió de nuevo. — "¿Cómo puede ser que no te suene a nada?" Siempre — ¡suena a algo! ¡Y a ti también ha de sonarte! Car-bún-cu-lo. ¿Eh?" — "¿Carbonero?" — propuso con indiferencia Andriusha. Mamá prefirió dejar de insistir. "Bueno, ¿y tú, Ásienka? A ver, escucha con atención: car-bún-cu-lo. ¿Será posible que no te imagines nada?" — "¡Mei-ma-gin-no!" — con ligera dificultad, pero con inmenso aplomo soltó de golpe su consentida. "¿Qué imaginas?" — con avidez apasionada se lanzó mi madre. "Pero no sé — qué" — con la misma rapidez y aplomo — Asia. "Ah, no, Ásienka, en realidad debes ser aún muy pequeña para esta lectura. A mí esto me lo leía el abuelo cuando ya tenía yo siete años, y tú tienes sólo cinco." — "¡Mamá, yo ya tengo siete!" — finalmente no pude contenerme más. "Y bien, ¿qué imaginas?" Pero no siguió — nada, porque yo de nuevo me había amilanado. "Y bien, en tu opinión, ¿qué es un carbúnculo? ¿Un carbúnculo rojo?" — "¿Una como garrafa roja?" — con voz debilitada, desfalleciendo de esperanza pregunté yo (*Karaffe, Funkeln* [garrafa, destello]). "No, pero más cerca. El carbúnculo es — una piedra preciosa roja, tallada por los lados (car-bún-cu-lo). ¿Entendieron?"

---

[12] Se trata del cuento en verso de Vasili Zhukovski (1783-1852), traducción del cuento homónimo del poeta alemán J. P. Hebel (1760-1826).

Todo iba bien hasta el Verde. Alguien llega a — no se sabe si a una taberna o a una cueva. "Y ahí está el Verde ya sentado, barajando cartas." — "¿Y quién es el Verde? — preguntó mamá —, ¿alguien que siempre va vestido de verde, que usa ropa de caza?" — "Un cazador" — respondió con indiferencia Andriusha. "¿Qué cazador?" — preguntó mamá con voz sugerente.

Fuchs, du hast die Gans gestohlen,
Gib sie wieder her!
Gib sie wieder her!
Sonst wird dich der Jaeger holen
Mit dem Schieassgewehr,
Sonst wird dich der Jaeger holen
Mit dem Schiess-ge-we-ehr! —[13]

con plena disposición canturreó Andriusha. "Hm... — y evitándome aposta, a mí, que estaba por saltar de la silla como la palabra de la boca —. Y tú, Asia, ¿qué dices?" — "Un cazador que roba gansos, zorras y conejos" — rápidamente resumió su consentida, que durante toda su infancia se alimentó de plagios. "Es decir que — *no* lo saben? Entonces, ¿para qué les leo?" — "¡Mamá! — desesperada grité casi sin voz, al ver que cerraba el libro con el más inflexible de sus rostros—. ¡Yo — sé!" — "¿Y bien?" — preguntó mamá ya sin pasión, pero señalando con la mano derecha la página al cerrar el libro. "El Verde es *der Teufel!*"[14] — "¡Ja, ja, ja!" — rió Andriusha enderezándose de golpe y haciéndose de pronto tan largo que no cabía en ningún lado. "¡Ji, ji, ji!" — solícita se derramó de inmediato Asia. "No sé por qué se ríen, tiene razón — los detuvo en seco mamá —. Pero, ¿por qué *der Teufel,* y no...? ¡¿Por qué siempre lo sabes todo *tú,* cuando yo leo para — *todos?*"

---

[13] Zorro, tú te robaste el ganso/¡Devuélvelo sin más!/¡Devuélvelo sin más!/ O vendrá el cazador/Con su fusil atronador/O vendrá el cazador/Y sin más, te enviará directo al cielo.
[14] El diablo.

Debido al Verde y a "barajaba", y en parte también a la sirvienta de mamá Masha Krasnova, a la que todo se le caía de las manos: las bandejas, las vajillas, las jarras – ie incluso pescados enteros bañados en salsa!, que era incapaz de sostener nada en sus manos excepto la baraja, yo, a la edad de siete años, por las cartas sentía – pasión. No por el juego – por las cartas, por todas esas figuras sin piernas y con dos cabezas, sin piernas y con sólo un brazo, pero la cabeza al revés, y el brazo al revés, al revés – de sí mismas, vueltas contra sí mismas, a los pies de sí mismas y desconocidas para sí mismas altas personalidades sin lugar de residencia, pero con todo un séquito de treses y cuatros de un mismo palo. Por qué usarlas para jugar o, como – Asia, jugar con ellas, si ellas mismas jugaban, ellas mismas eran – el juego: de ellas consigo mismas, y de ellas a sí mismas. Era toda una tribu no humana viviente, una tribu de torsos, terriblemente autoritaria y no del todo afable, sin hijos y sin abuelos, que no vivía en ningún lado que no fuera la mesa o tras el escudo de la palma de la mano, pero entonces y en cambio, ¡con qué fuerza! Que en una docena – hay doce huevos, eso me lo enseñaron – los años, pero que en cada palo – hay trece cartas y que trece es – la docena del diablo, de eso no me harían dudar ni aun sumida en el más profundo sueño. ¡Oh, con cuánta rapidez yo, que con tanta lentitud había aprendido las cuatro operaciones aprendí – los cuatro palos! Cómo desde la primera vez yo, que hasta ese momento no me sentía segura de la significación del gerundio y, en general, de la función de la gramática, asimilé el significado de cada una de las cartas: todos aquellos senderos, dineros, chismorreos, noticias, gestiones, tejemanejes matrimoniales y establecimientos estatales – la significación de la carta y la función de las cartas. Pero más que a ningún otro, más que al rey soltero de diamantes, mi prometido al cabo de nueve años, más que al rey de picas, – terrible y misterioso –, el Rey de los Elfos,[15] como yo lo llamaba, más aún que al rojo valet de

---

[15] Por el poema de Goethe.

corazones y al valet de diamantes de los senderos y las noticias (a las damas yo, en general, no las quería, todas tenían unos ojos fríos y malvados, con los que me juzgaban, como las damas que conocía juzgaban – a mi madre), más que a todos los reyes y a todos los valets yo amaba – ¡al as de picas!

El as de picas en el juego de Masha era un golpe, y un golpe – *real*, un golpe asestado por el corazón negro mirando hacia la punta de una alabarda – al corazón. El as de picas era – ¡el Diablo! Y cuando esa misma Masha, tras haber quitado las cartas que a mí – dama de diamantes por no estar casada – me había puesto en el corazón, descubrió la última, la del amor, se asustó: "Ay, ay, ay, Músienka, mal andan tus asuntos, y en el fondo hay – ¡un golpe! Bueno, pero no importa, quizá no sea una muerte – ¿quién podría morir? El abuelo – ya murió y no tenemos a ninguna otra persona de edad – significa que mamá se enfadará o que volverás a tener un pleito con Gustyvana",[16] – yo, con toda la superioridad del conocimiento, con toda la inquebrantabilidad del misterio: "Eso no es un golpe, – es – un secreto." El golpe fue – un decreto. El golpe que me asestó el decreto. El golpe que me asestaron la alegría y el miedo: del amor. Del mismo modo, al cabo de unos años, en la Nervi genovesa, cuando desde una ventana del Hotel Beau-Rivage vi por casualidad dirigirse a él: aquél en el que estábamos cautivas Asia y yo – al revolucionario "Tigre"[17] – me asusté de alegría – tanto que mi abuela suiza[18] exclamó, asustada: *"Mais, qu'as-tu donc? Tu es toute blanche! Mais, qu'as-tu donc vu?"*[19] Yo, sin despegar los labios: *"Lui"*.[20]

Sí, el as era – *Lui*. Él, condensado hasta la negrura y reducido al espesor de la hoja de un cuchillo. Él, preparado para

---

[16] Pronunciación acelerada de Avgusta Ivánovna.
[17] Se refiere a Vladímir Alexándrovich Kobylianski, emigrante político. Conoció a la familia Tsvietáiev durante el invierno de 1902 en Nervi, Italia. Marina Tsvietáieva lo apodaba "Tigre".
[18] La segunda esposa de Alexandr Mein, abuelo materno de Tsvietáieva, había nacido en Neuchâtel, Suiza.
[19] Pero, ¿qué te ocurre? ¡Estás muy pálida! Pero, ¿qué has visto?
[20] A Él.

apretar, como el tigre — para saltar. Más tarde también esto fue mucho, más tarde el golpe desde el corazón, en el que reposaba, se convirtió — en el corazón. De mi interior — salía, empujándome — a todo.

Pero tenía, además del as de picas, otro Él en los naipes, y en esta ocasión no venía de la rusa Masha, sino de la estonia Avgusta Ivánovna, directamente de su patria baronesca, y ya no era adivinación, sino un juego, ese juego infantil que todos conocían con el nombre un tanto familiar de *"Der schwarze Peter".*[21]

El juego consistía en quitarle a otro de las manos el valet de picas: el *Schwarze Peter,* así como antiguamente al vecino se le quitaba — la fiebre, y aun hoy — el catarro: *transmitirlo*: en dándolo, deshacerse de él. Al principio, cuando las cartas y los jugadores eran muchos, en realidad no había juego, todo se reducía a la manipulación circular de un abanico de cartas — y de Peter; pero cuando en la progresión gradual del destino y el acaso, la mesa se libraba de los jugadores y los jugadores del Negro Peter, y quedaban — dos, — ¡oh!, entonces era cuando verdaderamente comenzaba el juego, porque entonces todo dependía del rostro, del grado de inmutabilidad del mismo. Ante todo, la disciplina respiratoria: soportar sin sobresaltarse cada decisión — y cambio de decisión — de la mano de tu compañero de juego que tira, se arrepiente, de nuevo se equivoca, y de nuevo cambia de idea. La tarea de quien roba era — *no* tomarlo, de quien reparte — darlo. De quien roba — intuirlo, de quien reparte — evadirlo, hacer que la intuición correcta del otro falle, infundirle a través de la mentira — lo opuesto: que el negro es — rojo, y el rojo — negro: tener el *Schwarze Peter* con la inocencia con que se tendría el seis de diamantes.

Oh, qué juego maravilloso, mágico, incorpóreo: del alma — con el alma, de la mano — con la mano, del rostro — con el rostro, de todo — menos de la carta con la carta. Y, por supues-

---

[21] El negro Peter.

to, en este juego yo, educada desde mi primera infancia para tragar los carbones candentes del secreto, en este juego yo era – un maestro.

No diré nada que no haya sucedido, ya que la finalidad y el valor de estas notas reside en su identidad con lo que fue, en la identidad de aquella niña extraña, lo reconozco, pero que *fue* – consigo misma. Sería fácil decir y para mí sería natural creer que yo jamás intentaba pasarle a mi vecino mi Negro Peter, sino que, por el contrario – lo defendía. ¡No! En este juego yo me revelé como verdadera hija suya, es decir, la pasión del juego, es decir – del secreto, se reveló en mí más fuerte que la pasión del amor. Éste era, una vez más, mi secreto con él, y tal vez nunca me sintió tan suya como cuando yo hábil y brillantemente – lo daba – me libraba, ocultaba de nuevo el secreto que mantenía – con él, y tal vez, lo más importante – de nuevo salía adelante – aun sin él. Para decirlo todo: el juego al *Schwarze Peter* era lo mismo que un encuentro – en público – con alguien a quien amas secreta y apasionadamente: cuanto más frío – más ardiente, cuanto más distante – más cercano, cuanto más ajeno – más propio, cuanto más insufrible – más apacible. Y es que cuando Asia, y Andriusha, y Masha, y Avgusta Ivánovna – para quienes esto entraba en el juego – aullaban y me señalaban, cuando como diablos gesticulaban y daban vueltas a mi alrededor gritando: *"Schwarze Peter! Schwarze Peter!"* – yo ni siquiera podía desquitarme: ni siquiera con una sonrisa, de toda esa alegría secreta que me inundaba. La emoción contenida de la alegría se lanzaba a las manos. Yo peleaba. Pero en cambio – desde la cima de qué convicción, con qué euforia desbordante, al terminar la pelea, les soltaba yo a sus caras jocosas: "Yo soy – el *Schwarze Peter*, en cambio ustedes son – u-nos-ton-tos".

Pero igualmente difícil, o más difícil aún que no tener el rostro resplandeciente por el *Schwarze Peter*, era no tenerlo ensombrecido cuando en la mano, en vez del probable él – de pronto – un seis de diamantes, el par para la carta que me quedaba, y que me eliminaba del juego, dejando de Negro Peter – a otro. Y danzar alrededor de una Schwarze-peterina Avgusta Ivánovna con gritos criminales, burlones, traidores: *"Schwarze Peter! Schwarze Peter!"* – era, quizá, un acto de mayor heroísmo (o placer) que permanecer como una columna, primero petrificada, y peleando después en medio de los endiablecidos "vencedores".

¿Habré hablado de este juego de forma demasiado incorpórea? ¡Pero qué podía contar! No había acción, todo el juego era interior. Sólo había los gestos de las manos, el gesto de la carta que se daba, importante sólo como par: porque podía ser dada. Sin triunfos, sin puestas, sin bazas, sin reyes, damas, valets (que carecían de valor propio), *sin cartas*, con un mazo que consistía en una sola carta: *¡él!* – del que había que deshacerse. Un juego que no quería tomar, sino dar. En este juego, por su incorporeidad y su horror, en realidad había algo infernal, avernal. Manos que huían del *enemigo*. Así, en el infierno, riendo y sacudiéndose, se pasan unos a otros un carbón incandescente.

El sentido de este juego – es profundo. Todas las cartas están – por pares, sólo él está solo-solo, ya que su pareja fue eliminada – antes de comenzar el juego. Cada una de las cartas debe hallar su pareja e irse con ella, sencillamente – abandonar la escena, como una beldad o una aventurera cuando se casa – abandona la mesa de las todavía posibles variantes, las posibilidades proliferantes de los destinos individuales y, quizá, históricos – para entrar en esa silenciosa, innecesaria e inofensiva pila de pares de cartas jugadas – que ya a nadie interesan. Concediéndole – toda la mesa, enfrentándolo – a su unicidad.

Un aspecto más de mi relación íntima con Peter era el juego "¡Diablo-diablo, juega y luego entrega!", un juego – sólo por la palabra "juega", para él – un juego, pero no para quien pedía el objeto extraviado: las gafas – de papá, la sortija – de mamá, el cortaplumas – mío, que él se había llevado – para jugar. "¡Sólo el diablo pudo habérselo llevado! Músienka, ata un pañuelito a la pata de la silla y repite tres veces, así — sin pasión, con ternura:

"Diablo-diablo, juega y luego entrega, diablo-diablo, juega y luego entrega..."

Los extremos del pañuelo así anudado parecían dos cuernos, la pequeña solicitante deambulaba como sonámbula por la sala enorme, evidentemente vacía, no buscando nada y confiando en todo, repitiendo: "Diablo-diablo, juega y luego entrega... Diablo-diablo..." Y él — lo entregaba como si nada: en la mesita de debajo del espejo, donde hacía un momento y tantas veces, desesperanzadas y obvias, no había habido nada, o cuando por casualidad metías la mano en el bolsillo — ¡ahí estaba! Por no decir que a papá le devolvía lo perdido directamente a la nariz, y a mamá — al dedo, y precisamente al correcto.

Pero, ¿por qué el diablo no lo devolvía cuando se perdía en la calle? ¡Porque no había una pata donde atar el pañuelo! ¡No íbamos a atarlo al poste del farol! Los otros lo ataban en cualquier lugar (y, ¡oh, horror!, una vez Asia, por la prisa — ¡a la patita de cabra del bidet!), pero yo tenía mi lugar secreto, mi sillón secreto... pero no hablemos del sillón, ya que todos los objetos de nuestra casa de Triojprudny — ¡nos llevan muy lejos!

A partir de que la parisina Alfonsine Dijon se instaló en casa, "Diablo-diablo, juega" se alargó con todo un amable retoño católico: *"Saint-Antoine de Padoue, trouvez-moi ce que j'ai perdu"*, que en el contexto daba algo no muy bueno, ya que después del tercer diablo, sin coma y aun sin tragar saliva, como si estuviese soldado: *Saint-Antoine de Padoue..."* Y *mis* cosas las encontraba por supuesto el Diablo, y no Antonio. (La nana, con suspicacia: "¿An-to-on? ¿San-to-o? ¡Para eso es franc*i*sa, para mezclar a un santo en una cosa como ésta!") Y desde entonces no pronuncio tu nombre, Antonio de Padua, sin que de inmediato surjan ante mis ojos: los extremos del pañuelo diabólico, y en mis oídos — mi propio arrullo, tan tranquilizante, tan tranquilizador — ¡como si ya hubiera encontrado todo lo que aún había de perder!: "Diablo-diablo, juega y luego entrega, diablo-diablo..."

Una sola cosa jamás me devolvió el Diablo — a mí misma. Pero ni los enredos de Valeria. Ni el "Carbúnculo" de mamá. Ni el juego de cartas de Masha. Ni el juego del Báltico. Todo esto no era sino — un servicio de comunicaciones. Con el Diablo yo tenía mi hilo propio directo, nato, una comunicación directa. Uno de los primeros horrores secretos y secretos horrorosos de mi infancia (mi primera infancia) era: "¡Dios — Diablo!" Dios — con el tácito, aterrador e invariable complemento — Diablo. Y aquí Valeria ya no tenía nada que ver — aunque ¿quién podía tener algo que ver? ¿Y en qué — libros, y en qué — cartas estaba la respuesta? Era — yo, en mí, el regalo que alguien me hizo — en la cuna. "Dios — Diablo, Dios — Diablo. Dios — Diablo", y así una infinidad de veces, sudando frío por el sacrilegio y sin poder detenerme, mientras no se detuviera la lengua del pensamiento. "Haz, Señor, que no rece: Dios — Diablo", — y como si de una cadena se desprendiera, se disparaba: "¡Dios — Diablo! ¡Dios — Diablo! Dios — Diablo!" — y, a la inversa, como el sexto ejercicio de Hanon: "¡Diablo — Dios! ¡Diablo — Dios! ¡Diablo — Dios! — a lo largo del gélido teclado de mi propia columna vertebral y de mi miedo.

Entre Dios y Diablo no había ni la más pequeña ranura — para introducir la voluntad, ni la más mínima distancia como para introducir, como un dedo, la conciencia y conjurar así este terrible empalme. Dios, del cual surgía el Diablo, el Diablo, que se hundía en la palabra "Dios", haciendo que "dio" casi se fundiera con "dia". (¡Oh, si entonces se me hubiese ocurrido y en vez del sacrílego "Dios — Diablo" hubiera dicho "Dogo — Diablo", cuántos tormentos inútiles me habrían sido dispensados!) ¡Oh, castigo y tormento divino, tinieblas egipcias!

Pero — quizá — todo sea más simple, quizá se trate de la pasión, innata en el poeta, por las asociaciones-oposiciones — y de la formación espiritual, ese mismo juego al que tanto me gustaba jugar en mi infancia: no compre ni blanco ni negro, no diga ni sí ni no, sólo al revés: sólo el sí era no, lo negro – lo blanco, yo – todos, Dios – el Diablo.

Cuando yo, a los once años, en Lausana, durante mi primera y única verdadera confesión, le hablé sobre esto al sacerdote católico – invisible entonces, y no visto tampoco después – él, o más bien, quien estaba detrás de la reja negra, esos ojos negros desde detrás de esa reja negra, me dijeron:

–*Mais, petite Slave, c'est une des plus banales tentations du Démon!*[22] – olvidando que para él, maduro y experimentado era – *banal*, pero – ¿y para mí?

Pero antes de esta primera confesión – en una iglesia ajena, en un país ajeno, en una lengua ajena – hubo una primera confesión ortodoxa, como debe ser, a los siete años, en la iglesia de la Universidad de Moscú, con un sacerdote conocido de papá, un "profesor de la Academia".

"Y este rublo se lo das al padre después de la confesión..." En mi vida había tenido un rublo en la mano, ni mío ni ajeno, y si con un miserable kópek de cobre en la tienda de Bujtéiev te daban dos caramelos, ¿cuántos te darían por un rublo de plata? Y no sólo caramelos, libritos, como *La nana Aksiutka*[23] o *El pequeño tambor* (2 kópeks). Y a todo esto, a los caramelos y a las Aksiutkas, debo renunciar por el disgusto de los pecados, por ocultar los pecados, ya que – ¿acaso puedo contarle al respetable a-ca-dé-mi-co, conocido de papá y por lo tanto de antemano bien dispuesto hacía mí, que digo "Dios – Diablo"? ¿Y que acudo a mis citas con un dogo desnudo en la habitación de Valeria? ¿Y que, alguna vez, con este dogo desnudo – el ahogado principal – me casaré? – y así, ¿ipor el peligro mortal que me espera, quizás incluso – la muerte ("una niña ocultó un pecado durante la confesión y al día siguiente, cuando fue a comulgar, cayó muerta..."), debo renunciar

---

[22] Pero, pequeña eslava, es una de las tentaciones más banales del Demonio.
[23] Se refiere al cuento "El pequeño tambor", de K. V. Lukashévich (1859-1937).

— a todo al mismo tiempo, y ponerlo en la mano del "a-ca-dé-mi-co"!?

El rublo frío, nuevo, redondo, gordo — como un cero, lleno, con su borde afilado se incrustaba como con dientes en mi mano, cerrada en un puño para mayor seguridad, y durante toda mi confesión me mantuve firme en mi decisión — ¡no se lo daré! Y se lo di sólo en el último instante, cuando ya me iba, sin alborozo alguno y con un gran esfuerzo, y no porque no dárselo fuese — malo, sino por terror: ¿y si de pronto el padre se pusiera a perseguirme por toda la iglesia? Ni qué decir que a mí, ocupada con el rublo, no se me ocurrió siquiera informar al padre sobre mis asuntos negros, grises. El padre preguntaba, yo respondía: pero cómo podía él haber adivinado que precisamente debía preguntar *esto*: "¿No dices, por ejemplo, Dios — Diablo?"

Eso no me lo preguntó, me preguntó — otra cosa. Su primera pregunta, la primera pregunta de mi confesión, fue: "¿Diableas?" Sin haber comprendido y fuertemente herida en mi amor propio de niña de reconocida inteligencia yo, no sin arrogancia: "Sí, siempre." — "Ay-ay-ay, ¡qué vergüenza! — dijo el padre, moviendo la cabeza en señal de condolencia. — Y encima siendo hija de tan buenos padres, temerosos de Dios. Eso sólo lo hacen los chiquillos en la calle."

Ligeramente preocupada por el pecado desconocido que me había echado encima, y en parte por curiosidad: ¿qué es lo que *siempre* hacía? — yo, unos días más tarde, a mamá: "Mamá, ¿qué significa diablear?" — "¿Qué significa — qué?" — preguntó mamá. "Diablear." — "No sé — se quedó pensativa mamá, — quizá — nombrar al diablo. Pero bueno, ¿de dónde has sacado eso?" — "Es lo que hacen los chiquillos en la calle."

La segunda pregunta del padre, que me sorprendió aún más, aunque de otra manera, fue: "¿Te besas con los niños?" — "Sí. No demasiado." — "¿Con cuáles?" — "Con Volodia Tsvietáiev y con Boria el de Andréiev." — "¿Y mamá te lo permite?" — "Con Volodia — sí, y con Boria — no, porque él va a la escuela de

Komissárov y allí suele haber escarlatina." — "Pues no hay que besarse, ya que mamá no lo permite. ¿Y quién es ése Tsvietáiev, Volodia?" — "Es el hijo de mi tío Mitia.[24] Pero con él me beso muy de vez en cuando. Sólo una vez. Porque vive en Varsovia."

(¡Oh, Volodia Tsvietáiev, con su camisita roja de seda! Con una cabeza tan grande como la mía, pero que a él no le echaban en cara. Volodia, que durante toda su estancia de tres días no dejó de patinar del recibidor al espejo — ¡como si jamás hubiese visto el parquet! Volodia, que en vez de "Catedral" decía "Caporal de la Dormición" — ¡y *a mí* me corregía! Volodia, que le anunció a su madre que lo adoraba que, cuando yo fuera a visitarlo a Varsovia, viviría en su habitación, y dormiría en su camita.

—Pero, ¿qué tiene que ver el diablo con todo esto? Ah, todo eso es — el diablo: un ardor secreto.)[25]

Sin haber traicionado *al mío* y habiendo ocultado lo más importante, yo, naturalmente, al día siguiente sin contento — y no sin retraimiento — me acerqué a comulgar, ya que la frase de mamá y la visión correspondiente: "Una niña ocultó un pecado durante la confesión" y demás, seguían en mis ojos y mis oídos. En el fondo yo, por supuesto, no creía en una muerte así, porque las personas mueren de diabetes, apendicitis, y también, una vez, en Tarusa, un campesino — por un rayo, y cuando en la papilla de trigo sarraceno — ¡aunque sea *un* granito! — en vez de irse por *este lado* de la garganta se va por el otro, y cuando pisan una víbora... — de *eso* sí mueren, y no...

Por eso, no me sorprendí de no haberme caído y, una vez bebido el vino de la comunión, regresé sana y salva hasta donde estaban los míos — y después todos me felicitaron — y a mi madre la felicitaron "por la comulgante". Si hubieran sabido, y

[24] D. V. Tsvietáiev (1852-1920), hermano de Iván Tsvietáiev. Historiador, publicista, pedagogo; su hijo Vladímir (Volodia) se dedicó a la arquitectura.
[25] "Ardor secreto", palabras tomadas del último verso de una poesía de Alexandr Blok escrita en 1913.

si mi madre hubiera sabido — *qué* comulgante. Alegría por las felicitaciones, y por el vestido blanco, y por los panecillos de la pastelería Bartels — al no ser merecedora de nada de esto — no sentí. Pero tampoco sentí arrepentimiento. Sentí — soledad con mi secreto. La misma soledad con el mismo secreto. La misma soledad que durante las interminables misas en el gélido templo del Cristo Salvador, cuando yo, echando la cabeza hacia atrás para mirar en la cúpula al terrible Dios, clara y doblemente me sentía y me veía — separándome del suelo brillante, ya volando — remando — como nadan los perros — por encima de las cabezas de los devotos, e incluso — rozándolos con los pies, con las manos — y más lejos, y más alto — ¡ahora recta! — ¡como nadan los peces!, — y ahora con una faldita de flores rosadas, de bailarina bajo la cúpula misma — revoloteo.

—¡Un milagro! ¡Un milagro! —grita el pueblo. Yo sonrío — como aquellas damas en *La bella durmiente* — con absoluta conciencia de que soy superior e inalcanzable — ¡ni el guarda Ignátiev podría alcanzarme! ¡ni el bedel universitario podría detenerme! — la única — de todos, la única — por encima de todos, junto a ese terrible Dios, con mi faldita floreada color de rosa — revoloteo.

¿Qué, también debí haberle contado esto al "académico"?

Hay una cosa: suele estar ausente, pero cuando está presente, aunque parezca secundaria, es más fuerte que todo lo primario: que el miedo, la pasión y aun la muerte: *el tacto*. Asustar al cura con el diablo, hacerlo reír con el dogo y aturdirlo con la bailarina habría sido in-decente. Es indecente para el cura, todo lo que es insolente. Durante la confesión yo debo ser *como todos*.

La otra mitad del tacto es — la compasión. No sé por qué, pero pese a lo aterradores, los sacerdotes siempre me parecieron un poco — niños. Igual que los abuelos. ¿Cómo contar a los niños (o al abuelo) — porquerías? ¿U horrores?

Además, ¿cómo podía hablar de *él*, decir que él era *él*, cuando para mí *él* era *ello* y también era *tú*? Referirme a él como al *diablo*, cuando para mí el era *Gríseo*: *tú*, un nombre hasta tal punto secreto que yo, aun estando sola, no lo pronunciaba en voz alta, sólo en la cama o en la loma, en voz muy baja: "¡Gríseo!" El sonido de la palabra "Gríseo" era el susurro mismo de mi amor por él. Como *no*-susurro esa palabra no existía. El caso vocativo del amor, que no tiene más declinaciones.

Si yo ahora escribo de ti *él*, es porque escribo *de ti*, y no ¡a ti! Ahí radica toda la mentira del relato amoroso. El amor es invariablemente una segunda persona, que diluye – aun a la primera. *Él* es la objetivación del amado, de aquello que no existe. Ya que jamás amamos ni amaríamos a ningún *él*, sólo *tú*, – ¡*suspiro* exclamativo!

Y – comprensión repentina – confesarme de verdad, hasta el fondo del alma – contigo en mí (para que sea claro: con todo "el pecado" de tu presencia en mí) – en *mí* toda – podría – ¡sólo contigo!

... No son las tinieblas – el mal, las tinieblas son – la noche. Las tinieblas son – todo. Las tinieblas son – las tinieblas. Ahí está el asunto, en que no me arrepiento de nada. En que son – ¡*mis* tinieblas *congénitas*!

No, con los sacerdotes (¡como con los académicos!) nunca tuve buenas relaciones. Con los sacerdotes ortodoxos, cubiertos de oro y de plata, fríos como el hielo del crucifijo – *finalmente* llevado a los labios. El primer miedo así lo sentí ante mi propio abuelo, el padre de mi padre, arcipreste de la región de Shuia, el padre Vladímir Tsvietáiev (con cuyo manual de Historia Sagrada, por cierto, estudió Balmont)[26] – un anciano ya muy anciano, con una barba blanca un poco en forma de abanico y que llevaba en las manos, dentro de una cajita, una muñeca de pie – unas manos a las que nunca me acerqué.

–¡Señora! ¡Los prelados han llegado! ¿Ordena que los reciba?

[26] Konstantín Dmítrievich Balmont (1867-1942), uno de los poetas simbolistas rusos más importantes, amigo de Tsvietáieva, a quién ésta dedicó más de una obra.

Y de inmediato – el tintineo de las monedas de plata en la palma de la mano, el vertido de las monedas de una mano a la otra, de la mano al papel: tanto para el cura, tanto para el diácono, tanto para el sacristán, tanto para la mujer que hace los panecillos para la comunión... No debían haberlo hecho – delante de los niños, o, en todo caso, no debíamos nosotros, niños de los tiempos *de plata*, habernos enterado de los treinta *denarios*. El sonido de la plata se confundía con el sonido del incensario, su hielo con el hielo del brocado y la crucifixión, la nube de incienso con la nube del malestar interior, y todo esto se arrastraba con pesantez hacia el techo de la blanca sala de tapicería escarchada, en exclamaciones imperativas pavorosamente – incomprensibles:

–¡Bendícenos, Señor!
–O-o-o...

Todo era – *o*, y la sala – *o*, y el techo – *o*, y el incienso – *o*, y el incensario – *o*. Y cuando se iban los sacerdotes, de ellos no quedaba nada más que el último *o* del incienso en los filodendros.

Esas misas dominicales para mí eran – un aullido. "Los prelados han llegado" me sonaba igual que "los finados han llegado".

–¡Señora, los finados han llegado! – ¿ordena que los reciba?

> El ataúd negro en el centro,
> Y el pope entona desde dentro:
> ¡Reciba tu cuerpo el sepulcro![27]

Ese mismo ataúd negro, para mí, en mi infancia, estaba detrás de cada sacerdote, callado, desde detrás de la espalda de brocado, miraba y amenazaba. Donde había un sacerdote – había un ataúd. Si hay sacerdote – hay ataúd.

Y aún ahora, treinta y tantos años después, detrás de cada prelado que oficia, inevitablemente veo a un finado: detrás del

---

[27] Cita inexacta de la balada de Vasili Zhukovski "Svetlana" (1808-1812).

erguido – al yaciente. Pero sólo – detrás de los ortodoxos. Todo servicio religioso ortodoxo, con excepción de uno solo – el de Pascua, que *clama* por la resurrección y desde lo alto de los cielos abiertos sacude los restos mortales, todo oficio ortodoxo es para mí – una misa de difuntos.

No importa qué haga el sacerdote, siempre me parece que se inclina sobre *él,* que es a *él a quien* inciensa, que con todas sus fuerzas lo convence e incluso – lo conjura: "Yace, yace, que yo te cantaré." O: "Bueno, yace, yace, no pasa nada…" Lo conjura.

Los sacerdotes en mi infancia siempre me parecieron hechiceros. Andan y cantan. Andan e inciensan. Andan y encantan. En ronda. Ahúman. *Ellos*, con tantos y tan suntuosos atavíos, me parecían dianches, y no aquel, modesta-y-grisáceamente-desnudo, incluso pobre, si no fuera por su porte, en el borde de la cama de Valeria.

Por los sacerdotes – el monte plateado de la espalda del sacerdote – que es monte sólo para *disimular* – también Dios me parecía terrible: un sacerdote, pero más terrible aún por el monte plateado: Ararat. Y los tres arados del trabalenguas infantil: "En el Ararat tres arados el arduo terreno araban…" – por supuesto, araban de miedo, por haberse quedado a solas con Dios.

Dios era para mí – el miedo.

A lo largo de toda mi primera infancia, en la iglesia no sentí nada, nada que no fuera el más muerto aburrimiento, frío como el hielo y blanco como la nieve. Nada salvo un melancólico deseo: ¿cuándo terminará? y la conciencia desesperanzada: nunca. Esto era peor que los conciertos sinfónicos en la Sala Grande del Conservatorio.

Dios era – ajeno, el Diablo – congénito. Dios era – el hielo, el Diablo – el ardor. Y ninguno de los dos era bueno. Y ninguno – malo. Pero a uno yo lo amaba, y al otro – no: a uno lo conocía, y al otro – no. El uno me amaba y me conocía, y el otro – no. A uno me lo *imponían* – arrastrándome a la iglesia, obligándome a permanecer de pie durante el servicio, con los candelabros frente a los iconos, con los Aarones y los faraones[28] que por el sueño se duplicaban: se separaban y de nuevo se juntaban ante mis ojos — con toda la incomprensibilidad del idioma eslavo. A uno — *me obligaban,* y el otro llegaba — solo, y nadie sabía.

Pero a los ángeles — los amaba: a uno, azulado, sobre aquel papel ardientemente-dorado, de plano — caliente, de plano — crepitante por el fuego reprimido. Ardiente también por mis constantes lágrimas, que tantas veces brotaban de mis ojos y tan pocas se calmaban, que hervían y se evaporaban en solitario sobre el carmín ardiente de mis mejillas. Y también amaba a otro, uno de fresa, también alemán, de una ilustración en color para la poesía alemana *"Der Engel und der Grobian".*[29] (Recuerdo las palabras *"im roten Erdbeerguss"* — en el rojo torrente de fresa...)

Un niño recogía fresas en el claro de un bosque. De pronto ve — frente a él hay otro niño, pero más grande, todo vestido de blanco y con largos rizos, como una niña, y sobre los rizos — un círculo dorado. "¡Hola, niño, dame fresas!" — "¡Qué cosas se te ocurren! — dice el primero, todavía a gatas y sin quitarse la gorra siquiera *("rückt auch sein Käpplein nicht")* —, recógelas tú mismo, aunque mejor lárgate — ¡este prado es mío!" Y de nuevo — de narices a las fresas. Y de pronto — un ruido. El bosque no hace esos ruidos. Levanta los ojos: y el niño ya está por encima del claro... "¡Bello ángel! — grita el malcriado quitándose la gorra —. ¡Vuelve! ¡Vuelve! ¡Toma todas mis fresas!" Pero — es tarde. El extremo de su vestido blanco está ya sobre los abedules, más arriba todavía — ni el abedul más alto podría alcanzarlo con su brazo, ni con el más largo de su brazos... El glotón, cayendo de cara sobre las malhadadas fresas — llora, y yo — también glotona de fresas y malcriada — lloro con él.

---

[28] Alusión a un pasaje del libro del Éxodo en el Antiguo Testamento.
[29] El ángel y el zafio.

He visto muchos campos de fresas desde entonces, pero en ninguno dejé de ver detrás del inevitable abedul ese extremo del vestido que se aleja sin remedio. Y no pocas veces, desde entonces, he comido — fresas, pero jamás he podido llevarme una a la boca sin un encogimiento del corazón. Aun la palabra *Grobian* es para mí desde entonces una palabra angelical. Y ni Adán ni Eva con la manzana, ni siquiera con la serpiente, determinaron en mí el sentido del bien como el niño — con el otro niño, el más pequeño con el más grande, el malcriado — con el bueno, el de las fresas — con el de las nubes. Y si yo después, durante toda la vida, he tomado a tantos *"Grobian"*es — en prados y grabados — por ángeles, demonios, moradores del cielo, es, quizá, por ese miedo que me abrasó una vez y para siempre: no tomar lo celestial por terrenal.

En las tardes, primero interminablemente-rojas, luego interminablemente-negras, — ¡tan tarde — rojas!, ¡tan pronto — negras!, — mi madre y Valeria, en verano — en el Oká, en otoño — en el camino grande que primero era de abedules y luego *abierto*, cantaban — a dos voces. Estas dos naturalezas antagónicas se encontraban sólo en el canto, no se encontraban ellas, se encontraban — sus voces: el suave contralto de mamá, avergonzado de su amplitud, con el soprano de Valeria, que superaba sus propias posibilidades.

> *Kein Feuer, keine Kohle*
> *Kann Brennan so heiss,*
> *Als wie heimliche Liebe*
> *Von der niemand was weiss...*[30]

Con estas palabras: *Feuer — Kohle — heiss — heimlich —* (fuego — carbón — ardiente — secreto) — en mí se encendió, de verdad, un fuego en el pecho, como si no escuchara esas palabras, sino que las tragara, como si por mi garganta descendieran — carbones candentes.

---

[30] No hay fuego ni hay carbón/que arda con tanta pasión,/como un amor secreto/no cantado ni en soneto.

> *Keine Rose, keine Nelke*
> *Kann blühen so schön,*
> *Als wenn zwei verliebte Seelen*
> *Zu einander thun stehn.*[31]

Aquí el embrujo vino por: *verliebte – Seelen!* Bueno, podría haber sido – *Herzen*. Y todo habría sido como para todos. Pero no, lo que se aprende en la primera infancia, se aprende para toda la vida: *verliebte –* significa *Seelen*. Y *Seelen* es *See* (el Báltico *"die See" –* ¡el mar!) y también – *sehen* (ver), y también – *sich sehnen* (languidecer, añorar), y también – *Sehnen* (venas). Desde las venas languidecer por cierto mar, que jamás has visto – eso es el alma y eso es el amor. ¡Y ningún *Rosen* ni *Nelken* pueden ayudar!

Pero cuando la canción llegaba a:

> *Setze Du mir einem Spiegel*
> *Ins Herze hinein...*[32]

yo sentía físicamente cómo penetraba en mi pecho el verde espejo veneciano de Valeria coronado por pequeños dientes de cristal – la entrada progresiva de cada dientecillo: *setze*[33] – *Herze* – y, en el medio el óvalo sin fondo del espejo, que me inundaba y me ocupaba de hombro a hombro: *Spiegel*.[34]

¿A quién tenía mamá en *su* espejo? ¿A quién – Valeria? (Un verano, el de mis cuatro años, – a una misma persona: aquella para quien a cuatro manos – tocaban y a cuatro manos – bordaban, para quien y de quien a dos voces – cantaban...) ¿*Yo*? – sé a quién.

> *... Damit Du könnest sehen*
> *Wie so treu ich es mein, –*[35]

---

[31] No hay rosa ni hay clavel/tan hermoso en el vergel/como dos almas prendadas/que viven enamoradas.
[32] Para que tú puedas ver/en mi corazón...
[33] Pon.
[34] Espejo.
[35] Para que tú puedas ver/cómo lo creo fiel.

249

explicativamente alargaban y repetían dos veces las cantantes. A los cinco años yo no conocía la palabra *meinen* (creer, un verbo), pero *mein* – *mío* – sí la conocía, y quien era *mío* – también lo sabía, y también conocía a Mein – el abuelo Alexandr Danílich.[36] Debido a esta inclusión en el canto, el abuelo se incorporó sin querer al secreto: de pronto comenzó a parecerme que el abuelo – *también*.

Con la partida de Avgusta Ivánonva (ella había traído la canción a casa) cuando cumplí siete años, es decir – al término de mi primera infancia, terminó también el Diablo. Terminó visualmente, terminó – en la cama de Valeria. Pero jamás pude, hasta el día mismo en que dejé la casa de Triojprudny – para casarme, jamás pude entrar en la habitación de Valeria sin echar una rápida y oblicua mirada, como aquel rayo, a la cama: ¿estaría ahí?

(La casa hace mucho tiempo que fue demolida, de la cama no quedan ni las patas, ¡y él sigue ahí sentado!)

Pero he aquí otro encuentro que, digamos, se sale de la primera infancia: ¡le costaba separarse de una niña así!

Yo tenía entonces nueve años, tenía pulmonía, y era domingo de Ramos.

"¿Qué quieres que te traiga, Musia, de la fiesta de Ramos?" – mi madre ya vestida para salir, enmarcada asimétricamente – por el nuevo capote del colegio que alargaba todavía más a Andriusha y – mi abrigo del año anterior, hasta el suelo, que acortaba todavía más – a Asia. "¡Un diablo en una botella!" – dije de pronto, con la misma vehemencia con que el diablo habría salido de la botella. "¿Un diablo? – se sorprendió mi madre, – ¿y no un libro? Allí también los venden, hay muchos puestos. Por diez kópeks se pueden comprar hasta cinco libritos sobre la defensa de Sebastopol, por ejemplo, o sobre Pedro el Grande. Piénsalo." – "No, de todos modos... un diablo..." –

---

[36] Se trata de A. D. Mein (1836-1899), abuelo de Tsvietáieva por línea materna. Era funcionario en la cancillería del gobernador general de Moscú.

dije en voz muy baja y muy ronca, con dificultad y vergüenza. — "Bueno, si quieres un diablo, pues un diablo." — "¡Yo también quiero un diablo!" — se apresuró mi eterna imitadora Asia. — "¡No, para ti ni diablos!" — repliqué en voz baja y amenazadora. "¡Ma-má! ¡Dice que *no* tendré ni diablos!" — "Pero, por supuesto que — *no*... — dijo mamá. — En primer lugar, Musia — lo dijo antes, en segundo, ¿para qué comprar dos veces una misma cosa, y encima una tontería así? De todos modos se reventará." — "¡Pero yo no quiero un libro sobre Pedro el Grande! — chillaba Asia —. ¡También se romperá!" — "¡Para mí tampoco un libro, mamá, por favor! — se preocupó Andriusha, — ya tengo uno sobre Pedro el Grande, y sobre todo lo demás..." — "Libro no, mamá, ¿sí?" — se pegaba como garrapata Asia. — "Bueno, está bien, está bien, de acuerdo: libro *no*. Para Musia — libro no, para Asia — libro no, para Andriusha — libro no. ¡Son el colmo!" — "¿Y entonces, mamá, qué me comprarás? ¿Qué me comprarás entonces, mamá?" — machacaba Asia como pájaro carpintero sin dejarme oír la respuesta. Pero ya no me interesaba qué le comprarían a ella, *yo* tendría — *aquello*.

—Toma, Musia, aquí está tu diablito. Pero antes vamos a cambiar la compresa.

Encompresada hasta la falta de aliento — aunque el aliento siempre alcanza para el amor — estoy acostada con él sobre el pecho. Él, por supuesto, es minúsculo, y más bien chusco, y no es gris, sino negro, y no se parece en absoluto a *aquel*, pero de cualquier modo — su nombre — ¿acaso no es el mismo? (en las cuestiones del amor, esto lo he comprobado más tarde, lo que importa son *conocimiento* y *nombre*.)

Con la mano a treinta-y-nueve-grados aprieto la base redonda de la botella, y ¡salta!, ¡salta!

—Sólo que no lo acuestes contigo. Te dormirás y lo aplastarás. En cuanto sientas que te estás quedando dormida — ponlo al lado, en la silla.

"¡En cuanto sientas que te estás quedando dormida!" — fácil de decir cuando durante todo el día lo único que siento es que – me estoy quedando dormida, sencillamente – el día entero duermo, duermo, con muchos y agitados sueños, y fuertes y alegres gritos: "¡Mamá! ¡El rey se emborrachó!" – ese mismo rey que estaba encima de mi cama – "El que tiene una corona oscura y una barba espesa" – y el mío además tenía una copa en la mano – al que yo llamaba Rey de los Elfos, y que en realidad, después lo adiviné, era *der König im Thule – gar treu bis an sein Grab – dem sterbend seine Buhle einen goldnen Becher gab*.[37] Y este rey con la copa – *siempre* en la mano, *nunca* en la boca, este rey que jamás bebe – de pronto – ¡se emborrachó!

–¡Qué delirios tan extraños tienes! –decía mamá. –¡El rey – se emborrachó! ¿Acaso así deliran las niñas de nueve años? ¿Acaso los reyes – se emborrachan? ¿Y quién, vamos a ver, se ha emborrachado delante de ti? ¿Y qué significa – "se emborrachó"? ¡Ésas son las consecuencias de leer a escondidas los folletines de *Le Courrier*[38] a propósito de todo tipo de banquetes y veladas! – olvidando que ella misma había pintado a este augusto briago en un lienzo y lo había colocado en mi primer campo de visión y cognición matutinas.

Un día que me encontró con el mismo diablo en el puño ya más fresco, mi madre me dijo: "¿Por qué nunca me preguntas por qué el diablo – salta? ¿No te parece interesante?" – "Sí-í-í" – poco convencida dije alargando. "Es que es *muy* interesante – insinuó mamá –, ¡aprietas la parte de debajo del tubito y, de pronto – ¡salta! ¿Por qué salta?" – "No sé." – "Ahí está, lo ves, en ti – hace tiempo que lo observo – no hay ni pizca de curiosidad, te de absolutamente igual por qué el sol – sale, la luna – mengua, el diablo, por ejemplo – salta... ¿Eh?" – "Sí", – respondí quedo. "¿O sea que tú misma reconoces que te da igual? Pues no debería darte igual. El sol sale porque la tierra ha dado la vuelta, la luna mengua porque – y etcétera, y el diablo en el frasco salta porque en el frasco hay – alcohol," – "¡Oh, mamá!

---

[37] Hubo en Thule cierto rey/fiel al amor hasta el fin,/al que una copa de oro/dióla su amada al morir. (Cita de *El Rey de Thule*, de Goethe. Trad. de Rafael Cansinos Assens.)

[38] Diario moscovita que se publicó entre 1897 y 1904.

– de pronto aullé con fuerza y alegría. – Dia-blo – al-cohol. ¿No riman, mamá?" – "No – del todo afligida dijo mamá –, diablo rima con establo, y alcohol... espera, a ver... espera un momento, con alcohol, parece que no hay..." – "¿Y con botella? – pregunté yo con la más viva curiosidad –. Grosella, ¿no? Más, ¿puedo? Porque tengo *más:* la doncella Clarabella..." – "Clarabella – no se puede –dijo mamá–, Clarabella es un nombre propio y encima es chusco... Pero, ¿has comprendido por qué salta el diablo? En la botella hay – alcohol, y al calor de la mano, se dilata." "Sí –asentí apresuradamente– y... calentar y dilatar, ¿también riman?" – "También – respondió mamá –. Y ahora dime, ¿por qué salta el diablo?" – "Porque se dilata." – "¿Qué?" – "Digo, al revés – se calienta." – "¿Quién, quién se calienta?" – "El diablo. – Y al ver que el rostro de mi madre se ensombrecía: –Digo, al revés– el alcohol."

Por la noche, cuando mi madre vino a despedirse, yo, con triunfo reprimido:

–¡Mamá! Sí hay una palabra que rima con alcohol, sólo que en alemán, ¿no importa?

Droben bringt man sie zum Grabe,
Die sich freuten in dem Thal.
Hirtenknabe, Hirtenknabe,
Dir auch singt man dort einmal.[39]

"¡Cristo – ha resucitado y el diablo se ha reventado! – victoriosamente dijo la nana de Asia, Alexandra Mújina, de pie junto a mi cama la mañana de Pascua. – ¡Dame, dame las astillas!" – "¡No es verdad! – gritaba yo, apretando en mi puño los preciados restos y golpeando fuertemente con los pies el arco en tensión de la manta –. No se reventó porque Cristo haya resucitado, sino porque yo me acosté en él... Lo asfixié sin querer mientras dormía, como en el juicio de Salo-

---

[39] Ya los llevan a enterrar/Y en el campo antes jugaban./Pastorcillo, pastorcillo/un día a ti te cantarán.

món." – "¿Quiere decir que Dios te ha castigado por dormir con ese impuro." – "Tú serás la impura! – gritaba yo, ayudándome con las piernas – que por fin había logrado sacar de la manta. – ¡A ti te va a castigar Dios por alegrarte de las penas ajenas!" – "¡Vaya penas! – refunfuñó con desprecio la nana. – ¡El diablo se reventó! Cuando tu tío Fedia[40] murió, apuesto a que ni siquiera lloraste, y ahora por un miserable diablo, ¡qué Dios nos perdone!" – "¡Mientes, mientes, mientes! – gritaba yo, ya de pie y, como él, saltando –. ¿Acaso no ves que no estoy llorando!? ¡Eres tú quien se pondrá a llorar cuando te lance... (y, al no encontrar nada alrededor, salvo el termómetro)... cuando te haga pedazos con mis propias manos, maldita diabla!"

"¿Qué?" – preguntó mamá, que en ese momento entraba –. ¿Qué pasa aquí? ¿A qué se debe este espectáculo?" – "No pasa nada, señora – con hipócrita mansedumbre dijo la nana, – es que Músienka en Domingo de Resurrección blasfema mencionando al diablo, sí-í-í..." – "¡Mamá! ¡Se reventó el diablo y ella dice que es Dios!" – "¿Qué?" – "Que es Dios quien me ha castigado porque yo quería más al diablo que al tío Fedia." – "¡Qué tonterías! – inesperadamente lo cambió todo mamá –. ¿Acaso se puede comparar? Nana, vete a la cocina. Pero blasfemar con el diablo el primer día de Pascua, y en general... Pero si hoy – ¡ha resucitado Cristo!" – "Sí, y ella dijo que por eso él se reventó." – "¡Tonterías!" – cortó secamente mamá –. Una simple coincidencia. Se reventó porque algún día tenía que reventarse. Y tú también la has hecho buena – ponerte a discutir con una mujer ignorante. Y eso que ya estás en la preprimaria... Pero lo principal – es que podías haberte hecho daño. ¿Dónde está?" En silencio, para no echarme a llorar, abro la mano. "Pero si allí no hay nada —mamá, mirando atentamente. – ¿Dónde está?" Yo, ahogándome por el llanto: "No sé. No pude encontrarlo. Se fue. ¡Saltó *para siempre!*"

---

[40] F. V. Tsvietáiev (1849-1901), maestro de escuela.

Sí, mi diablo se reventó, sin dejar tras él ni vidrio, ni alcohol.

—Ves —decía mamá, sentándose sobre mis silenciosas lágrimas—, nunca hay que apegarse a un objeto que se puede romper. Y los objetos – ¡todos se rompen! ¿Recuerdas el mandamiento: 'No te hagas un falso ídolo'?

—Mamá —dije yo, sacudiéndome para quitarme las lágrimas, como un perro para quitarse el agua—. ¿Con qué rima "ídolo"? ¿Don diábolo?

Querido dogo gris de mi infancia – ¡Gríseo! Tú no me hiciste ningún mal. Si tú, según las Sagradas Escrituras, eres "el padre de la mentira", a mí me enseñaste – la verdad de la esencia y la rectitud de la espalda. Esa línea recta de la inflexibilidad que vive en mi columna vertebral – es la línea viva de tu porte de dogo–mujer-del-pueblo–faraón.

Tú enriqueciste mi infancia con todo el secreto, con toda la prueba de la fidelidad y, más aún, con todo ese mundo, ya que sin ti yo no habría *sabido* – que existe.

A ti debo mi soberbia inaudita, que me ha llevado por encima de la vida, más alto aún de lo que tú me llevaste sobre el río: *le divin orgueil* – con su *hacer* y su *decir*.

A ti, además de tantas cosas, también debo el arrojo con que me acerco a los perros (¡sí, sí, a los más sanguinarios dogos!) y a la gente, ya que después de ti – ¿de qué perros o personas podría tener miedo?

A ti debo (así comienza Marco Aurelio su libro) mi primera conciencia de pertenecer a los grandes y a los elegidos, ya que a las otras niñas de nuestra casa *tú* – no las visitabas.

A ti debo mi primer crimen: un secreto en mi primera confesión, después de lo cual – todo había sido transgredido.

Eras tú quien destrozaba cada uno de mis amores felices, corroyéndolo con la valoración y rematándolo con el orgullo, ya que tú me decidiste poeta, y no mujer amada.

Eras tú quien, cuando yo jugaba con los adultos a las cartas y alguien, inesperada pero invariablemente, se apoderaba de mi ganancia, hacía que a mi ojos volvieran las lágrimas, y a mi garganta – las palabras: "La puesta era – mía."

Eras tú quien me protegía de toda participación en la comunidad – aun de la colaboración periodística – al haberme puesto, como el guardián malvado a David Copperfield, un cartel en la espalda: "¡Cuidado! ¡Muerde!"

¿Y acaso no fuiste tú, con mi amor precoz por ti, quien me inculcó el amor por todos los vencidos, por todas las *causes perdues* – las últimas monarquías, los últimos cocheros, los últimos poetas líricos?

Tú – elevándote con toda tu inflexibilidad, sobre la ciudad derrotada – eras el último en subir a los restos del último navío.

Dios no puede pensar mal de ti – ¡alguna vez tú fuiste su ángel predilecto! Y quienes te ven como una mosca, el Rey de las moscas, miríadas de moscas – son moscas, que *no* ven más allá de sus narices.

Veo las moscas, y veo la nariz: tu larga nariz de dogo, gris, noble, de ante, fruncida con repugnancia y amenaza hacia las moscas – miríadas de moscas.

Te veo como un dogo, querido, es decir, como el *dios* de los perros.

Cuando a los once años, en una pensión católica, intentaba amar a Dios:

> *Jusqu'à la mort nous Te serons fidèles,*
> *Jusqu'à la mort Tu seras notre Roi,*
> *Sous Ton drapeau, Jésus, Tu nous appelles,*
> *Nous y mourrons en combattant pour Toi...*[41]

---

[41] Hasta la muerte Te seremos fieles,/Hasta la muerte Serás nuestro Rey,/A tus filas, Jesús, nos llamas,/Ahí moriremos luchando por Ti...

tú no interferiste. Sólo te retiraste hasta lo más profundo de mí, cediendo amablemente el lugar — a otro. "Bueno, prueba — con dulzura..." Jamás condescendiste a luchar por mí (¡ni por ninguna cosa!) ya que toda tu lucha contra Dios — es un combate por defender la soledad, que es el único poder.

Tú eres — el autor de mi divisa vital y de mi epitafio:

Ne daigne! —[42]

¿a qué? A nada: *ne daigne* a nada — aunque sólo fuera — a descender hasta los restos que aquí yacen.

Y cuando a mí, por los pecados de mis once años de vida, desde el fondo del negro agujero de unos ojos ajenos y un confesionario ajeno, se me dijo:

Un beau bloc de marbre se trouve enfoncé dans la boue du grand chemin. Un homme vulgaire marche dessus et l'enfonce encore plus profondément. Un noble coeur le dégage, le lave et en fait une statue qui dure éternellement. Soyez le sculpteur de Votre âme, petite Slave... — [43] ¿de quién eran estas palabras?

A ti debo el círculo encantado de mi soledad, que se mueve siempre conmigo, que nace de debajo de mis pies, me abraza como si fueran brazos, pero se dilata como el aliento, que *todo* lo incluye y *a todos* los excluye.

Y si tú alguna vez bajo la forma de un perro gris y para ser mi nana descendiste hasta mí, una niña pequeña, fue sólo para que esa misma niña después, a lo largo de la vida, pudiera sola: sin nanas ni Vanias.

Terrible dogo de mi infancia — ¡Gríseo! Tú estás solo, no tienes iglesias, a ti no te ofician misas conjuntamente. Con tu nombre

---

[42] No te dignes –
[43] Un buen bloque de mármol se halla hundido en el lodo del camino principal. Un hombre común y corriente lo pisa y lo hunde todavía más. Un corazón noble lo retira, lo lava y crea una estatua que dura eternamente. Sea el escultor de su propia alma, pequeña Eslava...

no bendicen ni la unión carnal, ni la interesada. Tu imagen no está en las salas de justicia, donde la indiferencia juzga a la pasión, la saciedad – al hambre, la salud – a la enfermedad: siempre la misma indiferencia – frente a todas las variantes de la pasión, siempre la misma saciedad – frente a todas las variantes del hambre, siempre la misma salud – frente a todas las variantes de la enfermedad, siempre el mismo bienestar – frente a todas las variantes del infortunio.

A ti no te besan sobre la cruz del juramento forzado y el falso testimonio. No es tu imagen, bajo la forma de un crucifijo, la que toma el sacerdote – servidor y cómplice del Estado asesino – para tapar la boca de su víctima. Tu nombre no sirve para bendecir ni matamientos ni matanzas. *Tú* en las dependencias del Estado – *no* estás.

Ni en las iglesias, ni en los juzgados, ni en las escuelas, ni en los cuarteles, ni en las prisiones – allí, donde está el derecho – no estás tú, allí, donde está la multitud – no estás tú.

Tampoco estás en las célebres "misas negras", esas reuniones privilegiadas donde la gente comete tonterías – adorarte todos en conjunto, a ti, cuyo primer y último orgullo es – la soledad.

Si se trata de buscarte, hay que hacerlo en las celdas incomunicadas de la Rebelión y en las buhardillas de la Poesía Lírica.

De ti, que eres – el mal, la sociedad *no* ha malusado.

Vanves, 19 de junio de 1935

SEGUNDA PARTE

Algunas posiciones

BORÍS PASTERNAK

1

Cuando hablo de mística, de pintura o de teatro, lo hago con esa tranquila liberalidad con que sabe razonar acerca de todo el aficionado de libre espíritu.

Por el contrario, cuando se habla de literatura pienso en el libro en sí y pierdo la facultad de emitir juicios. Necesito ser sacudido y arrancado violentamente, como de un desmayo, de esa sensación de ensueño físico que me produce el libro y, sólo después y de muy mal talante, venciendo cierta ligera repugnancia, logro participar en la conversación sobre un tema literario, en la que no se hable, sin embargo, del libro, sino de cualquier otra cosa: del teatro de variedades, por ejemplo, o de poetas, tendencias y escuelas artísticas, el nuevo arte, etcétera.

Por voluntad propia, sin coacción, jamás emigraré, por ningún motivo, del universo que me preocupa a ese mundo de despreocupación de los aficionados.

2

Las corrientes contemporáneas han imaginado que el arte es como una fuente, cuando en realidad es como una esponja.

Han decidido que el arte debe salir a borbotones, cuando en realidad debe absorber y saturarse.

Han declarado que el arte puede ser descompuesto en métodos de representación, cuando en realidad está integrado por los órganos de percepción.

El arte debe estar siempre entre los espectadores y mostrarse más limpio, susceptible y correcto que ellos, pero en nuestros días ha descubierto el maquillaje y los camerinos y se muestra desde un escenario de variedades; como si en el mundo hubiese dos tipos de arte y uno de ellos, gozando de cierta reserva, pudiera permitirse el lujo de la autocorrupción, lujo que equivale al suicidio. Se asoma desde el escenario cuando debiera ahogarse en la galería, en el anonimato, ignorando casi por completo que su gorro está en llamas y que, agazapado en un rincón, es vencido por la luminosidad y la fosforescencia, como por alguna enfermedad.

3

Un libro es un fragmento cúbico de la conciencia abrasadora, humeante – nada más.

El grito del urogallo es la preocupación de la naturaleza por la conservación de las aves, el tañido primaveral de ésta en los oídos. El libro es como el urogallo en la era. No oye nada ni a nadie; ensordecido por sí mismo, oye con gusto su grito.

Sin el libro la especie espiritual no podría perpetuarse. Desaparecería. Los monos no lo tuvieron.

Lo escribieron, fue creciendo, adquiriendo sensatez, viendo cuanto había que ver, y – se hizo adulto y es – como es. Él no tiene la culpa de que podamos verlo íntegramente. Así está estructurado el universo espiritual.

Hasta hace poco se pensaba que las escenas de un libro eran escenificaciones. Es – un error. ¿De qué le servirían? Se olvidaba que lo único que tenemos en nuestro poder es la posibilidad de no deformar la voz de la vida que suena dentro de nosotros mismos.

La incapacidad de hallar y decir la verdad es una deficiencia que no puede ser encubierta por ninguna capacidad de decir la no verdad.

El libro es un ser viviente. Está consciente y en su pleno juicio; cuadros y escenas son lo que ha traído del pasado, lo que recuerda y no está dispuesto a olvidar.

4

La vida no comienza ahora. El arte no tiene comienzo. Siempre estuvo presente, hasta que se estableció de manera definitiva.

Es infinito. Y aquí, en este momento, fuera de mí y dentro de mí, es como es. Es como si una sala de actos de pronto abriera sus puertas y me bañara con su universalidad y con su eternidad frescas e impetuosas, como si el instante hiciera un juramento.

Ningún libro verdadero tiene una primera página. Nace como el rumor del bosque, sólo Dios sabe dónde, y crece y se desliza despertando a la recóndita espesura, y de pronto, en el instante más oscuro, desconcertante y terrible, al final, toma la palabra con toda la fuerza acumulada.

5

¿En qué está el milagro? En que alguna vez vivió en este mundo una jovencita de diecisiete años llamada María Estuardo, y en que, en cierta ocasión, un día de octubre, sentada junto a una pequeña ventana detrás de la cual ululaban los puritanos, escribió una poesía en francés que termina con las siguientes palabras:

> *Car mon pis et mon mieux*
> *Sont les plus déserts lieux.*

En que, en segundo lugar, en cierta ocasión en su juventud, al lado de una ventana detrás de la cual octubre se envalentonaba y se enfurecía, el joven poeta inglés Charles Algernon

Swinburne concluyó su *Chastelard*, en donde el débil lamento de las cinco estrofas de María se hinchó con el terrible estruendo de cinco trágicos actos.

En que, finalmente, en tercer lugar, en una ocasión, hará unos cinco años, un traductor miró por una ventana y no supo de qué admirarse más: de que la nevasca de Elábuga conociera el idioma escocés y que así como en aquel lejano día aún ahora se preocupara por la jovencita de diecisiete años, o de que la jovencita y su afligido poeta inglés le hubiesen podido relatar tan bien, de manera tan inspirada y en ruso aquello que continuaba preocupándolos a ambos y que no cesaba de perseguirlos.

¿Qué significa esto? – se preguntó el traductor. ¿Qué está sucediendo allá? ¿Por qué ese lugar está hoy tan apacible (¡y al mismo tiempo hay tal nevasca!)? A juzgar por lo que les enviamos, se podría pensar que allá deberían estar desangrándose. Y, sin embargo, sonríen.

Ahí está el milagro. En la unidad e identidad de la vida de estas tres personas y de muchas otras como ellas (testigos oculares de tres épocas, rostros, biografías y lectores) – en el auténtico octubre de año desconocido, que suena, enceguece y se enronquece allá, detrás de la ventana, bajo la montaña, en... el arte.

Ahí está el milagro.

6

Existen malas interpretaciones. Hay que evitarlas. Son el lugar donde se rinde tributo al hastío.

Se suele decir que el escritor es poeta...

La estética no existe. Creo que ésta es un castigo porque miente, perdona, favorece y condesciende; porque sin saber nada de la persona, trama intrigas sobre las especialidades.

¿Pintor de retratos, de paisajes, de género, de naturalezas muertas? ¿Simbolista, acmeísta, futurista? ¡Qué jerga tan malsana!

La estética, está claro, es una ciencia que clasifica los globos según dónde y cómo tengan los agujeros que les impiden volar.

La poesía y la prosa, inseparables, son para ella polos opuestos.

Por su oído nato, la poesía busca la melodía de la naturaleza en el rumor del diccionario, y después de haberla elegido, como se elige un motivo, se entrega a la improvisación.

Por intuición, gracias a su espiritualidad, la prosa busca y encuentra al hombre en la categoría del lenguaje, y si pasa mucho tiempo privada de él, lo recrea de memoria y finge haberlo encontrado en medio de la actualidad. Estos principios no existen por separado.

Cuando fantasea, la poesía se topa con la naturaleza. El mundo vivo real es el único propósito que alguna vez lograra la imaginación y que sigue siendo acertado. Y continúa, y cada segundo tiene éxito. Sigue estando vigente, y es profundo, ininterrumpidamente fascinante. De él no te desilusionas a la mañana siguiente. Sirve al poeta de ejemplo en mayor medida que la naturaleza o el modelo.

7

Locura es confiar en el sentido común. Locura – dudar de él. Locura – ver hacia delante. Locura – vivir sin ver. Pero poner de vez en cuando los ojos en blanco y escuchar – mientras la temperatura de la sangre sube al evocar las convulsiones de los relámpagos sobre los polvorientos techos y estatuas de yeso – cómo comienza a agitar las alas y a hacerse oír en la conciencia el reflejo de la pintura mural de alguna tormenta ajena que pasa de largo y es eternamente primaveral, esto ya es, en cualquier caso – la locura más pura.

Es natural tender a la pureza.

Así nos acercamos a la esencia pura de la poesía. Esencia inquietante como el siniestro girar de decenas de molinos en el extremo de un campo desnudo en un año negro y hambriento.

1922

El *alma del escritor*
(NOTAS DE UN CONTEMPORÁNEO)

ALEXANDR BLOK

El destino del escritor es un destino difícil, terrible, desleal. En nuestro tiempo, en Rusia sobre todo. Uno tiene la impresión de que nunca antes los escritores habían caído en una situación tan falsa como ahora.

La última y única verdadera justificación para el escritor es la voz del público, la opinión incorruptible del lector. El "medio literario" y la crítica pueden opinar lo que quieran, pueden alabar al escritor o ensañarse contra él, pero siempre ha de quedar la esperanza de que en el momento más necesario, la voz del lector, que aprueba o condena, se dejará oír. No es ni siquiera una palabra, ni siquiera una voz, es algo así como el hálito sutil del alma popular, no de almas aisladas, sino precisamente del alma colectiva. Sin esta última esperanza, es poco probable que pueda aunque sea oírse como debe ser la voz de la crítica: ¿acaso no da igual lo que opine de mí una tal persona cuando desconozco y no conoceré jamás lo que de mí piensan "todos"?

Aun si existe en nosotros la esperanza de llegar a oír en algún momento este hálito milagroso del alma universal, es una esperanza tenue, que apenas titila. Incluso Leonid Andréiev, el más "leído" y el más estudiado de los escritores contemporáneos, incluso él, nunca conoció esta sanción suprema, esta bendición o maldición. Si la hubiera conocido habría desaparecido para siempre su precipitación nerviosa, su ir apresurado de un rincón al otro, su fertilidad con frecuencia infructuosa.

Si habláramos de culpa, diríamos que la culpa, en ausencia de sanciones así, recae, por supuesto, en los propios escritores. Son muchos los escritores con talento, pero no hay ninguno que sea "más que sí mismo". Por eso no hay "literatura". Y esta sanción popular, esta justificación callada es capaz de revelar sólo una cosa: "Has errado mucho, has caído muchas veces, pero tengo la impresión de que vas avanzando según tus fuerzas, eres desinteresado y, por lo tanto, puedes *llegar a ser más que tú mismo*. Y por esto, con este suspiro por ti, te justifico y te bendigo: sigue adelante."

El alma universal también es eficaz y también se hace presente tanto cuando es necesaria, como en todo momento. Ningún cansancio colectivo puede destruir esta ley suprema y secular. Y, por lo tanto, nos vemos obligados a pensar que los escritores no son merecedores de sentir su hálito. El último en percibirlo fue, creo, Chéjov. Todos los que vinieron después han estado hasta el momento condenados a caminar en solitario, sin este apoyo único e indispensable: caminar y oír detrás del ululato y del silbido de la literatura y de la crítica el amenazante "silencio del pueblo".[1]

No es sorprendente, por lo tanto, que casi todos se desconcierten rápidamente. La voz propia comienza a mezclarse con las voces de los vecinos cercanos, y los rostros y las almas empiezan a parecerse unos a otros, como en las tabernas. En el ambiente literario se percibe el espíritu del plagio; la insolencia y el arrepentimiento se sustituyen mutuamente y pierden el último de sus valores: el valor de lo primordial. Con el crecimiento de todos estos fenómenos (y crecen con la rapidez de los hongos venenosos en un tronco podrido) – el cortejo literario adquiere un carácter de apretujamiento casual, callejero, de "cuestión doméstica" o "chismorreo" que en general puede apaciguar un simple alguacil.

El "alguacil" resulta ser la única persona "de principios" en esa multitud "insustancial". Él, por lo menos, tiene una tarea

---

[1] A. S. Pushkin, *Borís Godunov*.

definida: hacer que no se apretujen, que no se estrujen unos a otros y no se hurten los monederos. Cumplirá su deber, dispersará al grupo de gamberros que han organizado la "ponencia literaria" — y las nuevas "teorías" de los "insustanciales" se evaporarán. Trabajo despreciable, sucio, el del alguacil, pero la verdad es que a veces, cuando uno vive precisamente en la calle donde se produjo el alboroto, apetece agradecerle que haya restablecido la calma y el aire respetable y que haya puesto fin a ese ruido desvergonzado que resulta insoportable para el oído. Llega a suceder, por supuesto, que en plena barahúnda, en su intento por apaciguar a los gamberros, el alguacil arruga el alma viva desfigurándola a veces para siempre. La desfigura a tal punto que en adelante ni los subsidios que la comisaría otorga a las almas damnificadas son capaces de ayudarla.

Nada más sencillo que desconcertarse y dedicarse en exclusiva a las "cuestiones domésticas". Éste es, precisamente, el "talón de Aquiles" de todo círculo; en ningún lugar se desarrollan las enfermedades con tanta rapidez como en los círculos.

Sin embargo, no siempre se puede decir con certeza a qué se dedica el escritor: a cuestiones domésticas o no. Hay que ir con extrema prudencia para convencerse de una cosa o de la contraria, y no tomar lo casual por permanente, y viceversa.

El indicio primero y más importante de que determinado escritor no es una celebridad casual y pasajera es el sentido del *camino*. Esta verdad, en exceso conocida, hay que recordarla siempre, pero sobre todo en nuestro tiempo. Al analizar a los escritores contemporáneos desde esta óptica, no podemos sino dudar de muchos de ellos, aun de los más reconocidos, y a otros rechazarlos definitivamente. Sin embargo, aun con esta apreciación es necesario ser cautelosos y tomar en cuenta todas las particularidades personales y todas las particularidades del medio de donde surgió el escritor.

El escritor es una planta vivaz. Así como en el lirio o la azucena el crecimiento del tallo y de las hojas se da al mismo tiempo que el desarrollo periódico de los bulbos de las raíces, así el alma del escritor se ensancha y desarrolla por periodos, y sus obras sólo son el resultado visible del crecimiento subterráneo del alma. Por eso, el camino del desarrollo puede parecer recto únicamente en perspectiva, pero si seguimos al escritor por las distintas etapas de su camino, no podremos percibir ni la rectitud ni la firmeza, debido a las constantes paradas y desviaciones.

Así como el lirio y la azucena necesitan del abono constante de la tierra y de la fermentación del subsuelo y de su descomposición, así el escritor puede vivir alimentándose únicamente de la fermentación del medio. Con mucha frecuencia (y sobre todo en nuestros días) el escritor consume con rapidez sus fuerzas, intentando dar más de lo que puede. Una ignorancia similar de la dimensión de las propias fuerzas se puede observar en las plantas. El tallo se marchita muy rápido una vez que ha extraído de los bulbos las últimas reservas; cuando la tierra no puede reponer la savia, la planta se va debilitando con el paso de los años y, finalmente, muere.

Pese a lo inmutable y lo conocido de estas leyes, muchos escritores jóvenes tienden a ignorarlas. Se comportan como las malas hierbas que echan raíces junto a las especies nobles y las ahogan. En el mejor de los casos, como las gruesas plantas "decorativas" que hacen infecunda la tierra.

Es muy difícil distinguir un lirio silvestre en el claro de un bosque cubierto por altas bardanas y repleto abajo de cochinillas. Cualquier voz suena desafinada en una gran sala vacía, donde un desagradable eco centuplicado llega desde cada uno de los rincones.

Y por eso, despreciar todas estas flores estériles y taparse los oídos para no oír el importuno eco de la voz propia (que acaba de apagarse) es otro trabajo difícil, que además es autosuficiente, es decir, infructuoso. Por lo demás, el escritor experimenta la dificultad principal ocasionada por estos enojosos pormenores debidos al uso que hace del suelo, sobre todo durante esos periodos indispensables e ineludibles en los que hace un alto en el camino, escucha, palpa el terreno e intenta encontrar la savia con la que saciar la sed de las raíces para su desarrollo y crecimiento futuros.

Sólo mediante la existencia de un camino puede determinarse la "cadencia" interna del escritor, su *ritmo*. De todo, lo más peligroso es la pérdida de dicho ritmo. Tener constantemente en tensión el oído interno, estar siempre atento a una especie de música lejana, son requisitos indispensables del ser del escritor. Únicamente si se escucha la música de una "orquesta" lejana (que es la "orquesta universal" del alma popular) se puede uno permitir un tocar "fluido". El olvido de estas verdades, también muy conocidas entre los artistas-profesionales, con inmensa frecuencia causa perplejidad y confusión en la crítica contemporánea. Los críticos de pronto son capaces de "permitir tocar" a quienes no han oído ni el eco de la "orquesta universal" (muchos poetas contemporáneos) y, a la inversa, de pronto son capaces de indignarse ante una forma de tocar determinada por las leyes del ritmo (por ejemplo, en la obra de Fiódor Sologub). Entre tanto, la condición imprescindible para realizar un análisis artísticamente-crítico ha de ser la definición de los "fondos rítmicos" del artista, para los poetas y para los prosistas en igual medida.

Si el ritmo está presente quiere decir que la obra del artista es el eco de una orquesta entera, es decir, el eco del alma popular. La cuestión se reduce al grado de lejanía o de proximidad que haya con ella.

El conocimiento del *propio* ritmo es para el artista el escudo más seguro contra cualquier injuria y contra cualquier alabanza. Para los artistas contemporáneos que escuchan la música, la esperanza de ser bendecidos por el alma popular es una esperanza modesta únicamente porque están en extremo lejos de ella. Pero quienes se realizan a través de la música, escucharán el suspiro del alma colectiva si no hoy, mañana.

Febrero de 1909

El lector

NIKOLÁI GUMILIOV

La poesía es para el hombre una de las formas de expresar su ser y se manifiesta por medio de la palabra, único instrumento que satisface sus exigencias. Todo lo que suele decirse a propósito de lo poético de algún paisaje o de algún fenómeno de la naturaleza sólo señala su utilidad en tanto que material poético, o alude a una muy lejana analogía, al modo animista, entre el poeta y la naturaleza. Lo mismo concierne a los actos o a los sentimientos del hombre que no se han realizado en la palabra. Pueden ser maravillosos, como la impresión que causa la poesía, pero nunca convertirse en ella, porque la poesía no encierra en sí misma, ni con mucho, todo lo bello a lo que el hombre tiene acceso. Ningún recurso de la fonética del verso es capaz de transmitir la verdadera voz del violín o de la flauta, ningún método estilístico puede encarnar el brillo del sol o el soplo del viento.

La poesía y la religión son las dos caras de una misma moneda. Ambas exigen del hombre trabajo espiritual. Pero no en nombre de una finalidad práctica, como la ética y la estética, sino en nombre de una finalidad más alta, desconocida aun para ellas mismas. La ética adapta al hombre para la vida en sociedad, la estética busca aumentar su capacidad de deleitarse. La religión y la poesía guían al hombre en su renacimiento a una especie superior. La religión se dirige a la colectividad. Para sus fines – sean éstos la construcción de la Jerusalén celestial, la glorificación ininterrumpida de Alá, la purificación de la material en el Nirvana — son necesarios los esfuerzos en conjunto, una especie de trabajo de pólipos que forman un arrecife de coral. La poesía siempre se dirige al individuo. Aun ahí donde el poeta habla con la multitud, habla por separado con cada uno de los integrantes de esa multitud. La poesía exige del individuo lo mismo que la religión exige de la colectividad. En primer lugar, el reconocimiento de su unicidad y su omnipotencia; en segundo, el perfeccionamiento de su Naturaleza. El poeta que ha comprendido "el confuso olor de la hierba", quiere que el lector sienta lo mismo, quiere que para todos "sea claro el libro astral" y que "todos puedan conversar con la ola del mar". Por eso el poeta, en los momentos de creación, ha de tener una cierta sensación hasta entonces no experimentada pero valiosa. Esto le crea un sentimiento de catástrofe. Le parece que está diciendo sus últimas palabras, las más importantes, aquellas gracias a las cuales valió la pena que la tierra naciera. Este sentimiento tan particular, a veces va acompañado de un estremecimiento a tal punto fuerte que le impediría incluso hablar, si no fuera por la sensación de triunfo que lo acompaña: la conciencia de haber creado combinaciones perfectas de palabras, semejantes a las que en alguna ocasión resucitaron muertos y destruyeron murallas enteras. También los malos poetas tienen estos dos sentimientos. El aprendizaje de la técnica los hace aparecer con menor frecuencia, pero dar mayores resultados.

La poesía siempre ha deseado desligarse de la prosa. Tanto en su aspecto tipográfico (antes caligráfico) pues comienza cada línea con mayúscula, como en el sonido, el ritmo que se escucha con claridad, la rima, la aliteración y el estilo, creando así una lengua "poética" especial (los trovadores, Ronsard, Lomonósov); también en su composición, al alcanzar una brevedad singular de pensamiento y en su eidetismo para la selección de imágenes. En todo esto la prosa siempre ha ido tras ella afirmando que no había propiamente ninguna diferencia entre las dos, como un pariente pobre que con su amistad asedia al rico. Últimamente, sus esfuerzos parecieron tener éxito. Por un lado, bajo la pluma de Flaubert, Baudelaire y Rimbaud la prosa adquirió las maneras de una elegida del destino y, por el otro, la poesía, recordando que la búsqueda es una condición indispensable de su existencia, intenta incansablemente nuevos y nuevos medios de influencia acercándose a cotos vedados con el verso de Wordsworth, la composición de Byron, el verso libre y hasta el bosquejo, ya que Paul Fort publica sus poesías en renglones como los de la prosa.

Pienso que es imposible encontrar la línea divisoria exacta entre prosa y poesía, así como no la encontramos entre los vegetales y los minerales, los animales y los vegetales. Sin embargo, la existencia de modelos híbridos no degrada al tipo puro. Y en lo referente a la poesía sus investigadores más recientes llegaron ya a un acuerdo. En Inglaterra sigue reinando el axioma de Coleridge, que define a la poesía como "las mejores palabras en el mejor orden". En Francia, la opinión de T. de Banville: "un poema es algo que ya ha sido creado y que no puede ser corregido". Y a estos dos puntos de vista se unió Mallarmé cuando dijo: "La poesía está ahí donde haya un esfuerzo exterior al estilo".

Al expresarse con palabras, el poeta siempre se dirige a alguien, a algún oyente. Con frecuencia tal oyente es él mismo, y aquí estamos hablando ya del desdoblamiento natural de la personalidad. Algunas veces es un cierto interlocutor místico, un amigo que aún no ha llegado a la amada; a veces es Dios, la Naturaleza, el Pueblo...

Esto, en el momento de la creación. Sin embargo, para nadie es un secreto — y menos que para nadie, para el poeta — que cada poesía encuentra un lector vivo y real entre sus contemporáneos, y a veces sus descendientes. Este lector, en modo alguno es digno del desprecio con el que tan frecuentemente lo han tratado los poetas. Gracias a él los libros se publican, se crean reputaciones; él nos ha dado la posibilidad de leer a Homero, a Dante, a Shakespeare. Además, ningún poeta debe olvidar que él mismo, en relación con otros poetas, no es más que un lector. Sin embargo, todos nosotros nos asemejamos al hombre que aprende una lengua extranjera con ayuda de manuales. Podemos hablar, pero no comprendemos cuando hablan con nosotros. Hay innumerables manuales para los poetas, pero no hay manuales para los lectores. La poesía se desarrolla y unas corrientes sustituyen a otras, pero el lector permanece el mismo y nadie trata de iluminar con la linterna del conocimiento los rincones de la oscura alma del lector. Ahora nos ocuparemos de esto.

Antes que nada, cada lector está profundamente convencido de que es una autoridad; éste porque ha ascendido hasta hacerse coronel, aquél porque ha escrito un libro sobre mineralogía, otro más porque sabe que aquí no hay ningún artificio: "si me gusta, es buena; si no me gusta, es mala; la poesía es la lengua de los dioses, *ergo* puedo juzgarla con entera libertad". Esa es la regla general, pero con su actitud posterior los lectores se dividen en tres tipos principales: el ingenuo, el snob y el exaltado.

El lector ingenuo busca en la poesía gratos recuerdos: si ama la naturaleza, condena a los poetas que no hablan de ella; si es un socialista, un don Juan o un místico, busca poesías referentes a su especialidad. Quiere encontrar en los versos imágenes e ideas que le son habituales, menciones de las cosas que a él le gustan. Habla poco de sus impresiones y generalmente no sustenta sus opiniones con nada. Suele ser bastante apacible aunque está expuesto a ataques de ciega rabia, como todo herbívoro. Es común entre los críticos de la vieja escuela.

El snob se considera un lector culto; ama hablar del arte del poeta. Normalmente sabe de la existencia de alguna práctica de la técnica poética y la sigue a lo largo de la lectura del poema. De sus labios escuchamos que x es un gran poeta porque introduce ritmos complejos, y porque crea palabras nuevas, z porque emociona mediante el camino de la repetición. Expresa sus opiniones ampliamente y a veces hasta de un modo interesante, pero tomando en cuenta sólo una, y raras veces dos o tres de esas prácticas, inevitablemente se equivoca de la forma más lamentable. Se encuentra sólo entre los críticos de la nueva escuela.

El lector exaltado ama la poesía y detesta la poética. En tiempos remotos podía encontrarse en otras esferas del espíritu humano. Fue él quien exigió los autos de fe de los primeros médicos anatomistas que osaron descubrir el misterio de la creación divina. Se encontraba también entre los marineros que desaprobaron el primer barco de vapor, porque el navegante debe rezar a la virgen María para que el viento sea favorable y no quemar quién sabe qué leña para hacer girar quién sabe qué ruedas. De todos lados fue desplazado y se conservó únicamente entre los lectores de poesía. Habla del espíritu, el color y el sabor del poema, de su fuerza milagrosa o, por el contrario, de su marchitamiento, de la frialdad o de la calidez del poeta. Se encuentra con dificultad (ha sido cada vez más desplazado por los primeros tipos) y eso, entre los propios poetas.

El cuadro es desolador, ¿no es cierto? Si consideramos la obra poética como la fecundación de un espíritu por otro a través de la palabra (a semejanza de la fecundación natural) entonces esa idea nos recuerda el amor de los ángeles por los cainitas o, lo que es lo mismo, la cópula con un animal.

Sin embargo, puede haber un lector distinto, el lector-amigo. Este lector piensa únicamente en aquello que le dice el poeta, es como si él hubiera escrito la poesía, la recuerda con sus entonaciones, sus movimientos. Vive el momento de la creación en toda su complejidad y su vehemencia, sabe muy bien que la técnica une todos los logros del poeta y que sus virtudes son la prueba de que el poeta está marcado por la gracia de Dios. Para él una poesía es valiosa en todo su encanto material, como para el salmista son valiosos la saliva y el pubis cubierto de vello de su amada. A él no lo engañas con logros parciales, no te lo ganas por simpatía. Una excelente poesía irrumpe en su conciencia como algo indiscutible, lo transforma, define sus sentimientos y sus acciones. Sólo con la condición de su existencia la poesía cumple con su misión universal de ennoblecer a la especie humana. Ese lector es real, yo conocí a uno. Y pienso que si no fuera por la terquedad humana y la negligencia, muchos podrían ser así.

Si yo fuera Bellamy, escribiría una novela sobre la vida del lector venidero. Hablaría de las tendencias del lector y de su lucha, de los lectores enemigos que desenmascaran la divinidad insuficiente de los poetas, de los lectores semejantes a la Gioconda de D'Annuzio, y de los semejantes a Elena de Esparta, para la conquista de los cuales sería necesario superar a Homero. Afortunadamente no soy Bellamy, y de ese modo, habrá una mala novela menos.

El tema de este ensayo es aquello a lo que el lector tiene derecho y por lo tanto debe exigir del poeta. Pero su finalidad no es enseñar a los poetas a escribir versos, como un manual de astronomía no puede enseñar a nadie a crear constelaciones. Sin embargo, puede servir a los poetas para la verificación de las cosas que ya tengan escritas y en el momento que antecede a la creación, les dará la posibilidad de considerar si el sentimiento está saturado, si la imagen ha madurado y la emoción es lo suficientemente intensa, o si es más conveniente limitar la voluntad y guardar las fuerzas para un mejor momento. No se debe escribir siempre que se pueda, sino siempre que se deba. La idea de cuando "se pueda" debe ser expulsada de todas las ramas de la investigación poética.

Delacroix decía: "Hay que estudiar incansablemente la técnica de nuestro arte para no pensar en ella en los momentos de la creación". Y en realidad, es necesario o no conocer nada de técnica o conocerla muy bien. Cuando Lérmontov tenía dieciséis años escribió "Ángel", y sólo diez años más tarde pudo escribir otra poesía que pudiera comparársele. Pero "Ángel" era una, y todas las poesías de Lérmontov de los años 40 y 41 son maravillosas. Un poesía como "Palas Atenea" (que brota de la cabeza de Zeus) surge del espíritu del poeta y se convierte, por lo tanto, en un organismo independiente. Y como cualquier organismo vivo tiene su anatomía y su fisiología. Antes que nada vemos la combinación de las palabras, es decir, la carne de la poesía. La naturaleza y la calidad de dicha combinación son objeto de estudio de la estilística. Después vemos que las diversas combinaciones de palabras se complementan unas a otras y nos llevan a recibir una impresión determinada y percibimos entonces la osamenta de la poesía, es decir, su composición. Por otro lado, esclarecemos la naturaleza de la imagen, el sentimiento que impulsó al poeta al acto de la creación (el sistema nervioso de la poesía) y de este modo gozamos ya de lo eidético. Por último (aunque todo esto se lleva a cabo a un mismo tiempo) nuestra atención se ve atraída por el aspecto sonoro del poema (el ritmo, la rima, la combinación de vocales y consonantes) que, semejante a la sangre, vibra en sus venas y entonces comprendemos su fonética. Todas estas cualidades son inherentes a cada poesía, a la más genial y a la más diletante, tal como se puede anatomizar a un hombre vivo y a un cadáver. Pero los procesos fisiológicos en el organismo se realizan únicamente en caso de que haya cierta perfección y, tras haber hecho la anatomía de un poema, lo único que podremos decir es si hemos encontrado en él todo lo que debería haber y en suficiente cantidad como para que pueda vivir.

Las leyes de su vida, es decir la interrelación de sus partes, han de ser estudiadas aparte y el camino que a eso conduce casi no ha sido abierto.

1923

Apuntes sobre la poesía

ÓSIP MANDELSTAM

La poesía rusa contemporánea no cayó del cielo, fue anunciada por el pasado poético de nuestro país. ¿Acaso los castañeteos y las crepitaciones de Yazikov no anunciaron a Pasternak? ¿Y acaso este ejemplo no es suficiente para demostrar cómo las baterías de la poesía conversan unas con otras lanzándose fuego, sin inmutarse apenas por la indiferencia del tiempo que las separa? En la poesía siempre hay guerra. Sólo en una época de idiotismo social la paz toma la ofensiva o hay tregua. Los jefes de las raíces, como los jefes de los ejércitos, se arman unos contra los otros. Las raíces de las palabras combaten en la oscuridad, quitándose unas a las otras los alimentos y los jugos de la tierra. La lucha del lenguaje oral del pueblo ruso, del vocabulario familiar, del lenguaje seglar contra el lenguaje escrito de los monjes, contra la escritura eclesiástica eslava, bizantina y hostil, aún hoy se deja sentir.

Los primeros intelectuales fueron los monjes bizantinos. Ellos impusieron a la lengua un espíritu que le era ajeno y una apariencia que también le era ajena. En Rusia, los monjes (es decir los intelectuales) y los seglares siempre hablaron lenguas distintas. Los giros de la iglesia ortodoxa empleados en la lengua rusa por Cirilo y Metodio fueron para su tiempo lo mismo que el volapük[1] de los periódicos para el nuestro. A la lengua hablada le gusta adaptarse. A partir de fragmentos antagónicos

---

[1] Del inglés *world* + *speak*. Una lengua creada artificialmente que no se difundió.

crea una aleación. La lengua hablada siempre encuentra un camino intermedio, cómodo. En relación con toda la historia del lenguaje tiene una disposición conciliatoria y se determina por medio de una confusa quietud, es decir, oportunismo. La lengua poética jamás se encuentra suficientemente "conciliada", y en ella después de muchos siglos se descubren viejos desacuerdos. Es como un ámbar en el que todavía zumba una mosca atrapada en la resina desde tiempos inmemoriales, un cuerpo extraño viviente que continúa viviendo, pese a estar fosilizado. En la poesía rusa, todo lo que trabaja en favor de la literatura monástica que nos es ajena, toda la literatura intelectual, es decir "Bizancio", es reaccionario, es decir malo, portador del mal. Todo lo que tiende a la laicización de la lengua poética, es decir a la expulsión de la *inteliguentsia* monaquizante y de Bizancio de ella, trae a la lengua el bien, es decir la longevidad, y le ayuda como al justo a realizar la hazaña de una existencia independiente dentro de la familia de otros dialectos. También sería posible un cuadro totalmente opuesto, digamos, si un pueblo con una teocracia natural, como los tibetanos, se liberara de los conquistadores seglares extranjeros, como los manchures. En la poesía rusa, lo principal lo han hecho sólo aquellos trabajadores que participaron directamente en la gran laicización de la lengua, en su secularización. Ellos son Trediakovski, Lomonósov, Bátiushkov, Yazykov y finalmente Jlébnikov y Pasternak.

A riesgo de parecer extremadamente elemental, de simplificar hasta lo imposible la cuestión, podría dibujar los polos positivo y negativo en la situación de la lengua poética como una floración morfológica exuberante y un endurecimiento de la lava morfológica bajo la corteza semántica. La raíz polisémica errante vivifica el discurso poético.

El multiplicador de la raíz es la consonante, es el índice de su vigor. La palabra se multiplica por las consonantes y no por las vocales. Las consonantes son la simiente y la garantía de la posteridad de la lengua.

Una conciencia lingüística degradada equivale a la atrofia del sentido de la consonante.

El verso ruso está lleno de consonantes y crepita y cruje y silba con ellas. Una verdadera habla secular. La lengua de los monjes es una letanía de vocales.

Gracias a que la lucha contra la *inteliguentsia* bizantino-monástica en el campo de batalla de la poesía después de Yazykov se apagó, y en esta gloriosa actividad durante mucho tiempo no apareció un nuevo héroe, los poetas rusos, unos tras otros comenzaron a volverse sordos al rumor de la lengua, se volvieron duros de oído a la marea de las olas sonoras y sólo con ayuda de una corneta acústica distinguían en el rumor del vocabulario su propio pequeño léxico. Por ejemplo: al anciano sordo de "La tragedia de tener talento" le gritan: "Príncipe, príncipe, atrás". Un léxico reducido todavía no es un pecado, ni un círculo vicioso. A veces encierra al locutor en un círculo de fuego, pero es señal de que el locutor no confía en su tierra natal y no puede poner su pie en todos lados. En realidad los simbolistas rusos eran los estilitas del estilo: no más de quinientas palabras entre todos juntos. El vocabulario de un polinesio. Pero éstos por lo menos eran ascetas, devotos. Estaban sobre un tronco. Ajmátova está sobre un entarimado: se trata de estilitas sobre entarimados. Kuzmín esparce hierba encima de las duelas para que adquieran el aspecto de un prado.

Pushkin tiene dos expresiones para designar a los innovadores en poesía, una: "después de haber reavivado en nosotros, retoños de ceniza, el deseo sin alas, pueden volar de nuevo", y otra: "cuando el gran Gluck apareció y nos desveló nuevos misterios". Todo el que intente seducir la poesía natal con sonidos e imágenes de una lengua ajena, será un innovador según la primera fórmula, es decir, un seductor.

No es cierto que en la lengua rusa duerma el latín, no es cierto que duerma la Hélade. Con el mismo derecho se puede desembrujar en la música de nuestra lengua los tambores de los negros y las interjecciones monosilábicas de los cafres. En la lengua rusa duerme la lengua rusa, ella y sólo ella. Para un versificador ruso no es una alabanza, sino una ofensa directa que sus versos suenen a latín. ¿Y Gluck? – ¿Y sus misterios profundos y cautivadores? – Para el destino poético ruso los misterios profundos y cautivadores de Gluck no residen en el sánscrito ni en el helenismo, sino en la consecuente secularización de la lengua poética. – Dennos una vulgata, no queremos una Biblia en latín.

Cuando leo *Mi hermana la vida* de Pasternak, experimento esa alegría pura del lenguaje popular liberado de toda influencia exterior, del lenguaje cotidiano de Lutero, después del tenso, aunque comprensible para todos, para todos comprensible, por supuesto, pero inútil latín. Abstruso antaño, pero que desde hace mucho tiempo dejó de ser abstruso, para gran aflicción de los monjes. Del mismo modo debieron alegrarse los alemanes cuando en sus casas de tejas, por primera vez abrieron sus Biblias góticas, todavía fresquecitas, oliendo a tinta tipográfica.

La lectura de Jlébnikov puede ser comparada a un espectáculo aún más grandioso e instructivo: cómo podría y debería desarrollarse toda lengua justa, cuando no es abrumada ni mancillada por las adversidades y las violencias de la historia. El lenguaje de Jlébnikov es a tal punto mundano, a tal punto popular, que parece que nunca hubieran existido ni los monjes, ni Bizancio, ni la escritura culta. Es un lenguaje ruso absolutamente laico y secular, utilizado por primera vez desde que el libro existe en Rusia. Si se admite este punto de vista, desaparece la necesidad de considerar a Jlébnikov como una especie de brujo o chamán. Él trazó los caminos de desarrollo de la lengua, transitorios, intermedios, y este camino histórico inédito del destino lingüístico de Rusia, que se realizó únicamente en Jlébnikov, se afirmó en su "complejidad", que no es otra cosa que formas de transición a las que les faltó el tiempo para constituirse en corteza semántica de una lengua justa y recta en desarrollo.

Cuando el barco, después de la navegación de cabotaje, va a salir al mar abierto, los que no soportan el balanceo, desembarcan en la playa. Después de Jlébnikov y de Pasternak, la poesía rusa sale de nuevo al mar abierto, y muchos de los pasajeros habituales han de despedirse de su barco. Los veo con sus maletas, encima de la escalera que ha sido lanzada a la orilla. Por el contrario, ¡cómo se hace desear cada nuevo pasajero que pone un pie en cubierta justo en ese momento!

Con la aparición de Fet, la poesía rusa se sintió inquieta por

> La plata y el serpenteo
> De un riachuelo adormilado

y al irse, Fet dijo:

> Por la sal abrasadora
> De la palabra perenne.

Esta sal abrasadora de algunas palabras, este silbido, chasquido, crujido, centelleo, chapoteo, plenitud de sonido, plenitud de vida, desbordamiento de imágenes y de sentimientos resurgieron con una fuerza inaudita en la poesía de Pasternak. Frente a nosotros tenemos una significativa manifestación patriarcal de la poesía rusa de Fet.

La poesía rusa de Pasternak, majestuosa y familiar, ha pasado de moda. Es insípida porque es inmortal; es falta de estilo porque se atraganta de banalidad con el clásico éxtasis del ruiseñor que picotea. Sí, la poesía de Pasternak es el grito del ave en celo (del urogallo en la era, del ruiseñor en primavera), la consecuencia directa de una construcción fisiológica particular de la garganta, una marca de la especie como el plumaje o el copete del pájaro.

> Es – un silbido de pronto lanzado,
> Es – un chasquido de hielo oprimido,
> Es – una hoja de noche escarchada,
> Es – un combate entre dos ruiseñores...

Leer la poesía de Pasternak es aclararse la garganta, reforzar la respiración, renovar los pulmones: versos así deben curar la tuberculosis. En este momento no tenemos una poesía más sana. Es — kumys de leche de yegua después de la leche americana.

El libro de Pasternak *Mi hermana la vida* es, en mi opinión, un manual de excelentes ejercicios respiratorios: cada vez debe impostarse la voz de manera distinta, cada vez debe regularse el poderoso aparato respiratorio de manera diferente.

La sintaxis de Pasternak es la de un convencido interlocutor que, con ardor y emoción, demuestra algo, pero ¿qué demuestra?

> ¿Acaso el yaro suplica
> indulgencia a los pantanos?
> La noche respira el vaho
> Del trópico ponzoñoso.

Es así, agitando los brazos, refunfuñando, como se teje la poesía titubeante, languideciente, beatíficamente embrutecida y sin embargo la única sobria, la única que ha despertado de todo lo que existe en el mundo.

Por supuesto Herzen y Ogariov, cuando de niños paseaban por las Colinas de los gorriones, experimentaron fisiológicamente el éxtasis sagrado del espacio y el vuelo de los pájaros. La poesía de Pasternak nos habló de estos instantes: es — la esplendente Niké, trasladada de la Acrópolis a las Colinas de los gorriones.

1923

El arte a la luz de la conciencia[1]

MARINA TSVIETÁIEVA

"El arte es sagrado", "lo sacrosanto del arte" – aun cuando esto sea un lugar común, tiene un cierto sentido, y uno entre mil piensa lo que dice y dice lo que piensa.

A este uno entre mil, que afirma conscientemente la santidad del arte, me dirijo.

¿Qué es la santidad? La santidad es la condición opuesta al pecado, la actualidad no conoce el pecado y sustituye esa noción por la de "menoscabo". Por lo tanto, el ateo jamás podrá hablar de la santidad del arte, hablará o bien de la utilidad del arte o bien de la belleza del arte. Por esto, insisto, mis palabras van dirigidas exclusivamente a aquellos para quienes Dios – el pecado – la santidad – existen.

Si el ateo llegara a hablar de lo sublime del arte, entonces mis palabras, en parte, también le concernirían.

¿QUÉ ES EL ARTE?

El arte es la naturaleza misma. No busquen en el arte leyes distintas de las que le son propias (no el arbitrio del artista, que no existe, sino precisamente las leyes del arte). Quizá – el arte es sólo una ramificación de la naturaleza (un aspecto de

---

[1] Fragmentos del artículo del mismo nombre, que mi corrector Rúdnev convirtió en retazos. Con estas cuestiones soy rencorosa. [A.]

su creación). Con certeza: una obra de arte es una obra de la naturaleza, nacida y no creada. (¿Y todo el trabajo para su realización? Pero la tierra también trabaja; el francés: *la terre en travail*. Y el propio nacimiento – ¿no es un trabajo? Con demasiada frecuencia se ha comparado a la mujer grávida con el artista grávido de su propia obra, como para insistir: todos lo saben – y todos lo saben correctamente.)

¿Cuál es, pues, la diferencia entre la obra de arte y la obra de la naturaleza, entre el poema y el árbol? Ninguna. Por los distintos caminos del trabajo y del milagro, pero existe. ¡Existo!

Quiere decir que el artista – es la tierra en parto, y lo pare todo. ¿Para gloria de Dios? Y, ¿los arácnidos? (los hay también en las obras de arte). No sé para gloria de quién y pienso que no es una cuestión de gloria, sino de fuerza.

¿Es santa la naturaleza? No. ¿Es pecadora? No. Pero si la obra de arte es también una obra de la naturaleza, ¿por qué exigimos del poema y del árbol – no?, en el peor de los casos lo compadecemos – crece torcido.

Porque la tierra, cuando pare, es irresponsable, pero el hombre, cuando crea – es responsable. Porque la tierra, cuando crece, tiene una única voluntad: la del crecimiento, pero el hombre ha de querer que crezca el bien que él conoce. (Es significativo que sólo el cacareado principio "individual" es *vicioso*: no hay un género épico individual, vicioso, como no existe una naturaleza viciosa.)

La tierra no comió la manzana en el paraíso, la comió Adán. No la comió – no sabe; la comió – sabe; y como sabe – responde. Y como el artista es un hombre y no un monstruo ni un esqueleto animado ni una mata de coral, – ha de responder de lo que sus manos crean.

Y así, la obra de arte – es la misma obra de la naturaleza, pero que ha de ser iluminada por la luz de la razón y la conciencia. Sólo entonces está al servicio del bien, como está al servicio del bien el torrente que hace girar la rueda del molino.

Pero decir que toda obra de arte — es un bien, equivaldría a decir que todo torrente — es útil. A veces es útil; y a veces nocivo, ¡y con cuánta más frecuencia — es nocivo!

Es un bien cuando lo (nos) podemos dominar.

La ley moral se introduce en el arte, pero ¿acaso de un lansquenete, corrompido por tantos amos, se podrá algún día hacer un soldado del ejército regular?

EL POETA Y LOS ELEMENTOS

La poesía es Dios en los sueños sacros de la tierra.

Hay embriaguez en el combate
en el borde sombrío del abismo.

Embriaguez, es decir ebriedad — un sentimiento no noble en sí mismo, extranoble — y encima ¿con qué?

Todo, todo lo que amenaza con la muerte
encierra para el corazón de los mortales
inefables placeres —

Si se va a hablar de la santidad del arte, hay que recordar esta confesión de Pushkin.

— Sí, pero en adelante...

— Sí. Detengámonos en este verso que es el único triunfo para el bien.

¡De la inmortalidad, puede ser, garantía!

¿De qué inmortalidad? ¿En Dios? En un contexto semejante el solo sonido de esta palabra es absurdo. Garantía de inmortalidad de la naturaleza misma, de los elementos mismos

— y de nosotros, ya que nosotros somos ellos, ella. Un verso, si no sacrílego, sí manifiestamente-pagano.

Y más adelante, negro sobre blanco:

> Para ti — la gloria, ¡Peste!
> No nos asusta la oscuridad del sepulcro,
> no nos inquieta tu llamada.
> Los cálices llenamos de espuma,
> y el aliento de la Joven-Rosa bebemos —
> quizá — ya inundado de Peste.

No es Pushkin, son los elementos. Nunca, en ningún lugar, los elementos se habían expresado así. Intuición de los elementos — da igual en quién, hoy — en Pushkin. Escrito con lenguas de fuego, olas de océano, arenas de desierto — con todo lo que se les ocurra — menos con palabras.

Y esta inicial mayúscula de la Peste, peste ya no como elemento ciego — como diosa, como nombre propio y encarnación del *mal*.

Lo más notable es que todos amamos estos versos, y nadie — los juzga. Pero si alguien de nosotros dijera — en la vida o, mejor, hiciera algo así (incendiara una casa, por ejemplo, o volara un puente), todos despertaríamos y gritaríamos: — ¡criminal! Precisamente despertaríamos — del encanto, saldríamos — del sueño, de ese sueño muerto de la conciencia en el que están siempre vivas las fuerzas naturales — nuestras — y en el que nos han sumido estos pocos versos medidos.

EL GENIO

Intuición de los elementos da igual en quien — hoy en Pushkin. Pushkin, en la canción de la tragedia de Wilson, es genial ante todo porque fue *poseído*.

Genio: el grado máximo de sujeción a la intuición — uno;

la capacidad de controlar esa intuición – dos. El grado máximo de desunión del alma y el más alto – de concentración. El máximo – de pasividad y el máximo – de actividad.

Dejarse aniquilar hasta un determinado último átomo, aquel a partir de cuya pervivencia (resistencia) florecerá – el mundo.

Ya que en ése, en ése, en ese átomo de resis-tencia (-tividad) está toda la oportunidad de la humanidad para tener un genio. Sin él, no hay genio – hay un hombre aplastado con el que (¡es siempre el mismo!) vuelan en pedazos no sólo los muros de los Bedlam y los Charenton, sino también de las moradas más prósperas.

El genio sin la voluntad no existe, pero aún menos existe – sin la intuición. La voluntad – es esa unidad necesaria para los miles de millones de intuición, gracias a la cual sólo éstos son miles de millones (realizan su milmillonariedad) y sin la cual serían cero – es decir, burbujas sobre un cuerpo que se hunde. Pero la voluntad sin la intuición – en la creación artística – no es sino una estaca. Rígida. Un poeta así, mejor que se haga soldado.

PUSHKIN Y WALSINGHAM

No sólo sobre Walsingham se abatió la peste. Pushkin, para escribir el *Banquete en tiempos de la Peste* debió *ser* Walsingham – y dejar de serlo. ¿Tras arrepentirse? No.

Pushkin, para escribir la canción del Banquete, debió vencer en sí mismo a Walsingham y al sacerdote, salir, como por una puerta, a una tercera cosa. Si se hubiera disuelto en la peste – no habría podido escribir esta canción. Si persignándose se hubiera librado de la peste – tampoco habría podido escribir esta canción (se habría roto el vínculo).

De la peste (los elementos) Pushkin se salvó no por el banquete (¡de ella sobre él!, es decir, de Walsingham) ni por la plegaria (del sacerdote), sino por la canción.

Pushkin, como Goethe en *Werther*, se salvó de la peste (Goethe – del amor) dando a su héroe la muerte que él anhelaba para sí mismo. Y poniéndole en los labios la canción que Walsingham no habría podido componer.

De *haber podido*, Walsingham se habría salvado, si no para la vida eterna – sí para la vida. Pero Walsingham – todos lo sabemos – hace ya mucho yace sobre la carreta negra.

Walsingham – es Pushkin sin la salida de la canción.

Pushkin – es Walsingham con el don de la canción y la voluntad del canto.

¿Por qué identifico voluntariamente a Pushkin con Walsingham y no con el sacerdote, de quien también es creador?

Por esto. El sacerdote, en el Banquete, no canta. (– "Los sacerdotes no cantan." "¡No!, sí cantan – las plegarias.") Si Pushkin hubiera sido tan (fuertemente) sacerdote como fue Walsingham, no habría podido no obligarlo a cantar, habría puesto en sus labios un contra-himno, una plegaria – a la Peste, como puso en labios de Mary una deliciosa cancioncita (de amor), que en el Banquete (Walsingham – es lo que Pushkin es) es lo que Pushkin ama.

El poeta lírico se traiciona con la canción, siempre se traicionará, no podrá no obligar a su bienamado (o a su doble) a hablar en su propia lengua de poeta. La canción, en una obra dramática, es siempre un *lapsus* de amor, un signo involuntario de predilección. El autor está cansado de hablar por los demás y deja escapar – una canción.

¿Qué nos queda (en el alma y el oído) del Banquete? Dos canciones. La canción de Mary – y la canción de Walsingham. Del amor – y de la Peste.

La genialidad de Pushkin radica en no haber dado un contrapeso al himno de Walsingham, un antídoto – una plegaria – contra la Peste. La obra habría tenido un gran equilibrio, y nosotros – una gran satisfacción, pero no habría aportado ningún bien, ya que al mitigar nuestra añoranza de un anti-himno, Pushkin la habría apagado. Y así, con el solo-himno a la Peste, Dios, el Bien, la oración quedan — fuera, como un lugar no sólo de nuestra aspiración, sino de expulsión: aquel lugar al que la Peste nos expulsa. La plegaria no dada por Pushkin aquí es como lo inevitable. (En el Banquete el sacerdote habla porque así lo pide su deber, y nosotros no sólo no sentimos nada, sino que no escuchamos, por saber de antemano qué dirá.)

Es poco probable que Pushkin pensara en todo esto. De una obra sólo se puede tener una idea en retrospectiva, del último paso dado al primero: recorrer con los ojos abiertos el camino recorrido a ciegas. *Reflexionar* la obra.

El poeta — es lo opuesto al ajedrecista. No sólo las piezas, no sólo el tablero — no ver siquiera su propia mano, que quizá no existe.

¿En qué está el sacrilegio de la canción de Walsingham? En ella no hay injurias contra Dios, sólo el elogio de la Peste. ¿Pero hay acaso un sacrilegio mayor que esta canción?

El sacrilegio no está en que nosotros, por miedo o por desesperación, en tiempos de la Peste — hagamos un banquete (así los niños — de miedo — ¡se entregan a la risa!), sino en que en la canción — el apogeo del Banquete — ya hemos perdido el miedo, en que transformamos la condena — en convite, transformamos la condena — en envite, en que no nos disolvemos en el temor de Dios, sino en la beatitud del aniquilamiento.

Si (como todos creían entonces, como creemos también nosotros al leer a Pushkin) la Peste — es la voluntad de Dios de castigarnos y conquistarnos — es que es precisamente el azote de Dios.

Nos lanzamos al azote, como las hojas bajo el rayo, como las hojas al orvallo. No es el gozo del castigo, es el gozo del hostigo. El gozo puro del hostigo como tal.

¿Gozo? ¡Es poco! Felicidad, como no hay igual en toda la poesía universal. La felicidad del completo abandono a los elementos, sea el Amor, la Peste — o comoquiera que se llamen.

Después del himno a la Peste ya no había Dios. ¿Qué más le queda al sacerdote sino: al entrar ("entra el sacerdote") — salir?

El sacerdote se va a rezar, Pushkin — a cantar. (Pushkin se va después del sacerdote, se va el último, separándose con dificultad (como: con todo y carne) de su doble Walsingham, o mejor dicho, en ese momento Pushkin se separa: en él mismo — Walsingham, y en él mismo — poeta; en él mismo — condenado, y en él mismo — salvado.)

Y Walsingham a la mesa está sentado eternamente. Y Walsingham sobre la carreta negra viaja eternamente. Y a Walsingham lo sepultan eternamente.

Por la canción con la que Pushkin se salvó.

Walsingham — nombre terrible. No en vano Pushkin a lo largo de toda la obra lo nombra sólo tres veces (lo nombra — como se reta a un duelo, y también tres veces). "Presidente": término anónimo que confiere a la obra una actualidad extraordinaria: la hace más cercana todavía.

Los elementos no necesitan a los Walsingham. Los pescan por el camino. Vencer en Walsingham a Dios es, ¡ay!, más sencillo que vencer en Pushkin — la canción.

En el *Banquete en tiempos de la Peste,* la Peste no se deja seducir por Walsingham, sino por Pushkin.

Y — ¡cosa asombrosa! — el Walsingham que para la Peste no era sino un pretexto para conseguir a Pushkin, ese Walsingham que para Pushkin era sólo un pretexto para llegar a su sí mismo espontáneo (apestado), ese Walsingham salva a Pushkin de la Peste — llevándolo a la canción, sin la cual Pushkin no puede ser el Pushkin espontáneo, natural. Da a Pushkin la canción y toma para sí mismo la muerte.

El arte — es el último átomo de resistencia de los elementos para su propia gloria. La naturaleza que permanentemente se vence a sí misma para su propia gloria.

Mientras seas poeta, para ti no habrá muerte en los elementos, ya que todo te devuelve al elemento de los elementos: la palabra.

Mientras seas poeta, para ti no habrá muerte en los elementos, ya que no hay muerte, sino vuelta al seno materno.

La muerte del poeta — es la renuncia a los elementos. Es más sencillo cortarse las venas.

Todo Walsingham — es una exteriorización (extracción fuera de los límites) del Pushkin natural. Con Walsingham dentro es imposible vivir: o el crimen, o el poema. Si Walsingham hubiera *existido* — Pushkin de todos modos lo habría creado.

Afortunadamente el poeta tiene la salida del personaje, de la tercera persona, del *él*. De otra manera — ¡qué ignominiosa (e imperiosa) sería la confesión!

Así se salva por lo menos la apariencia.

El "principio apolíneo", el "sentido áureo de la medida" — ¿acaso no ven que sólo se trata del latín atascado en los oídos del colegial?

Pushkin, que ha creado a Walsingham, a Pugachov, a Mazzepa, a Pedro del Grande — los ha creado desde dentro, ¡no!, no los ha creado, los ha erupcionado...

El Pushkin — del mar del "libre elemento"...

— También hubo otro Pushkin.

— Sí: el Pushkin de la *meditación de Walsingham*. (El sacerdote se va. El Presidente se queda absorto en una profunda meditación.)

Noviembre de 1830. Boldinó. Hace ciento un años. Ciento un años después.

LAS LECCIONES DEL ARTE

¿Qué enseña el arte? ¿El bien? No. ¿La sensatez? No. El arte no puede enseñarse ni a sí mismo, porque — es dado.

No hay ninguna cosa que el arte no enseñe, como no hay ninguna cosa estrictamente contraria a lo anterior, que el arte no enseñe, como tampoco hay ninguna cosa que el arte enseñe en exclusiva.

Todas las lecciones que obtenemos del arte, somos *nosotros* quienes las ponemos en él.

Una serie de respuestas a las que no hay preguntas.

El arte todo – es la potencialidad de una respuesta.

Así, en el *Banquete en tiempos de la Peste,* respondió antes de que yo hubiera preguntado; me colmó de respuestas.

Todo *nuestro* arte consiste en lograr (alcanzar a) contraponer a cada respuesta, antes de que se haya esfumado, *nuestra* pregunta. Estas respuestas que cabalgan continuamente a tu alrededor son la inspiración. Y con cuánta frecuencia son – una hoja vacía.

Una persona lee *Werther* y se suicida; otra lee *Werther*, y porque Werther se pega un tiro, decide vivir. Una se comporta como Werther, la otra como Goethe. ¿Lección de autoaniquilamiento? ¿Lección de autodefensa? Lo uno y lo otro. Goethe, obedeciendo a una cierta ley de un momento determinado de su vida, debía pegarle un tiro a Werther; el demonio suicida de toda una generación debía encarnarse justamente a través de la mano de Goethe. Dos veces fatal necesidad, y como tal – irresponsable. Y *muy* llena de consecuencias.

¿Es culpable Goethe de todas las muertes que sobrevinieron?

Él mismo respondió a esto en su avanzada y hermosa vejez: *no.* De otro modo no osaríamos siquiera abrir la boca, ya que ¿quién es capaz de calcular las consecuencias de una palabra pronunciada? (La idea es suya, la exposición – mía.)

También yo respondo en nombre de Goethe: no.

Goethe no tenía ninguna mala intención, no tenía más intención que la creativa. Él, mientras escribía su *Werther*, no sólo se olvidó de todos los demás (es decir, de sus posibles desgracias), sino también de sí mismo (¡de su desgracia!).

El olvido total, o sea el olvido de todo lo que no sea la obra, es la base misma de la creación artística.

Si Goethe hubiera escrito un segundo *Werther* después de todo lo que ocurrió – si, contra toda verosimilitud, hubiera tenido una necesidad impetuosa de hacerlo – ¿habría sido acusado ante los tribunales? ¿Lo habría escrito Goethe – sabiéndolo?

Mil veces lo habría escrito, si hubiera tenido la necesidad imperiosa; como no habría escrito ni la primera línea del primero si la presión hubiese sido un poco menor. (Werther, como Walsingham, ejercen presión desde dentro.)

– Y entonces, ¿habría sido acusado ante los tribunales?

Como hombre – sí; como artista – no.

Diré más todavía: como artista Goethe habría sido acusado y condenado si hubiese matado dentro de sí a Werther para salvar otras vidas humanas (para cumplir el mandamiento: no matarás). Aquí la ley artística es exactamente contraria a la ley moral. El artista es culpable únicamente en dos casos: cuando, como ya hemos dicho, renuncia a la obra (no importa en beneficio de quién) y cuando crea una obra no artística. Aquí termina su pequeña responsabilidad y comienza su inmensa responsabilidad humana.

La creación artística es, en algunos casos, una especie de atrofia de la conciencia, diré más: es una atrofia indispensable de la conciencia, ese defecto ético sin el cual el arte no puede existir. Para ser bueno (no inducir a tensión a los seres pequeños), el arte debería renunciar a una buena mitad de sí mismo. El único modo que tiene el arte de ser a ciencia cierta bueno – es no ser. El arte se acabará cuando acabe la vida en el planeta.

LA CRUZADA DE TOLSTÓI

"La excepción en beneficio del genio." Todo nuestro trato con el arte – es una excepción en beneficio del genio. El arte mismo es ese genio en beneficio del cual nosotros nos excluimos (nos exceptuamos) de la ley moral.

¿Cuál es nuestra actitud frente al arte, si no: a los vencedores no se les juzga – y qué es él – el arte, sino un indudable vencedor (seductor) ante todo de nuestra conciencia?

Por eso nosotros, pese a todo nuestro amor por el arte, reaccionamos con tanta vehemencia ante el torpe y extraartístico desafío que Tolstói (en contra de su propia naturaleza) lanzó al arte, precisamente porque salía de los labios de un artista, labios seductores y seducidos.

En el llamamiento de Tolstói al exterminio del arte son importantes los labios que lo pronuncian: si no viniera de una alteza artística tan vertiginosa, si viniera de cualquiera de nosotros – ni siquiera habríamos vuelto la cabeza.

En la cruzada de Tolstói contra el arte lo importante es Tolstói: el artista. Al artista le *perdonamos* el zapatero. No se borra *La guerra y la paz* de nuestra actitud. Es indeleble. Irremediable.

Con el artista consagramos al zapatero.

En la cruzada de Tolstói contra el arte nos seduce, una vez más – el arte.

Todo esto no es un reproche a Tolstói, sino a nosotros mismos, esclavos del arte. Tolstói habría dado el alma para que escucháramos no al propio Tolstói, sino la *verdad.*

Objeción.

¿Qué prédica de pobreza es más convincente, es decir, más inconveniente para la riqueza – la de un pobre de siempre, o la de un rico apóstata?

La última, por supuesto.

El mismo ejemplo para Tolstói. ¿Qué condena del arte puro es más convincente (para el arte más inconveniente) – la de un seguidor de Tolstói, que no es nadie en arte, o la del propio Tolstói – que en arte lo ha sido todo?

Y así, tras haber comenzado con nuestro eterno-crédito para con el Tolstói artista, terminamos con la aceptación del absoluto descrédito – del arte – producido por el Tolstói-artista.

Cuando pienso en la esencia ética de esta especie humana, el poeta, siempre recuerdo la definición que Tolstói da de su padre en *Infancia y Adolescencia:* – "Pertenecía a esa peligrosa raza de seres humanos que puede referirse al mismo hecho como a la más espantosa de las infamias o a la más inocente de las bromas."

EL DURMIENTE

Volvamos a Goethe. Goethe, en su *Werther*, es tan inocente del mal (la destrucción de tantas vidas) como (el ejemplo es el segundo lector que gracias a Werther decide vivir) del bien. Ambos – la muerte y el deseo de vivir – como consecuencia y no como objetivo.

Cuando Goethe tenía un *objetivo* lo realizaba en la vida, es decir, construía un teatro, proponía a Carlos Augusto una serie de reformas, estudiaba la vida cotidiana y el alma del ghetto, se dedicaba a la mineralogía; en suma, cuando Goethe tenía cualquier objetivo, lo realizaba directamente, sin ese inmenso rodeo del arte.

El único objetivo que tiene la obra de arte durante su realización – es el de ser culminada, y ni siquiera en su conjunto, sino en cada una de sus partes, en cada una de sus moléculas. Incluso el arte como conjunto retrocede frente a la realización de esta molécula, más bien: cada molécula *es* ese conjunto y su objetivo se encuentra a lo largo de toda su extensión, es – omnipresente, y el arte como conjunto es – su propia finalidad.

Una vez concluida, puede resultar que el artista haya hecho más de lo que había pensado (¡pudo más de lo que creía!), algo distinto de lo que había pensado. O serán otros quienes se lo digan, – como se lo decían a Blok. Y Blok siempre se asombraba y siempre concordaba, con todos, incluso llegaba a estar de acuerdo con el primero que se le cruzara; a tal punto todo esto (es decir, la presencia de cualquier objetivo) era nuevo para él.

Los *Doce* de Blok surgieron de un sortilegio. El demonio de un momento determinado de la Revolución (el mismo que es la blokiana "música de la Revolución") se apoderó de Blok y lo forzó.

Y la ingenua moralista Z. G. durante mucho tiempo sopesó si debía o no dar la mano a Blok, mientras éste esperaba pacientemente.

Blok escribió los *Doce* en una sola noche y se levantó del escritorio en un estado de agotamiento absoluto, como si le hubieran cabalgado encima.

Blok no conocía los *Doce,* jamás lo leyó en público. ("No conozco los *Doce*, no recuerdo los *Doce*." De verdad: *no lo conocía.*)

Y es comprensible su terror cuando una vez en el año 20, en la Vozdvizhenka, tomando de la mano a la mujer que lo acompañaba:

— ¡Mire!

Y sólo cinco pasos después:

— ¡Katka!

En la Edad Media (¡oh, qué extremos!) aldeas completas, poseídas por el demonio, comenzaban de repente a hablar en latín.

¿El poeta? Un durmiente.

EL ARTE A LA LUZ DE LA CONCIENCIA

Alguien despertó. Era un hombre de nariz afilada y rostro de cera que había quemado en la chimenea de la casa de Sheremétiev un manuscrito. La segunda parte de *Las almas muertas.*

No inducir a la tentación. Es más que la medieval – entrega por propia mano de una obra al fuego. Ese autojuicio – del que digo es – el único juicio posible.

(El oprobio y el fracaso de la Inquisición está en que *ella* prendía fuego, pero no culminaba la cremación – prendía fuego al manuscrito, cuando había que purificar el alma.)

– Pero Gógol para entonces ya estaba loco.

Está loco – quien prende fuego a un templo (que no ha construido él) para conquistar la gloria. Gógol, al prender fuego a su propia obra, también quemó su gloria.

Y recuerdo ahora las palabras de un zapatero (Moscú, 1920) – el caso del zapatero verdaderamente superior al artista:

– No es que usted y yo, Marina Ivánovna, hayamos perdido la razón, es que ellos no la han encontrado.

Aquella media hora que pasó Gógol frente a la chimenea hizo más por el bien y en contra del arte que los largos años de prédica de Tolstói.

Porque se trata de una acción, una acción evidente hecha con las manos, de ese movimiento de la mano que todos anhelamos y que ningún "movimiento del alma" podrá superar. –

Quizá la segunda parte de *Las almas muertas* no nos habría seducido. Seguramente – sí nos habría alegrado. Pero esa supuesta alegría no es nada frente a esta alegría real que sentimos por Gógol, quien, por amor a nuestras almas vivas, quemó – sus Muertas. En el fuego de la propia conciencia.

Aquéllas habían sido escritas con tinta.

Éstas – en nosotros – con fuego.

EL ARTE SIN ARTIFICIO

Pero en las profundidades más recónditas del arte y al mismo tiempo en sus cimas más altas existen obras de las cuales uno desearía decir: "Esto ya no es arte. Es más que arte." Todos hemos conocido obras así.

El signo distintivo — su eficacia pese a la insuficiencia de los medios, una insuficiencia que nosotros no cambiaríamos por ninguna suficiencia o abundancia y de la cual nos acordamos sólo cuando intentamos establecer: ¿cómo ha sido hecho? (Método en sí inconsistente, ya que en cada obra creada los caminos son inescrutables.)

Aún no es arte, pero ya es más que arte.

Con frecuencia estas obras han salido de la pluma de las mujeres, de los niños, de los autodidactas — de los pequeños seres de la tierra. Con frecuencia estas obras no pertenecen a ninguna pluma, ya que no se escriben y se conservan (se pierden) oralmente. Con frecuencia — son únicas en toda una vida. Con frecuencia — las primeras. Con frecuencia — las últimas.

Arte sin artificio. He aquí los versos de un niño de cuatro años que no vivió mucho:

> Allá vive un pájaro blanco,
> Un niño anda en el barranco.
> ¡De veras! ¡De veritas!
> *Allá* — bien lejitos.

(*De veritas* — el "de verdad" infantil y popular que aquí suena tanto a "es cierto" como a "sin lugar a dudas": sin lugar a dudas-cierto, *bien lejitos* — de la nodriza, que así designa la lejanía.)

He aquí el último versito de un poema de una niña de siete años, que nunca pudo caminar y pide la gracia de ponerse en pie. Sólo una vez oí estos versos, hace veinte años, y no recuerdo más que la última línea:

> ... haz que pueda orar *de pie*.

Y he aquí la poesía de una monja del Monasterio de Novo-Diévichi, escribió muchas, pero las quemó todas antes de morir;

ha quedado sólo una que vive sólo en mi memoria. La hago pública, como una buena acción:

> Cualquiera, hijo, que fuere tu destino,
> en la vida hay maldad y sufrimiento;
> hallarás la oscuridad del arrepentimiento
> y las redes de la tentación en el camino.
> Conocerás de la vanidad el desconsuelo,
> el oscuro trabajo sin agradecimiento,
> el pago de tantos años de sufrimiento
> por escasos minutos de alto vuelo.
> En el momento de la dura prueba — mantén
> del espíritu la noble fortaleza;
> la humanidad sostiene su grandeza
> en la profunda solidaridad del bien.
> Doquiera el corazón vivir te ordene
> — el bullicio mundano o la campestre soledad —
> derrama siempre pleno de humildad
> los tesoros de tu alma perenne.
> No busques, no esperes el Edén,
> por la burla cruel no te sientas turbado,
> la humanidad su riqueza ha cifrado
> en la intensa solidaridad del bien.

Tomemos la rima — decididamente-trivial (destino — camino, quietud — plenitud), decididamente pobre (agradecimiento — sufrimiento). Tomemos el metro, tampoco hay nada que mantenga alerta el oído. ¿Con qué medios está hecha esta obra — evidentemente-buena?

— Con ninguno. Con el alma desnuda.

Esta monja sin nombre de un monasterio sin retorno ha dado la más completa definición del bien que jamás haya existido: *el bien como solidaridad,* y ha lanzado el más dulce desafío al mal que jamás se haya oído en la tierra:

> Doquiera el corazón vivir te ordene
> – el bullicio mundano o la campestre soledad –

(¡Es una monja de clausura la que habla!)

> derrama siempre pleno de humildad
> los tesoros de tu alma perenne.

Decir que estas líneas son "geniales" sería un sacrilegio, y juzgarlas como una obra literaria – sería demasiado poca cosa – a tal punto todo esto está en el umbral de esta *sublime* (como el amor terrenal) *pequeñez del arte.*

He citado los versos que recordaba. Estoy segura de que hay más. (Eludo intencionalmente los versos escritos por mi hija a la edad de seis años – en parte publicados en el apéndice de mi libro *Psiqué* – pensando en algún momento hablar de ellos aparte.) ¡No podría no haber más! Sólo en *mi memoria* hay tres poesías, algo más que simples versos.

¿O tal vez sólo estos versos son versos?

El signo distintivo de estas obras es – su desigualdad. Tomemos los versos de la monja.

Cualquiera, hijo, que fuere tu destino / en la vida hay maldad y sufrimiento / hallarás la oscuridad del arrepentimiento / y las redes de la tentación en el camino. / (hasta aquí – sólo lugares comunes.) Conocerás de la vanidad el desconsuelo / el oscuro trabajo sin agradecimiento / (siguen los lugares comunes) el pago de largos años de sufrimiento / por escasos minutos de alto vuelo. (¡Esto último ya es casi una romanza!) / En el momento de la dura prueba – mantén / del espíritu la noble fortaleza / ¡Y – llega, aquí llega!

> La humanidad sostiene su grandeza
> en la profunda solidaridad del bien.

Y después de esto sigue una línea continua en ascensión, sin caídas, un suspiro enorme y profundo hasta el final.

Necesitaba este comienzo trivial a primera vista (ya he hablado de ello) como arranque, para conseguir llegar hasta la solidaridad del bien. La inexperiencia del aficionado. Un verdadero poeta, uno de tantos que pululan por las capitales, si, contra todo lo esperado, hubiera llegado a escribir "la solidaridad del bien" (¡no habría llegado!), habría eliminado ese comienzo, habría intentado que todo tuviera el mismo alto nivel.

Pero la monja no se percató de la inconsistencia del principio, porque tampoco se percató de la "solidaridad del bien"; tal vez se haya alegrado inconscientemente de ello como de algo muy *familiar* – y nada más. Ya que mi monja no es un poeta profesional, de los dispuestos a vender su alma al diablo por un giro verbal afortunado (sólo que el diablo no la tomaría, porque dentro – no hay nada) – sino: – un Divino recipiente vacío, es decir, aquel mismo niño de cuatro años con su "¡*Allá* – bien lejitos!" – pero ellos dicen: tanto la monja, como la niña sin piernas, y el niño – y todas las niñas y los niños y las monjas anónimas del mundo – dicen lo mismo, hablan de lo mismo, o más bien: *eso* mismo habla a través de ellos.

Estas poesías son mis preferidas de entre todas las que he leído y he escrito, mis preferidas de entre todas las del mundo. Cuando después de ellas leo (o escribo) las mías, no siento mas que vergüenza.

En ese género de poesía incluyo también *El pensamiento* (Con piedras a él, cenizas lo hacían) de autor anónimo que, en todas las antologías en las que se ha publicado, lleva una sola letra: B. Y así, con la letra B (el Bien con mayúscula), sigamos – adelante.

INTENTO DE JERARQUÍA

Un poeta bueno. Un poeta grande. Un poeta sublime.

Un poeta bueno puede ser cualquier – poeta bueno. Para

el poeta bueno es suficiente un don poético bueno. Para el poeta grande el don más grande — es poco, hace falta un don equivalente a la personalidad: a la inteligencia, el ánimo, la voluntad y la aspiración de ese conjunto a un fin determinado, es decir, a la composición armónica del todo. Un poeta sublime puede ser aun un poeta pequeño, portador del más modesto don — como el propio Alfred de Vigny — que sólo con la fuerza de su valor interior nos hace reconocer en él a un poeta. En su caso el don poético fue apenas el suficiente. Si hubiese sido un poco menos — habría sido simplemente un héroe (es decir, infinitamente más).

El poeta grande incluye en sí al sublime — y lo equilibra. Pero el poeta sublime no incluye en sí al grande; si lo incluyera diríamos simplemente: gran poeta. Lo sublime como único signo de existencia. Así, no hay poeta más grande que Goethe, pero hay poetas — más sublimes, como su contemporáneo más joven, Hölderlin, por ejemplo, un poeta incomparablemente más pobre, pero *habitante* de aquellas cimas en donde Goethe — no es más que un huésped. Pues el *grande* es siempre menos (es más bajo) que el *sublime,* aunque tengan la misma estatura. Así: el roble es — grande, el ciprés — alto.

Demasiado amplio y firme es el fundamento terrenal del genio para dejarlo — así como así — crecer en altura. Shakespeare, Goethe, Pushkin. Si Shakespeare, Goethe, Pushkin hubieran sido poetas más *altos* no habrían oído muchas cosas, a muchas cosas no habrían respondido, simplemente no habrían aceptado descender hasta muchas otras.

Genio: la resultante de fuerzas contrarias, es decir, en última instancia, el equilibrio, es decir, la armonía, mientras la jirafa — es un monstruo, un ser de una única dimensión: la de su propio cuello, la jirafa es un cuello. (Cada monstruo es una parte de sí mismo.)

"El poeta está en las nubes" — es cierto, pero es cierto sólo para una raza de poetas: los estrictamente-sublimes, los puramente-espirituales. Ni siquiera es que esté, ahí vive. El jorobado paga por su joroba, el ángel también paga por sus alas en la tierra. La incorporeidad, tan cercana a la esterilidad, el aire enrarecido, en lugar de pasión – pensamiento; en lugar de palabras – dichos – ésos son los indicios terrestres de los huéspedes celestiales.

La única excepción – es Rilke, un poeta no sólo de igual modo grande y sublime (lo mismo se puede decir de Goethe), sino con esa altura exclusiva que en su caso nada excluye. Como si Dios, que a otros poetas del espíritu cuando les da una cosa les quita lo demás, a éste – ese demás – se lo hubiera dejado. Por añadidura.

La altura como igualdad, no existe. Sólo como supremacía.

Para el poeta solamente-bueno, el arte es siempre un fin en sí mismo, es decir, una pura función sin la cual no puede vivir y de la cual no es responsable. Para el poeta grande y el poeta sublime, el arte – siempre es un medio. Él mismo – es un instrumento en manos de alguien, como, por lo demás, también lo es el solamente-bueno – en manos distintas. Toda la diferencia, con excepción de la diferencia fundamental de las manos, está en el grado de conciencia que el poeta tenga de esta dependencia suya. Cuanto más grande sea el poeta espiritualmente, es decir, cuando más altas estén las manos que lo sujetan, más fuerte es la conciencia que tiene de su dependencia (obediencia). Si Goethe no hubiese reconocido esa fuerza superior sobre su obra y sobre sí mismo, jamás habría escrito los últimos versos del último *Fausto*. Esto *se le concede* sólo al inocente – o al *omnisapiente*.

En esencia, todo el trabajo del poeta se reduce al cumplimiento físico de una tarea espiritual (ajena). Igual que toda la voluntad del poeta – a una voluntad de trabajo para su realización. (La voluntad creativa individual – no existe.)

Para la encarnación física de algo que espiritualmente ya existe (lo eterno) y para la encarnación espiritual (la animación) de lo que espiritualmente todavía no existe pero desea existir, cualesquiera que sean las características del deseoso. Para la encarnación del espíritu, que desea un cuerpo (una idea), y para la encarnación de los cuerpos, que desean un alma (los elementos). La palabra es el cuerpo para la idea, para los elementos — lo es el alma.

Todo poeta, de una u otra manera, está al servicio de las ideas o de los elementos. Hay quienes (ya lo he dicho) — sirven exclusivamente a las ideas. Hay quienes — a las ideas y a los elementos. Hay quienes — sólo a los elementos. Pero también en este *último* caso, de todas maneras él es el primer cielo, el cielo más bajo: de esos elementos, de esas pasiones. A través del elemento natural de la palabra, que es el único de entre todos los elementos que tiene una conciencia connatural, es decir, espiritual. El cielo bajo cobija la tierra.

En esta concepción ética del arte (del escritor se exigen ideas, es decir, altura) quizá se encuentre toda la explicación a la preferencia, incomprensible a primera vista, que en los años noventa se sentía por Nadson — frente a Pushkin, un poeta si no claramente-sin-contenido-ideológico, sí menos claramente-ideológico que Nadson, y la preferencia que la generación anterior había sentido por el Nekrásov-ciudadano frente a Nekrásov, simplemente. Todo este brutal utilitarismo, todo el bazarovismo — no es más que la afirmación y la exigencia de lo sublime, como esencia de la vida — *no es más que la variante rusa de lo sublime*. Nuestro utilitarismo — es todo aquello que es útil al espíritu. Nuestra "utilidad" — es sólo la conciencia. Rusia, dicho sea en su honor, más bien, en honor de su conciencia y no de su arte (cosas que no se necesitan una a otra), siempre se acercó a los escritores, más bien: siempre fue a los escritores — como el *muzhik* iba al zar — en busca de la verdad, y qué maravilla cuando ese zar resultaba ser Lev Tolstói y no Artsybáshev. ¡Rusia ha pretendido aprender a vivir hasta del Sanin de Artsybáshev!

305

LA PLEGARIA

¿Qué podemos decir de Dios? Nada. ¿Qué podemos decir a Dios? Todo. Los versos a Dios son la plegaria. Y si ahora no hay plegarias (con excepción de Rilke y de aquellos pequeños seres de la tierra, no conozco plegarias) no es porque no tengamos nada que decir a Dios, ni porque no haya quien nos diga ese *algo* – hay quién y hay qué – sino porque la conciencia no nos permite alabar y rezar a Dios en la misma lengua con la que nosotros, durante siglos, hemos rezado y hemos alabado todo – absolutamente todo. Para poder atrevernos ahora a dirigir nuestras palabras (nuestras plegarias) directamente a Dios, se necesita no saber qué es la poesía o – haberlo olvidado.

Pérdida de confianza.

Una frase cruel de Blok sobre la primera Ajmátova: "Ajmátova escribe versos como si la estuviera mirando un hombre, cuando hay que escribirlos como si te mirara Dios" – modificando la primera parte, la parte acusadora, adecuada para cada uno de nosotros, las últimas palabras – son sagradas. Como frente a Dios, es decir *confrontarse*.

Pero ¿qué resistirá de nosotros? – ¿Y quién resistirá?

PUNTO DE VISTA

En relación con el mundo espiritual – el arte es una especie de mundo físico del espíritu.

En relación con el mundo físico – el arte es una especie de mundo espiritual de lo físico.

Partiendo de la tierra – el primer milímetro de aire sobre ella – es de cielo (ya que el cielo comienza inmediatamente después de la tierra o bien no existe. Comprobar cómo la lejanía hace más claros los fenómenos).

Partiendo de lo alto del cielo – ese mismo primer milímetro

sobre la tierra, pero el último — desde lo alto, es decir, ya casi la tierra, desde el punto más alto — del todo la tierra.
Desde donde se mire.

(Así también el alma, que el hombre común toma por la cúspide de la espiritualidad, para el hombre espiritual — es casi la carne. La analogía con el arte no es casual, ya que la poesía — aquello de lo que no quito los ojos cuando digo arte — todo el acontecimiento de la poesía — desde la intuición del poeta hasta la percepción del lector — se lleva a cabo íntegramente en el alma, en este primer cielo, el más bajo del Espíritu. Lo que no está en contradicción con el arte — la naturaleza. No hay naturaleza — inanimada, sólo hay naturaleza no inspirada.

¡El poeta! ¡El poeta! ¡El más animado y con cuánta frecuencia — quizá precisamente por su animación — el menos inspirado de los objetos!)

Fier quand je me compare — ¡no!, ya que al que es menos que poeta no se le toma siquiera en cuenta, y todavía tengo el suficiente orgullo para no igualarme con quien está más abajo. Ya que miro — desde abajo y para mí el apoyo no está en mi bajura, sino en esa altura.

Humble quand je me compare, inconnu quand je me considère, ya que para contemplar cualquier cosa, hay que elevarse sobre lo contemplado, y poner entre uno y el objeto toda la vertical — la renuncia — de la altura. Puesto que miro — ¡desde lo alto! Lo que en mí hay de más alto — hacia lo que en mí hay de más bajo. ¿Y qué me queda de esta contemplación — sino sorprenderme o... no reconocer?

> Tomaba las hojas consumidas
> y azorada las miraba
> como desde la altura las almas
> ven el cuerpo abandonado.

Así miraré algún día, no, así miro ya, en ocasiones, mi poesía...

EL CIELO DEL POETA

— El sacerdote sirve a Dios a su manera, usted — a la suya.

— Sacrilegio. Cuando yo escribo mi *Valiente* — el amor de un vampiro por una niña, y de una niña por un vampiro — no estoy sirviendo a ningún Dios: sé a qué Dios estoy sirviendo. Cuando escribo sobre el tártaro en los campos abiertos, tampoco estoy sirviendo a ningún Dios, con excepción del viento (o del memoriamento). Todas mis obras rusas son espontáneas, es decir, pecadoras. Hay que distinguir las fuerzas *im Spiel*. ¡Cuándo lograremos, finalmente, tomar la fuerza por verdad y el sortilegio por santidad!

El arte es — una prueba, quizá la última, la más refinada, la más irresistible tentación de la tierra, esa última nubecilla en el último cielo, que, en plena agonía, miró — ya sin ver nada y esforzándose por darle con palabras el matiz

el *hermano del hermano,* que para entonces había olvidado todas las palabras — Jules Goncourt.

Un tercer reino con sus leyes, del que tan raras veces nos salvamos en el reino más alto (¡y tantas — en el más bajo!). Un tercer reino, el primer cielo a partir de la tierra, una segunda tierra. Entre el cielo del espíritu y el infierno de la especie, el arte es el purgatorio que nadie quiere dejar por el paraíso.

Cuando a la vista de un sacerdote, un monje, incluso una hermana de la caridad, yo — inevitablemente — ¡irresistiblemente! — bajo los ojos, sé por qué los bajo. Mi vergüenza a la vista de un sacerdote, un monje o incluso una hermana de la caridad, es una vergüenza — fatídica.

—Usted lleva a cabo una misión divina.

—Si mis obras liberan, iluminan, purifican — sí, si seducen — no, y mejor sería que me ataran una piedra al cuello.

Y con cuánta frecuencia en una misma obra, en una misma página, en un mismo verso hay liberación y seducción. Esa misma poción dudosa que hierve en el caldero de la bruja: ¡quién sabe cuántos ingredientes se habrán agregado y cocinado!

¡A cuántos ha perdido, y a cuán pocos — salvado!

Y — la inmediata respuesta del acusado:

>¡Fuerza oscura!
>¡Mra-oficio!
>A cuántos ha perdido,
>Y a cuán pocos — salvado.

Me temo que aun en el momento de morir... *Mra*, por cierto, lo escribo como un sustantivo femenino, eco — de la muerte. Mortandad. Mra. La muerte pudo haberse llamado, y quizá en algún lugar, en algún momento así se llamaba — Mra. La creación de nuevas palabras, como toda creación, es sólo un andar por las huellas del oído popular y nativo. Un andar de oído. *Et tout le reste n'est que littérature.*

El politeísmo del poeta. Yo diría: en el mejor de los casos nuestro Dios cristiano *entra* en el enjambre de sus dioses.

Nunca ateo, siempre politeísta, con la única diferencia de que los sublimes saben cuál es el principal (lo mismo sucedía entre los paganos). La mayoría no sabe ni esto y alterna indistintamente a Cristo con Dioniso, sin comprender que la sola confrontación de estos nombres — es ya un sacrilegio y una herejía.

El arte sería sagrado si nosotros hubiéramos vivido entonces, o aquellos dioses — ahora. El cielo del poeta se encuentra justo al nivel del pedestal de Zeus: en la cima del Olimpo.

LA SIMIENTE DE LAS SIMIENTES

...Y envías la respuesta.
No hay eco para ti... ¡Así
eres tú, poeta!...

No-poeta, sobre-poeta, más que poeta, no sólo poeta – ¿pero dónde está y qué es *el poeta*, en medio de todo esto? *Der Kern des Kernes,* la simiente de las simientes.

El poeta es la respuesta.

Desde el nivel más bajo de un simple reflejo hasta el más alto – la responsabilidad goethiana – el poeta es un determinado e invariable reflejo artístico-espiritual: de qué – ya es una pregunta – tal vez simplemente del volumen del cerebro. Pushkin dijo: de todo. La respuesta de un genio.

Este reflejo artístico-espiritual es la simiente de las simientes que une al autor anónimo de una copla popular con el autor del *Segundo Fausto*. Sin ella no hay poeta, más bien, ella es el poeta. Ninguna circunvolución del cerebro explica el milagro del poeta.

Reflejo previo a cualquier pensamiento, incluso a cualquier sentimiento, profundísima y rapidísima – cual corriente eléctrica – penetración de todo el ser por el fenómeno dado y, al mismo tiempo, una respuesta casi prematura.

Respuesta no al golpe, sino a la vibración del aire – de la obra que todavía no se ha movido. Una respuesta al pre-golpe. Y no una respuesta, sino una pre-respuesta. Siempre al fenómeno, nunca a la pregunta. El fenómeno mismo ya es la pregunta. La obra que con su existencia golpea e interroga – al poeta. La orden que el fenómeno da de responder, – un fenómeno que aún no se ha manifestado y que se manifiesta únicamente a través de la respuesta. ¿Una orden? Sí, si S.O.S. – es una orden (la más irrefutable de todas).

Antes de que fuera (*fue* siempre, pero aún no ha llegado al tiempo, – como aquella ribera que aún no ha llegado al pontón). Por eso la mano del poeta pende con tanta frecuencia en el aire, porque el punto de apoyo – en el tiempo – todavía no existe (*nicht vorhanden*). Esa mano – aunque penda en el aire – crea el fenómeno (lo pre-crea). Esta mano, pendiente en el aire, es del poeta – lo imperfecto, lo lleno de desesperación, y sin embargo creativo, sin embargo: *isé!* (¿Quién me ha llamado? – Silencio. A quien me ha llamado *debo* crearlo, es decir – nombrarlo. Es la manera que tiene el poeta de "responder".)

Una cosa más. "El reflejo artístico-espiritual." Artístico-doloroso, ya que nuestra alma es la capacidad para el dolor – y sólo. (No – de cabeza, no – de muelas, no – de garganta, no – no – no etcétera; para el dolor – y sólo.)

Esta simiente de simientes del poeta – dejando de lado la *infalible* capacidad artística – es la *fuerza de la tristeza*.

LA VERDAD DE LOS POETAS

Así es también la verdad de los poetas, la más invencible, la más inaprensible, la más indemostrable y convincente. Una verdad que vive en nosotros sólo cierto primer *tris* de la percepción (¿qué fue eso?) y permanece en nosotros sólo como la huella de una luz o de una pérdida (¿fue?). Una verdad sin responsabilidad ni consecuencias, una verdad que – por Dios – ni intentar seguir, ya que incluso para el poeta no tiene retorno. (La verdad del poeta – es un camino donde la vegetación borra las huellas. No habría huellas ni para él, si pudiera ir detrás de sí mismo.) No sabía lo que *dirá*, y con frecuencia tampoco lo que dice. No lo sabía en tanto no lo había dicho, y lo olvidó en cuanto lo dijo. No es una de las innumerables verdades, es uno de sus innumerables aspectos, que se destruyen mutuamente sólo cuando son confrontados. Aspectos de la verdad que se realizan sólo una vez. Sencillamente – una inyección en el corazón de la Eternidad. El medio: la confrontación de las dos palabras más simples, colocadas una al lado de la otra precisamente así. (A veces — ¡separadas por un guión!)

Hay candados que se abren sólo con una cierta combinación de cifras, si la conocemos abrirlos — no cuesta nada, pero si no la conocemos — es un milagro o una casualidad. Un milagro-casualidad como el que le sucedió a mi hijo de seis años cuando sin ninguna dificultad abrió la cadenita que llevaba al cuello y eso, al portador de la cadenita — lo aterró. ¿Conoce o no el poeta la combinación de las cifras? (En el caso del poeta — como el mundo entero está bajo candado y hay que abrirlo todo — cada vez una cosa distinta, cada poesía es un candado, y bajo cada candado hay una verdad, cada vez distinta — única e irrepetible — como el candado mismo.) ¿Conoce el poeta — *todas* las combinaciones de cifras?

Mi madre tenía un don — en plena noche podía poner a tiempo el reloj cuando éste se había parado. En respuesta a su — en vez del tictac — silencio, por el que probablemente se había despertado, movía las manecillas en la oscuridad, a ciegas. Por la mañana el reloj *la* indicaba, imagino — precisamente esa hora absoluta que nunca consiguió el desdichado monarca que tantos cuadrantes contradictorios contemplaba y tantos sonidos contrarios escuchaba.

El reloj *la* indicaba.

¿Una coincidencia? Si se repite una y otra vez en la vida del hombre — es el destino, en el mundo de los fenómenos — la ley. Esa era una ley de su mano. La ley del *conocimiento* de su mano.

No es: "mi madre tenía un don", su mano tenía el don — de la verdad.

No por juego, como mi hijo, no con seguridad, como el propietario de un candado, no con profecías, como ese supuesto matemático — sino ciega y proféticamente — obedeciendo sólo a la mano (que — a su vez — ¿a qué obedece?) — así es como el poeta abre el candado.

Sólo le falta un gesto: el de seguridad – en sí mismo, como de su candado está seguro – el dueño del mismo. El poeta no es dueño de ningún candado, por eso los abre todos. Y por eso, al abrirlos la primera vez sin dificultad, es incapaz de abrir uno solo la segunda vez. Porque no es el dueño, es sólo el transmisor del secreto.

LA CONDICIÓN CREATIVA

La condición creativa es una condición de alucinación. Hasta que no ha comenzado es – *obsession,* hasta que no ha terminado es – *possession.* Algo, alguien se apodera de ti, tu mano no es más que un intérprete, no tuyo, sino de otro. ¿Quién es? Lo que a través tuyo quiere ser.

Mis obras siempre me escogieron por la señal de la fuerza, y con frecuencia las escribí – casi en contra de mi voluntad. Todas mis obras rusas son así. Algunas cosas de Rusia que querían ser expresadas me eligieron a mí. Y me han convencido, me han seducido – ¿con qué? Con mi propia fuerza: ¡sólo tú! Sí, sólo yo. Y rindiéndome – en ocasiones con los ojos bien abiertos, en otras a ciegas – me sometía y buscaba con el oído la lección auditiva que llegaba. Y no era yo quien de cien palabras (¡no la rima! en la mitad del verso) elegía la ciento una, sino ella (la obra), que rechazaba todas esas cien palabras: *yo no me llamo así.*

La condición creativa es un estado de ensoñación, en el que tú, de repente, obedeciendo a una necesidad desconocida, incendias una casa o empujas desde lo alto de una montaña a un amigo. ¿Es una acción tuya? Evidentemente – sí (sueñas, *ensueñas* – tú!). Tuya – en plena libertad, tuya – sin participación de la conciencia, tuya – de naturaleza.

Una serie de puertas, detrás de una de ellas alguien – algo – (con frecuencia aterrador) espera. Las puertas son idénticas. Ésta no – ésta no – ésta no – *aquélla.* ¿Quién me lo dijo? Nadie. Reconozco la que necesito por todas las que no reconozco (la correcta – por todas las in-correctas). Lo mismo ocurre con las palabras. Ésta no – ésta no – ésta no – *aquélla*. Por la evidencia de la que no es, reconozco *la que es*. El familiar (para cualquiera que duerma, que escriba) – *golpe del reconocimiento*. ¡Oh, al durmiente no lo engañas! Conoce al amigo y al enemigo, conoce la puerta y el abismo detrás de la puerta – y a todo esto: al amigo, al enemigo, a la puerta, al abismo – está condenado. Al durmiente no lo engaña ni el propio durmiente. En vano me digo: no entraré (por la puerta), no miraré (por la ventana) – sé que entraré y que aun diciendo no miraré – estaré mirando.

¡Oh, el durmiente no puede ser salvado!

Hay, por otra parte, escapatoria incluso en el sueño: cuando es demasiado aterrador – despierto. Del sueño – despierto, con los versos – me entero.

Alguien me dijo a propósito de Pasternak: "Sus versos son espléndidos cuando usted los explica de esta forma, pero habría que añadirles una clave."

No hay que añadir ninguna clave a los versos (a los sueños), los versos mismos son la clave para la comprensión de todo. Pero de la comprensión a la aceptación no es que haya – un paso, no hay nada: comprender es aceptar, no hay ninguna otra forma de comprensión, cualquier otra forma de comprensión – es incomprensión. No en vano el francés *comprendre* significa al mismo tiempo comprender y abarcar, es decir, aceptar: incorporar.

No hay poeta que no acepte alguno de los elementos – y por lo tanto que no acepte – la rebelión. Pushkin desconfiaba de Nicolás I, idolatraba a Pedro el Grande, y a Pugachov – lo amaba. No en vano todos los discípulos de una extraordinaria e injustamente olvidada poetisa, que al mismo tiempo era maestra de historia, a la pregunta del inspector: "Y bien, niños, ¿cuál es su zar preferido?" – respondían a coro: "¡Grishka Otrépiev!"

¡Encuéntrenme a un poeta que no lleve a Pugachov! ¡al Impostor! ¡al Corso! – *dentro*. El poeta puede no tener las suficientes fuerzas (medios) para su Pugachov. *Mais l'intention y est — toujours.*

No admite (expulsa y aun — expele) el hombre: la voluntad, la razón, la conciencia.

En este campo el poeta puede orar por una sola cosa: la incomprensión de lo inadmisible; no comprendo, no me dejo seducir, la única plegaria del poeta — es la de no oír voces: no oigo — no respondo. Ya que oír, para el poeta — ya es responder, y responder — ya es afirmar — aunque sólo sea mediante el apasionamiento de su negación. La única plegaria del poeta — es la plegaria por la sordera. O bien — una elección dificilísima de hacer según la calidad de lo oído, es decir, forzarse a cerrar los oídos — a una serie de llamadas, invariablemente-fortísimas. La facultad innata para elegir, es decir, la facultad de oír sólo lo importante — es un don que casi a nadie le ha sido concedido.

(En la nave de Ulises no había ni héroe, ni poeta. Es un héroe quien aun sin estar amarrado resiste, aun sin cera en los oídos, resiste; es un poeta quien aun estando amarrado se lanza al mar, quien aun con cera en los oídos oye, es decir — también se lanza.

Lo único del todo incomprensible para el poeta — el artificio de las amarras y la cera.)

Maiakovski, por ejemplo, no consiguió ahogar en sí al poeta y, así, el más revolucionario de los poetas erigió un monumento a un caudillo del Movimiento Blanco. (El poema *Crimea*: doce versos inmortales.) Imposible no señalar la malicia de unas u otras fuerzas que eligen a su pregonero justamente entre los enemigos. ¡Y que aquella última imagen de Crimea fuera obra — precisamente de Maiakovski!

Cuando a mis trece años pregunté a un viejo revolucionario: — ¿Se puede ser poeta y al mismo tiempo pertenecer al partido? — él, sin pararse a pensarlo, respondió: — No.

De igual manera respondo yo: — No.

¿Cuál puede ser el elemento, cuál el demonio que en ese momento se apoderó de Maiakovski y lo obligó a escribir a Vrangel? El Movimiento de los Voluntarios, ahora ya reconocido por todos, no era un movimiento espontáneo. (Si acaso lo eran – las estepas por las que caminaban, o las canciones que cantaban...)

No el Movimiento Blanco, sino el mar Negro en el que, después de haber besado [Maiakovski][2] tres veces la tierra rusa, entró el comandante en jefe.

El mar Negro de aquel momento.

No quiero servir de trampolín a ideas ajenas ni de altavoz a pasiones ajenas.

¿Ajenas? ¿Acaso hay algo ajeno para el poeta? Pushkin en *El caballero avaro* se atribuyó incluso la avaricia, en *Salieri* – incluso la falta de talento. No por ajeno, sino precisamente por *afín* me llamó Pugachov.

Entonces diré: no quiero lo que no es completamente mío, lo que no es indudablemente mío, lo que no es lo más mío.

¿Y si lo más mío (revelación del sueño) fuera – Pugachov?

– No quiero nada de lo que no pueda responder a las siete de la mañana, y por lo que (sin lo que) a cualquier hora del día o de la noche no esté dispuesta a morir.

Por Pugachov – no moriría – es decir, *no es mío*.

El extremo opuesto de la naturaleza es Cristo.

Aquel final del camino es Cristo.

Todo lo que está en medio – está a medio camino.

Y no será el poeta quien, de natural *bifurcado,* ceda su bifurcación – ¡la cruz innata de su encrucijada! – por ese semicamino de lo social o de cualquier otra cosa.

Dar el alma por los amigos. En el poeta sólo esto puede dominar la fuerza de los elementos.

---

[2] Nota de Marina Tsvietáieva.

INTOXIQUÉS

–Cuando me encuentro entre literatos, artistas, gente así... siempre tengo la impresión de hallarme entre... *intoxiqués*.
–Pero cuando usted está con un gran artista, un gran poeta, eso no le ocurre, al contrario: todos los demás le parecen envenenados.
Conversación después de una velada literaria

Cuando digo que la gente de arte está poseída, en absoluto quiero decir que esté poseída *por el arte*.

El arte es el medio a través del cual el elemento mantiene al hombre – y lo tiene: un medio para tenernos (a nosotros – por medio de los elementos), y no una autocracia, un estado de posesión.

¡El escultor no está poseído por la obra de sus manos, ni el poeta por la de la suya!

Estar poseído por el trabajo de las propias manos es mantenernos en las manos de alguien.

– Eso – sobre los grandes artistas.

Pero la posesión por medio del arte existe, ya que existe – en un número infinitamente mayor al del poeta – el falsopoeta, esteta que se atraganta de arte y no de los elementos, un ser muerto para Dios y para los hombres – y en vano muerto.

El demonio (los elementos) paga a su víctima. Tú a mí – tu sangre, tu vida, tu conciencia, tu honor, y yo a ti – tal conocimiento de la fuerza (¡puesto que la fuerza – es mía!), tal poder sobre todos (con excepción de ti mismo, ¡porque tú – eres mío!), tal libertad – dentro de mi opresión –, que cualquier otra fuerza te parecerá ridícula, cualquier otro poder – minúsculo, cualquier otra libertad – ístmica – cualquier otra prisión – amplísima.

El arte no paga a sus víctimas. No las conoce siquiera. Al

obrero le paga el patrón y no la máquina. La máquina sólo puede dejarlo sin manos. ¡Y cuántos poetas sin manos he visto! Con una mano inservible para cualquier otro trabajo.

La timidez del artista frente a su propia obra. Olvida que quien escribe no es *él*. Las palabras de Viacheslav Ivánov (Moscú, 1920, me convencía de escribir una novela) — "¡Sólo comience!, y a partir de la tercera página se convencerá de que no tiene ninguna libertad", — es decir: me encontraré en poder de la obra, es decir, en poder del demonio, es decir, no seré sino un humilde siervo.

Olvidarse de sí mismo es, sobre todo, olvidar la propia debilidad.

¿Quién, con sus dos manos, *ha podido* alguna cosa alguna vez?

Dejar que el oído oiga, que la mano corra (y cuando no corre — *detenerse*).

No en vano cada uno de nosotros al terminar una obra dice: "¡Me ha quedado milagrosamente bien!" — y jamás: "¡Qué milagrosamente bien lo he hecho!" No es que haya "quedado milagrosamente bien", sino que ha quedado bien — de milagro; siempre queda de milagro, es siempre una bendición, aun si quien la envía no es Dios.

— ¿Hay parte de voluntad en todo esto? Oh, inmensa. Por lo menos no desesperar cuando esperas a la orilla del mar el buen tiempo.

De cien versos hay diez — dados, y noventa — mandados: no salvaguardados, como una fortaleza — entregados; versos que yo he conquistado, es decir — escuchado. Mi voluntad es el oído, no cansarme de oír, hasta escuchar, y no introducir nada que no haya escuchado. No temer a la hoja negra (emborronada durante la vana búsqueda), ni a la hoja en blanco, sino a la hoja *propia*: voluntariosa.

La voluntad creativa es la paciencia.

PARÉNTESIS SOBRE EL OÍDO

No es un oído metafórico, aunque tampoco físico. A tal punto no es físico, que no oyes ninguna palabra y si la oyes, no la entiendes, como cuando estás en duermevela. El oído físico o duerme o no transmite los sonidos, lo sustituye otro oído.

Oigo no palabras, sino una especie de melodía muda en la cabeza, una especie de línea auditiva – de la insinuación a la orden, pero ahora sería largo de explicar – es todo un mundo aparte, y hablar de ello – todo un deber aparte. Pero estoy convencida de que también aquí, como en todo, hay una ley.

Por lo pronto: un oído fehaciente, sin orejas, es decir, una prueba más de:

—¡Allá – bien lejitos!

El falso-poeta hace del arte un Dios y él mismo crea a ese Dios (¡y encima espera que le mande la lluvia!).

El falso-poeta siempre hace las cosas solo.

Los indicios de la falsa-poesía: la ausencia de versos *dados.*

Hay en este campo grandes maestros.

Pero también sucede con los poetas y con los genios.

En el *Himno a la Peste* hay dos versos que son sólo del autor:

> Y feliz aquel que en medio de tantas inquietudes
> pudo conocerlos y experimentarlos.

Pushkin, a quien el demonio liberó un instante, no aguantó. Esto, y no otra cosa, es lo que pasa cuando descubrimos en nuestra poesía o en la de los otros, un verso para sustituir, esa "agua" poética, que no es otra cosa que el *escollo de la intuición.*

Tomemos el fragmento entero.

> Hay embriaguez en el combate
> en el borde sombrío del abismo

> y en el océano enfurecido,
> entre terribles olas y tempestuosa oscuridad;
> en los huracanes de Arabia
> y en el soplo de la Peste.
> Todo, todo lo que amenaza con la muerte
> encierra para el corazón de los mortales
> inefables placeres —
> de la inmortalidad, puede ser, garantía.
> Y feliz aquel que en medio de tantas inquietudes
> pudo conocerlos y experimentarlos.

Veamos ahora palabra por palabra:

— Y *feliz aquel* — es poco, poco y débil tras el absoluto de los placeres y de la embriaguez, una evidente repetición, una degradación, un descenso, — *en medio de tantas inquietudes* — ¿cuáles? y de nuevo una palabra pequeña (¡y una cosa pequeña!). ¡Después de todos los huracanes y abismos! Una alegoría de las inquietudes de la vida cotidiana después de la autenticidad de las olas del océano. *Pudo conocerlos y experimentarlos* — conocer inefables placeres — ¿está en alemán? En todo caso no parece Pushkin, ni parece ruso, sigamos: y experimentar (una repetición, ya que cuando conoces, experimentas). ¿Y cómo no poder en *este* caso? Es un galicismo: *heureux celui qui a pu les connaître,* y en general es una inclinación al filosofismo, *absurdo* en este torbellino.

Esto sucede cuando la mano se anticipa al oído.

Volvamos a los falsos poetas.

El falso-poeta. El poeta. Víctima de la literatura. Víctima del demonio. Ambos se han perdido en aras de Dios (de la causa, del bien), pero si hay que perderse, que sea con honor, perderse — bajo un yugo más alto.

Desgraciadamente, los amos no se eligen.

PARÉNTESIS SOBRE EL POETA Y EL NIÑO

Con frecuencia se ha comparado al poeta con el niño por la marca de su sola inocencia. Yo los compararía por la marca de su sola irresponsabilidad. Irresponsabilidad en todo menos en el juego.

Cuando usted llega a este juego con sus leyes humanas (éticas) y mundanas (sociales), sólo violará y quizá incluso acabará con el juego.

Al introducir su conciencia – enturbiará la nuestra (creativa). "Así no se juega." No, así se juega.

O prohibir definitivamente el juego (nosotros – a los niños, Dios – a nosotros), o no inmiscuirse.

Lo que para usted es – un "juego", para nosotros es – lo único serio.

Más serios ni siquiera moriremos.

QUIÉN PUEDE JUZGAR A QUIÉN Y POR QUÉ

Una persona está poseída por el demonio. ¿Juzgar al demonio (los elementos)? ¿Juzgar el fuego que quema la casa?

¿A mí? Admitámoslo.

¿Por qué? Por mi falta de conciencia, voluntad, fuerza: por mi *debilidad*.

Responderé con una pregunta:

¿Por qué de entre toda la gente que camina por las calles de Moscú y de París, el demonio se fija precisamente en mí, y me posee de tal manera, que visto desde fuera no echo espuma por la boca, no me caigo sin motivo, y no me llevan ni al hospital ni a la comisaría?

¿Por qué – si estoy poseído – esta inocencia (¡inapariencia!) aparente de mi posesión (escribir versos – ¡qué hay más inocente!) y – si soy un criminal – esta decencia de mi criminalidad? ¿Por qué – si todo esto es así – no llevo una marca? Dios marca al bribonzuelo, ¿por qué Dios no marca a *esta* bribonzuela?

¿Por qué, al contrario, en vez de la persuasión — la incitación; en vez de la condenación — la afirmación de mi impunidad?

— ¡Mi quehacer es *malo*!

La sociedad (el coro de los seducidos): — No, tu quehacer es *sagrado*."

Hasta el más ideológico de los gobiernos del mundo ha fusilado al poeta no por sus versos (su esencia), sino por sus actos, que cualquiera podía haber realizado.

¿Por qué yo debo ser mi propio médico, mi domador, mi guardián?

¿No es exigir demasiado de mí?

Responderé con una respuesta.

Todo lo que sabe es *a priori* culpable. Por haberme sido dada una conciencia (conocimiento) yo, de una vez por todas, en todos los casos de transgresión de sus leyes, sea por la debilidad de la voluntad o por la fuerza de mi don (a mí — golparrón) — soy culpable.

Ante Dios, no ante los hombres.

¿Quién puede juzgar? El que sabe. Los hombres no saben, a tal punto no saben que me harán dudar de lo último que sepa. Y si me juzgan, entonces — como aquel gobierno ya mencionado — no por mis versos sino por mis quehaceres (¡como si el poeta tuviera *quehaceres* — que no fueran!), por las casualidades de la vida, que sólo son consecuencias.

A mí, por ejemplo, me juzgan porque a mi hijo de seis años no lo mando a la escuela (¡a pasar las seis horas de la mañana!), sin comprender que no lo mando justamente porque escribo versos, y justamente estos:

(DE LOS VERSOS A BYRON)

¡Se cumplió! Solo — entre el agua y el cielo...
Esa es la escuela para ti, ¡oh, odiador de escuelas!
Y en el pecho fatídico, atravesado por una estrella,
Eolo — rey de los vientos fatales — irrumpe.

— Y escribo estos versos precisamente porque no lo mando a la escuela.

¿Alabar mi poesía y juzgarme por mi hijo?

¡Ah, aduladores de salón!

Pensemos en cómo se enseña literatura en la escuela secundaria. A los más pequeños les dan *El ahogado* y se sorprenden de que se asusten. A los mayores — la "Carta de Tatiana" y se sorprenden de que se enamoren (se suiciden). Les ponen una bomba en las manos y se sorprenden de que explote.

Y — para terminar con la escuela:

Si esos versos sobre Byron les gustan — dejen libres a los niños (es decir, paguen su "me gusta"), o reconozcan que "me gusta" no es medida para las obras y los versos, es no-medida para las obras y los versos, y sólo medida para la bajeza de ustedes (como también del autor); nuestra debilidad común ante los elementos, por la que en algún momento y aún aquí en la tierra — responderemos.

O dejen libres a los niños.

O arranquen los versos de los libros.

A nadie concedo el derecho de juzgar al poeta. Porque nadie sabe. Sólo los poetas saben, pero ellos no juzgarán. Y el sacerdote los absolverá.

El único juicio posible para el poeta — es el auto-juicio.

Pero está, además del juicio — la lucha: la mía — con los elementos, la de ustedes — con mis versos. No transigiremos: ni yo — frente a ellos, ni ustedes — frente a mí. Y no nos hagamos ilusiones.

¿Dónde está ese sacerdote que frente a mí, finalmente, no absolverá mi poesía?

CONCLUSIÓN

Pero — orden o súplica, los elementos se apoderan de nosotros por el miedo o la piedad, no hay acercamiento seguro: ni el cristiano, ni el social, ni ningún otro. No hay acercamiento posible al arte, ya que el arte es conquista. (Mientras tú aún te acercas — él ya te ha conquistado.)

Un ejemplo. Borís Pasternak, con la pureza más grande de corazón, rodeándose de todos los materiales, escribe, copia de la vida — ¡aun con sus errores! — el *Teniente Schmidt*, pero sus personajes principales son los árboles en el mitin. En el espacio pasternakiano — ellos son los líderes. Escriba Pasternak lo que escriba — siempre son los elementos, jamás los personajes — como en el *Potiomkin, el mar* y no los marineros. Gloria a Pasternak (a la conciencia humana de Borís) por los marineros y gloria al mar, gloria al don — por el mar, por ese mar insaciable para el que todos nuestros tragos son pocos y que, con todas nuestras obras y zozobras — siempre nos cubrirá.

Por eso, si quieres servir a Dios o a los hombres, si en general quieres servir, hacer el bien, enrólate en el Ejército de Salvación o en cualquier otro lado — y *abandona la poesía*.

Si tu talento para el canto es indestructible, no te ilusiones con la esperanza de estar sirviendo a una causa, incluso después de haber concluido *Ciento cincuenta millones*. Es simplemente tu don para el canto lo que te ha servido, mañana tú le servirás a él, es decir serás arrojado por él infinitamente más allá del objetivo que te habías fijado.

Vladímir Maiakovski, tras haber servido durante doce años ininterrumpida e incondicionalmente con el alma y el cuerpo —

> ¡Toda mi sonora fuerza de poeta
> te la cedo a ti, clase al ataque!

puso fin a su vida con más fuerza que con un poema lírico — con un disparo lírico. Durante doce años seguidos el hombre Maiakovski estuvo asesinando en sí mismo al Maiakovski-poeta, en el decimotercer año el poeta se rebeló y asesinó al hombre.

Si en esta vida existe el suicidio, no está ahí donde se suele ver, ni duró sólo el instante de apretar el gatillo, sino doce años de vida.

Ningún censor real castigó a Pushkin como Vladímir Maiakovski se castigó a sí mismo.

Si en esta vida existe el suicidio, no es uno solo, son dos, y ninguno de los dos es suicidio, ya que el primero – es una hazaña y el segundo – una fiesta. Victoria de la naturaleza y glorificación de la naturaleza.

Vivió como un hombre y murió como un poeta.

Ser hombre es más importante porque es más necesario. El médico y el sacerdote son más necesarios que el poeta, porque son ellos quienes están junto al lecho de muerte y no nosotros. El médico y el sacerdote son humanamente-más-importantes, todos los demás son socialmente-más-importantes. (Que la sociedad misma sea importante – es otro asunto del que sólo podré hablar cuando me encuentre en una isla desierta.) Con excepción de los parásitos, en toda su diversidad – todos son más importantes que nosotros.

Y consciente de esto, en plena posesión y uso de mis facultades mentales, firmo y afirmo que no cambiaría por ninguna otra cosa en el mundo mi quehacer. Conociendo lo más, creo lo menos. Por eso no tengo perdón. Sólo a seres como a mí se les preguntará por su conciencia en el Juicio Final. Pero si hay un Juicio Final de la palabra – yo estoy sin pecado.

1932

Acerca de los autores

Alexandr Serguéievich Pushkin. Nació el 6 de junio de 1799 en Moscú y murió en un controvertido duelo el 10 de febrero de 1837 en San Petersburgo. Poeta, novelista, dramaturgo y autor de relatos, es considerado unánimemente como el más grande poeta de su país. Creador del lenguaje literario y piedra angular de la literatura rusa del siglo XIX, su obra se ha convertido en una parte inseparable del mundo literario de su pueblo y ha ejercido una notable influencia en diversos aspectos de la cultura rusa.

Nikolái Vasílievich Gógol 1809-1852). Humorista, novelista y dramaturgo; su novela *Las almas muertas* y su relato *El capote* son parte fundamental de la gran tradición del realismo ruso. El crítico Belinski derivaba de las obras de Gógol los preceptos de la "escuela natural" (como contraposición a la escuela romántica), que marcaría la tendencia de la literatura rusa de ficción. Víctima de una profunda crisis espiritual, murió en un estado de semilocura, después de haber quemado el manuscrito de la segunda parte de *Las almas muertas.*

El crítico y poeta inglés Mathew Arnold dijo en alguna ocasión que una novela de Tolstói no es una obra de arte, sino un trozo de vida. **Lev Nikoláievich Tolstói** (1828-1910) es conocido principalmente por *La guerra y la paz* y *Ana Karénina,* dos de las mejores novelas jamás escritas. Durante las tres últimas décadas de su vida alcanzó un gran renombre como maestro moral y religioso, y su doctrina de la no violencia ante el mal influyó de manera decisiva en Gandhi. Muchos han visto en Tolstói la encarnación de la conciencia universal, y para quienes han leído sus libros no sólo es uno de los más grandes escritores que ha dado la humanidad, sino símbolo de la búsqueda del significado de la vida.

Fiódor Mijáilovich Dostoievski (1821-1881). Recordado como uno de los más grandes novelistas que han existido, es célebre sobre todo por sus cuatro grandes novelas: *Crimen y castigo, El idiota, Los demonios* y *Los hermanos Karamázov*. En cada una de ellas explora diversos estados patológicos de la mente y muestra una extraordinaria capacidad de penetración psicológica y moral. Por ello es considerado como uno de los más agudos analistas de los impulsos humanos en la historia de la literatura. A la vez, sus obras abordan temas fundamentales de filosofía y política.

Las obras del novelista y autor de libros de viajes **Iván Alexándrovich Goncharov** (1812-1891) dramatizan los cambios sociales que tuvieron lugar en la Rusia del siglo XIX, y contienen algunos de los personajes más vívidos y memorables de la literatura rusa. Los contrastes que presentan reflejan las condiciones sociales de una época en la que el capitalismo y el industrialismo emergentes mantenían una difícil convivencia con las tradiciones aristocráticas de la antigua Rusia.

Si bien **Nikolái Nikoláievich Strájov** (1828-1896) recibió una formación científica, fue uno de los filósofos y críticos literarios más importantes de la Rusia decimonónica. A partir de 1861 colaboró con los hermanos Dostoievski en la revista *El tiempo*. La crítica conservadora encontró una actitud de simpatía hacia la insurrección polaca en su artículo "Una cuestión fatal", lo que provocó el cierre de la revista. En 1871 se convirtió en amigo cercano de Tolstói, con quien mantuvo una interesantísima correspondencia hasta 1894. Entre las mejores obras de Strájov se encuentran el ciclo de artículos que dedicó a *La guerra y la paz* así como su biografía de Dostoievski y sus libros de memorias acerca de Tolstói.

Antón Pávlovich Chéjov (1860-1904) no sólo es el dramaturgo más importante de Rusia sino también uno de los grandes maestros del relato de todos los tiempos. Fue un artista de una precisión lacónica capaz de examinar por debajo de la superficie de la vida los motivos secretos del comportamiento de sus personajes. Sus mejores cuentos y obras de teatro carecen de una trama complicada y se concentran en aparentes trivialidades, pero su hondura es asombrosa. Chéjov describió la vida rusa de su época usando técnicas muy sencillas, alejadas de todo rebuscamiento literario, y es quizá uno de los más grandes representantes de la escuela realista rusa de finales del siglo XIX.

El dramaturgo, novelista y escritor de relatos **Mijaíl Afanásievich Bulgákov** (1891-1940) comenzó su vida adulta como médico, pero pronto abandonó esa profesión para dedicarse a la literatura. Las obras de Bulgákov destacan por su realismo, su humor y una penetrante capacidad satírica. Durante los años treinta sus obras fueron prohibidas en la URSS, por su actitud crítica hacia el régimen socialista, y su solicitud para emigrar fue denegada por el propio Stalin. Su obra fundamental, *El maestro y Margarita,* escrita durante ese periodo, no se publicó sino hasta 1967 en una versión censurada. La rehabilitación póstuma del autor comenzó lentamente en el periodo de "deshielo" que siguió a la muerte de Stalin.

El primer escritor ruso en recibir el Premio Nobel fue el poeta y novelista **Iván Alexéievich Bunin** (1870-1953), uno de los más finos estilistas en lengua rusa. Descendiente de una antigua y noble familia, se había convertido a principios del siglo XX en uno de los escritores más populares de Rusia. En 1920 abandonó la URSS y se estableció en Francia, donde vivió el resto de su vida. Sus obras fueron reconocidas por lectores y críticos como el testimonio de la cultura rusa de la emigración. Bunin permaneció en el sur de Francia durante la segunda Guerra Mundial, evitando todo contacto con los nazis y escondiendo judíos en su villa. Rehusó la invitación para a regresar a la URSS al término de la guerra y, después de la muerte de Stalin, fue uno de los primeros escritores emigrados cuyas obras se publicaron en la Unión Soviética.

Hay que contar a **Marina Ivánovna Tsvietáieva** (1892-1941) entre los poetas más notables del siglo xx. La publicación en 1910 de su primer libro, *Álbum vespertino,* despertó un vivo interés entre sus colegas más importantes en Rusia, aunque ni entonces ni en ningún momento de su vida perteneció a una agrupación literaria. En 1922 optó por emigrar, siguiendo a su esposo Serguéi Efrón. Tras una breve estancia en Berlín y unos años en Bohemia, se estableció finalmente en los suburbios de París. Incomprendida, sin posibilidades de publicar su obra, volvió a la URSS en 1939. Ahí, condenada al ostracismo, puso fin a su vida al comienzo de la segunda Guerra Mundial.

Cuando el poeta **Borís Leonídovich Pasternak** (1890-1960) obtuvo el premio Nobel de literatura en 1958, el escándalo y la oposición que despertó este galardón en la URSS fueron tales que tuvo que rehusarse a recibirlo. Esto, junto con la publicación en el extranjero de su novela *Doctor Zhivago* (que en la URSS circulaba clandestinamente, pero se convirtió en un *best-seller* internacional), provocó que fuera expulsado de la Unión de Escritores y privado de sus medios de subsistencia. Enfermo de cáncer y con problemas cardiacos, pasó sus últimos años en su casa de Peredélkino. La Unión de Escritores lo readmitió póstumamente en 1987, lo que hizo posible la publicación de *Doctor Zhivago* en la URSS.

El poeta y dramaturgo **Alexandr Alexándrovich Blok** (1880-1921) fue el principal representante del simbolismo, movimiento literario influido por fuentes occidentales pero, al mismo tiempo, imbuido de los elementos religiosos y místicos de la Iglesia ortodoxa rusa. Seguidor de la poesía de Alexandr Pushkin y de la filosofía apocalíptica del poeta y místico Vladímir Soloviov, Blok aplaudió la toma del poder por los bolcheviques, viendo en ella una revolución cósmica. Sin embargo, en los años posteriores calla como poeta y se dedica al trabajo en las instituciones del nuevo régimen. Murió agotado física y espiritualmente, luchando por superar la miseria y el horror de esos años.

Nikolái Stepánovich Gumiliov (1886-1921). Poeta y teórico de la literatura, fue uno de los fundadores del movimiento acmeísta en los años anteriores a la primera Guerra Mundial. En 1910 contrajo matrimonio con la poeta Ana Ajmátova. Durante la guerra, luchó como voluntario hasta 1917. En los años siguientes, publicó varios tomos de poesía. Gumiliov no ocultó nunca su oposición al régimen bolchevique y, acusado de actividades contrarrevolucionarias, fue arrestado en 1921 y fusilado pocos días después.

Ósip Emílievich Mandelstam (1891-1938) fue uno de los más importantes poetas y críticos literarios de Rusia. La mayor parte de su obra poética se mantuvo sin ser publicada en la URSS durante la época de Stalin (1929-1953) y fue prácticamente desconocido en el extranjero hasta mediados de los años sesenta. Amigo de Gumiliov y de Ajmátova, fue uno de los miembros más importantes del grupo acmeísta. Su poesía, apolítica y de muy alto nivel intelectual, lo distanció de la literatura soviética oficial y dejó de publicarse en 1928. En 1934 fue arrestado por escribir y leer, ante un círculo de amigos, un epigrama contra Stalin. En 1937, después de cumplir su condena, regresó a Moscú, pero un año más tarde fue arrestado otra vez. Murió, probablemente, en un campo de tránsito cerca de Vladivostok.

Paisaje caprichoso de la literatura rusa
se terminó de imprimir y encuadernar en
mayo de 2012 en Impresora y Encuadernadora
Progreso, S. A. de C. V. (IEPSA), Calz. San Lorenzo 244,
09830 México, D. F. En su composición se
utilizaron tipos Poppl-Pontifex BE. La formación
estuvo a cargo de *Inés Mendoza Hernández*.
La edición, al cuidado de *Arturo Saucedo* y *Rafael Vargas*,
consta de 2 000 ejemplares empastados.